重大工程创新生态系统

曾赛星　陈宏权　金治州　著

科学出版社
北京

内 容 简 介

本书对重大工程创新生态系统开展系统深入的研究，分为上下两篇：上篇聚焦于重大工程创新机理与范式，在系统梳理工程创新及创新生态系统等领域文献的基础上，探究重大工程创新的复杂性，分析重大工程创新孤岛的形成机理和阻制，提出重大工程全景式创新范式及其治理逻辑；下篇基于生态系统视角，提出重大工程创新生态系统的理论构念和典型特征，从协同基础、协同过程、协同效应和协同组织等多个维度研究重大工程创新生态系统的协同体系与治理框架。

本书适合高等院校工程管理、创新管理等专业的硕士生、博士生以及研究者阅读，也可作为项目管理、企业管理人员以及政府部门相关人员的参考书籍。

图书在版编目（CIP）数据

重大工程创新生态系统/曾赛星，陈宏权，金治州著.—北京：科学出版社，2023.6
ISBN 978-7-03-074555-2

Ⅰ. ①重⋯ Ⅱ. ①曾⋯ ②陈⋯ ③金⋯ Ⅲ. ①重大建设项目－创新管理－研究 Ⅳ. ①F282

中国版本图书馆 CIP 数据核字（2022）第 252876 号

责任编辑：陶 璇 / 责任校对：杜子昂
责任印制：张 伟 / 封面设计：有道设计

科学出版社 出版
北京东黄城根北街 16 号
邮政编码：100717
http://www.sciencep.com
北京中科印刷有限公司 印刷
科学出版社发行 各地新华书店经销
*
2023 年 6 月第 一 版 开本：720 × 1000 1/16
2023 年 6 月第一次印刷 印张：14 插页：2
字数：278 000
定价：168.00 元
（如有印装质量问题，我社负责调换）

前　言

　　重大基础设施工程（以下简称重大工程）是对国家政治稳定、经济繁荣、社会发展、科技进步、环境保护、公众福利与国家安全具有重要意义的大型公共基础设施工程，是国家社会经济发展的强大推动力。重大工程投资规模巨大、实施周期长、不确定因素复杂、利益相关者众多、技术创新要求高。近年来，我国已经建成一系列举世瞩目的重大工程，重大工程实践中创新需求与创新挑战越来越凸显，一方面，重大工程建设已经向高质量、可持续性模式转变，不同利益相关者的多样化需求以及应用新兴技术的需求不断增多，重大工程创新的成败已经成为关乎重大工程成败的重要因素。另一方面，重大工程创新情境与一般工程和企业创新存在显著差异，其庞大的规模、复杂整体性、多目标约束、技术集成难度等都远超一般工程和企业创新管理，大大增加了重大工程创新的复杂性，也呼唤着理论和实际工作者重新审视与研究重大工程创新的理论基础。

　　本书立足于重大工程管理实践，以我国重大工程高质量发展为目标导向，在系统梳理国内外关于重大工程创新管理、创新生态系统等相关领域文献的基础上，全面分析重大工程创新作为复杂系统管理问题的典型特征，提出重大工程创新的复杂性治理框架，解构重大工程创新孤岛的形成机理与阻制效应，揭示重大工程全景式创新管理范式及其治理逻辑。在理论分析的基础上，发现从生态系统视角能将重大工程创新源起、创新过程、创新主体、创新资源和创新力场涌现有效、紧密地联系起来，并纳入统一的分析框架，为解释重大工程创新活动及其管理提供一个崭新视角。在此基础上，以主体关系逻辑为基础，分析重大工程创新生态系统的协同基础，以价值创造机理为核心分析重大工程创新的协同过程，以能力共演为典型探究重大工程创新生态系统的协同效应，以生态系统领导者为对象分析重大工程创新生态系统的协同组织，以期能够为重大工程创新管理提供理论支撑。

　　本书分为上下两篇，上篇聚焦于重大工程创新机理与范式，下篇聚焦于重大工程创新生态系统协同体系。上篇主要包括以下内容。

　　第一，从复杂系统管理视角解析面向重大工程创新的复杂整体性。首先分析重大工程创新的复杂性，从创新驱动、资源、主体和过程维度解构重大工程创新的复杂性源起，从物理复杂性→系统复杂性→管理复杂性的逻辑框架提出重大工程创新的复杂系统管理问题的典型特征以及表现形式，厘清重大工程创新复杂整体性的内涵与特征，构建面向重大工程创新复杂整体性治理的理论框架。

第二，以重大工程创新孤岛为重点探究重大工程创新的阻制及效应。在分析重大工程创新特征的基础上，分析重大工程创新孤岛的形成源起，包括重大工程的阶段割裂性、主体多样性、活动复杂性等。从重大工程的跨阶段、跨主体和跨项目三个维度探究重大工程创新孤岛的形成机理、表现形式及其典型特征，并结合重大工程典型案例分析创新孤岛对于重大工程创新的影响。

第三，以创新范式选择为焦点探究适应于当前重大工程创新管理的新范式。由于面向重大工程的创新管理与一般企业管理存在显著差异，重大工程创新管理实践往往更加复杂和动态多变，选择何种创新管理范式对重大工程创新的成败就显得尤为重要。结合我国重大工程的创新管理实践，从资源、过程和主体三个维度发掘重大工程全方位创新、全过程创新和全主体创新的内涵与典型特征，揭示三种创新模型所形成的重大工程全景式创新范式对重大工程创新管理的重要意义，发现竞争与合作的动态平衡是重大工程创新治理的关键逻辑。

下篇围绕重大工程创新生态系统协同体系展开，从创新生态系统视角研究重大工程创新管理，更加全面系统地考察重大工程创新中的相关要素及其相互关系，能够将重大工程创新的复杂性与系统整体性统一起来，使得研究能够利用结构和功能为抓手展开深入探析，保证研究在各个阶段和各个层次具有逻辑性，有助于深化重大工程创新实践的科学认识，进一步完善重大工程创新生态系统理论体系，有助于讲好重大工程管理学术创新的"中国故事"。下篇主要包括以下内容。

第一，从生态系统视角提出重大工程创新生态系统的理论构念和动态演化特征。由于重大工程创新涉及众多主体，跨部门、跨组织和跨行业合作已越来越普遍，引入生态系统构念研究重大工程创新管理问题不仅能更加深刻地解析重大工程创新活动动态演化关系，还能够更深入地理解工程—人—环境三者之间动态交互的基本逻辑。基于此，在考虑重大工程管理实践与重大工程创新情境的前提下，解构重大工程创新生态系统的静态特征与主体构成，提出重大工程创新生态系统的动态演化规律，表现为多主体共生竞合、多阶段交互演化、跨项目动态迁移的特征，从生态位和生态势的视角探讨创新生态系统对提升重大工程创新主体自身竞争力的作用机制，探讨创新场对于创新力提升的影响机理。

第二，以主体关系逻辑为重点探究重大工程创新生态系统的协同基础。基于创新生态系统视角，以港珠澳大桥工程为案例研究对象，将重大工程创新生态系统的种间关系定位为"共生"，发现其在创新主体交互过程中呈现出四类典型特征：关系结构的局部对称、交互内容的动态多样、利益影响的双向共存、活动界限的全面弱化，进而提出了"愿景共启—责任共担—情景共融"的针对性治理策略，以促进创新生态系统的良性运转和参与主体的协同发展。

第三，以价值创造机理为核心探究重大工程创新生态系统的协同过程。聚焦重大工程创新过程中的知识输入与输出质量之间的逻辑关系，剖析价值创造知识基同产出质量间关系的内在机理，发现价值创造知识基规模与高质量产出间呈倒 U 形关系。在此基础上，进一步探究生态系统伙伴在焦点主体价值创造过程中所发挥的作用，发现生态系统伙伴较大的相对搜索广度会使得倒 U 形关系变缓，而较大的相对创造深度并不会使倒 U 形关系曲线向左偏移，从而揭示了生态系统伙伴与焦点价值创造主体间的总体协同现象，为更好地推进价值共创提供理论参考。

第四，以技术能力演进为典型探究重大工程创新生态系统的协同效应。以技术能力拓展绩效为研究目标，尝试发掘重大工程创新生态系统参与主体实现高拓展绩效的前因组态，考察参与主体在系统内的不同行为策略与其基础条件结合的适配效果，发现重大工程不会自动导致参与者技术能力的显著扩展，高技术能力拓展绩效的实现具有"多重并发"和"殊途同归"的特点，任何单一因素既不能构成其必要条件，也不能成为其引发的充分条件。

第五，以生态系统领导者为对象探究重大工程创新生态系统的协同组织。重大工程创新生态系统植根于工程实体系统，经由管理主体的顶层设计和参与主体的自组织、自适应而来。参与主体的自组织更多集中于系统的发展期与成熟期，有赖于管理主体在系统萌芽初期为其准备条件，协同组织者角色不容忽视凸显其重要性，也称为生态系统领导者，其被认为在塑造和维系生态系统的形成与发展中发挥着重要作用。通过深入研究探寻生态系统领导者的具体角色及其在不同阶段的努力表现，揭示重大工程创新生态系统的协同组织路径，也有助于深化对重大工程创新生态系统形成与演进过程的理解，为更好地促进系统协同、推进良性运转提供更加全面而细致的理论依据。

本书的研究得到了国家自然科学基金的资助，为国家自然科学基金重点国际（地区）合作项目（编号：71620107004）和专项项目（编号：71942006）的阶段性研究成果。

受限于作者水平，书中不妥之处在所难免，恳请同行专家批评指正。

作　者

2023 年 1 月

目 录

上篇 重大工程创新机理与范式

第1章 理论基础与文献综述 ··· 5
1.1 工程创新 ·· 5
1.2 重大工程创新 ·· 11
1.3 创新生态系统 ·· 17
1.4 基本理论 ·· 21

第2章 重大工程创新复杂性 ··· 26
2.1 概述 ·· 26
2.2 重大工程创新的复杂性分析 ·· 29
2.3 重大工程创新的复杂系统管理特性 ·· 33
2.4 重大工程创新复杂性治理框架 ·· 37
2.5 结论与讨论 ·· 41
2.6 本章小结 ·· 42

第3章 重大工程创新孤岛 ·· 43
3.1 概述 ·· 43
3.2 重大工程创新的典型特征分析 ·· 44
3.3 重大工程创新孤岛的理论模型 ·· 47
3.4 案例分析 ·· 52
3.5 结论与讨论 ·· 55
3.6 本章小结 ·· 56

第4章 重大工程创新范式 ·· 58
4.1 概述 ·· 58
4.2 研究方法 ·· 60
4.3 重大工程全景式创新的理论模型 ··· 62
4.4 结论与讨论 ·· 76
4.5 本章小结 ·· 78

下篇 重大工程创新生态系统协同体系

第5章 重大工程创新生态系统的演化特征 ··················· 85
- 5.1 概述 ·· 85
- 5.2 重大工程创新生态系统解构 ······························ 86
- 5.3 重大工程创新生态系统的复杂性分析 ······················ 89
- 5.4 实证分析 ·· 94
- 5.5 结论与讨论 ··· 103
- 5.6 本章小结 ··· 104

第6章 重大工程创新生态系统协同基础 ························ 105
- 6.1 概述 ··· 105
- 6.2 研究方法 ··· 106
- 6.3 共生关系及其特征 ····································· 109
- 6.4 面向共生关系的治理 ··································· 120
- 6.5 结论与讨论 ··· 123
- 6.6 本章小结 ··· 126

第7章 重大工程创新生态系统协同过程 ························ 127
- 7.1 概述 ··· 127
- 7.2 研究假设 ··· 129
- 7.3 数据与方法 ··· 132
- 7.4 实证结果 ··· 138
- 7.5 考虑机会主义影响的扩展研究 ··························· 143
- 7.6 结论与讨论 ··· 156
- 7.7 本章小结 ··· 160

第8章 重大工程创新生态系统协同效应 ························ 161
- 8.1 概述 ··· 161
- 8.2 理论逻辑 ··· 162
- 8.3 研究设计 ··· 166
- 8.4 实证结果 ··· 170
- 8.5 结论与讨论 ··· 173
- 8.6 本章小结 ··· 177

第9章 重大工程创新生态系统协同组织 ·················· 178
9.1 概述 ·················· 178
9.2 研究方法 ·················· 179
9.3 实证结果 ·················· 183
9.4 结论与讨论 ·················· 184
9.5 本章小结 ·················· 186

参考文献 ·················· 187

上篇 重大工程创新机理与范式

重大工程促进工程施工技术、施工工法和施工装备的不断提升，已然成为创新的新动能。从管理实践看，我国基于港珠澳大桥工程掌握了外海沉管隧道施工、装配化桥梁生产与施工装配技术、外海人工岛的设计建造技术，基于西电东送工程掌握了特高压输电技术，基于大型港口和长江疏浚工程等大型疏浚工程掌握了挖泥船的设计和建造技术等。由此可见，我国重大工程建设推动了工程施工能力和技术装备水平的稳步提升，也促进了整个产业的技术跨越。

重大工程创新的复杂性根据创新驱动、创新资源、创新主体和创新过程可以分成多个维度，包括环境复杂性、结构复杂性、目标复杂性、知识复杂性、网络复杂性、演化复杂性、过程复杂性等。重大工程创新活动和创新主体等元素共同形成复杂系统是相互依赖的、非线性的和涌现的，且其构成因素之间的相互依赖程度高。当系统内部因素表现出"非线性"时，其微小变化会诱导其他因素产生巨大影响，进而显著影响整体重大工程创新活动。

然而学术界却鲜见系统深入地研究面向重大工程创新的内在机理与范式。现有创新管理文献与相关理论往往聚焦于传统制造业，但重大工程具有显著独特性和一次性特点，直接运用现有创新管理理论解释重大工程创新活动存在明显的不适应性。而且重大工程创新具有多主体协同、非线性耦合、系统动态演化等的复杂系统特征，其创新复杂性在全生命周期不断涌现，因此学术界亟须系统深入地分析重大工程创新管理问题，以支撑我国重大工程的高质量发展。

基于此，上篇主要聚焦重大工程创新复杂性、重大工程创新阻制、重大工程创新范式等关键科学问题，揭示现有重大工程创新的内在机理与范式。在此基础上，提出从复杂系统视角研究重大工程创新管理的重要意义。

1. 以复杂系统管理为视角解析面向重大工程创新活动的治理问题

从复杂系统管理视角分析重大工程创新的复杂性禀赋，基于创新驱动、创新资源、创新主体和创新过程等不同维度，解构重大工程创新活动过程中的环境复杂性、结构复杂性、目标复杂性、来源复杂性、知识复杂性、网络复杂性、演化复杂性、过程复杂性，进而厘清重大工程创新活动的复杂整体性，提出从工程复杂性、技术和主体复杂性以及创新管理复杂性等不同维度下的重大工程创新管理问题，凝练出重大工程创新复杂整体性的内涵以及典型特征，形成面向重大工程创新复杂整体性的创新治理理论框架模型。

2. 以重大工程创新孤岛为重点探究重大工程创新阻制

重大工程创新系统内部的创新主体多样性，易于形成主体之间的割裂，跨阶段和跨部门之间的协同集成难度大，创新系统的割裂性和破碎性导致重大工程创新活动极易形成创新阻制。重大工程的全生命期不同阶段割裂性、主体多样性、活动复杂性等，使其创新极易形成"创新孤岛"。从阶段、主体和项目三个不同维度探究重大工程创新孤岛的形成机理、表现形式以及孤岛的典型特征对于理解重大工程创新阻制具有重要价值，以上分析结果也能为重大工程创新管理理论提供借鉴。

3. 以创新范式选择为焦点探究适应于重大工程典型特征的创新管理范式

现有创新管理理论的构建对象主要是来源于企业管理实践，面向重大工程的创新管理实践与企业管理实践存在较大差异性，现有理论演进难以跟上工程实践的快速发展。重大工程创新范式是描述重大工程创新活动如何开展进行的基本模式，是创新管理实践的基石。基于我国重大工程创新管理实践，以港珠澳大桥工程为典型案例，从资源、过程和主体三个维度解构重大工程全方位创新、全过程创新和全主体创新的具体内涵，并提出了重大工程全景式创新范式以及其治理逻辑。这是对我国重大工程管理理论体系的原创性思考的进一步探索。

综上所述，上篇研究将从重大工程创新管理实践出发，围绕重大工程创新的复杂管理、重大工程创新的组织与驱动力、重大工程创新范式选择等关键科学问题，结合典型案例和经典理论，首先探究重大工程创新管理活动中的复杂系统管理问题，从重大工程创新复杂性禀赋以及复杂整体性内涵出发，围绕重大工程创新管理实践的需求，基于复杂系统管理视角提出重大工程创新治理的框架模型；运用实证案例研究与溯因推论方法，探析重大工程创新孤岛的形成机理与基本表现形式，揭示了重大工程创新孤岛作为典型创新阻制所引发的关键问题；探究面向重大工程创新实践中现有理论存在的不足以及缺口，从全景式创新的理论框架提出适应于当前重大工程创新管理的新范式，改进已有研究主要关注于制造业创新管理活动，弱化了针对重大工程创新管理活动的现象，丰富了重大工程创新管理的理论体系。

第 1 章 理论基础与文献综述

本章一方面对重大工程创新和创新生态系统相关研究进行梳理、总结与评述,从而进一步明晰研究不足、凝练科学问题,也为发展研究假设、构建理论框架提供基础;另一方面对系统科学理论作简要回溯,并结合本章研究对象加以解析,从而进一步优化思维、深化认知,为本书的设计和开展提供支撑。

1.1 工 程 创 新

什么是工程创新?现有文献关于工程创新的定义已有较为广泛的探究(Loosemore,2015;Park et al.,2004),如表1-1所示。

表1-1 关于工程创新的定义

文献	定义	期刊
Tatum(1987)	工程创新是指首次在工程企业内使用的新技术	JCEM
Slaughter(1998)	工程创新是指在一个工程过程、工程产品或工程系统中通过改进使得其与其他工程过程、产品或系统存在显著新颖性的活动	JCEM
Gann 和 Salter(2000)	工程创新是新颖地为顾客提供新的建筑产品或设计,以及以产品和服务交付为中心的新生产形式	RP
Seaden 和 Manseau(2001)	工程创新是实施显著新的流程、产品或管理方法,以提高组织的效率	BRI
Dikmen 等(2005)	工程创新定义为一个系统,其中模型的要素是目标、战略、环境障碍/驱动因素和组织因素	JME
Dulaimi 等(2005)	工程创新对组织而言是新的想法的产生、发展和实施实用或商业利益	CME
Barrett 和 Sexton(2006)	工程创新是能有效产生和实施新想法,从而提高整体组织绩效	BJM
Manley(2008)	工程创新是一种新的或显著改进的产品(商品或服务)、流程(生产或交付方法)、营销方法(包装、促销或定价)或管理方法(内部业务战略)	RP
Barlow 和 Köberle-Gaiser(2008)	工程设计"适应性"是工程创新的一种形式,涉及与旧思想的结合,但在当前环境下被认为是新颖的,需要创新思维才能使其发挥作用	RP
Loosemore(2015)	工程创新不是来自资产所有权或某一单一组织,而是来自在专业化背景下全球网络的集成	JME

注:JCEM = Journal of Construction Engineering and Management;RP = Research Policy;BRI = Building Research Information;JME = Journal of Management in Engineering;CME = Construction Management and Economics;BJM = British Journal of Management

学界对于工程行业是否具有创新性展开了一系列讨论。学者指出工程创新往往滞后于制造业和服务业的创新程度（Nam and Tatum，1997）。但也有文献指出工程和建筑项目具有内在创新性（Pries and Janszen，1995；Tatum，1986），因为建设工程具有独特性和一次性（Veshosky，1998），其利益相关者将这类独特性理解为创新行为（Seaden and Manseau，2001）。但是，工程的独特性又成为工程建设创新的阻制。由于工程的独特性，除了优化自己的流程，承包商几乎很难从工程创新中获益，且工程建设的规模经济所带来的收益也很微弱，创新所带来的知识转移收益也很少（Pries and Janszen，1995）。工程独特性对工程创新的影响取决于项目性质，如 Whyte（2003）指出大型独特项目激发了虚拟现实的创新应用。当建设公司规模较小且日常工程建设任务存在较大重复，在技术创新方面投资相对较少时，企业可以获得更高的回报。

与此同时，工程创新也被指缺乏系统性的扩散路径，这是由于建设工程业缺乏创新能力，不能有效地将市场需求和创新产出有机地结合起来。尽管现有建设工程中有需求能够拉动相关新技术的应用，如工程材料、数字技术、智能建造、智慧城市、BIM（building information modeling，建筑信息模型）技术等，但由于缺乏自上而下的顶层设计以及协调系统，往往难以让上述创新产出实现。在工程创新中，由于项目层面的创新活动缺少文档记录，很难有效地传递给其他工程团队（Veshosky，1998），存在很严重的创新孤岛现象（Chen et al.，2018；Engwall，2003），且相关承包商很难将这部分创新产出商业化，因此工程创新存在显著的创新阻制。

Reichstein 等（2005）基于"英国创新调查"的实证数据发现建设工程创新的数量显著少于其他行业，特别是其涉及的产品或工艺创新，并且建设工程企业的研发能力较差，其吸收能力显著羸弱。Winch（2003）认为建设工程创新较少可能是因为行业分类标准的问题，由于建筑行业不包括进行大量创新的工程设计和工程咨询企业，且其附加值中还涉及很大一部分维修工作，因此用统一的行业分类标准来比较建设工程创新与其他行业创新的差异具有不科学性。

目前工程创新的研究现状如何？为了更加宏观和系统地探索工程创新的研究现状，本书采用文献计量分析工具更直观地了解整个学术研究的发展态势。首先，因为文献计量分析工具能有效地提供对研究工作内容及其发展的完整描述（Ramos-Rodrígue and Ruíz-Navarro，2004），而基于 VOSviewer 的文献计量分析工具能够明确基本数据集中的完整论文集的分布情况，刻画出相关知识构成（van Eck and Waltman，2010；Zupic and Čater，2015）。与 Citespace、BibExcel 或 CitNetExplorer 工具不同，VOSviewer 可以通过其文本挖掘功能生成从科学出版物中提取的关键词的共现网络（van Eck and Waltman，2010）。与 UCINET、Gephi、

SPSS (statistical product and service solutions，统计产品与服务解决方案) 和 Pajek 相比较，在网络映射中 VOSviewer 解决了标签重叠的问题，易于读者解读，特别是在细节处理方面具有优势。使用文献计量分组和共引分组来分析所选论文的标题、关键词、摘要、引用和引证关系，生成最常用的术语并可视化它们的相互关系。共现是指在一个搜集单元内对配对数据进行计数 (Su and Lee, 2010; van Eck and Waltman, 2010)。当项目同时出现时，它们之间存在跨标题和摘要的关联。因此，VOSviewer 更合适，因为它可以生成书目耦合、共引和关键词共现图，显示现有研究的模式和趋势。

文献计量分析流程如图 1-1 所示。

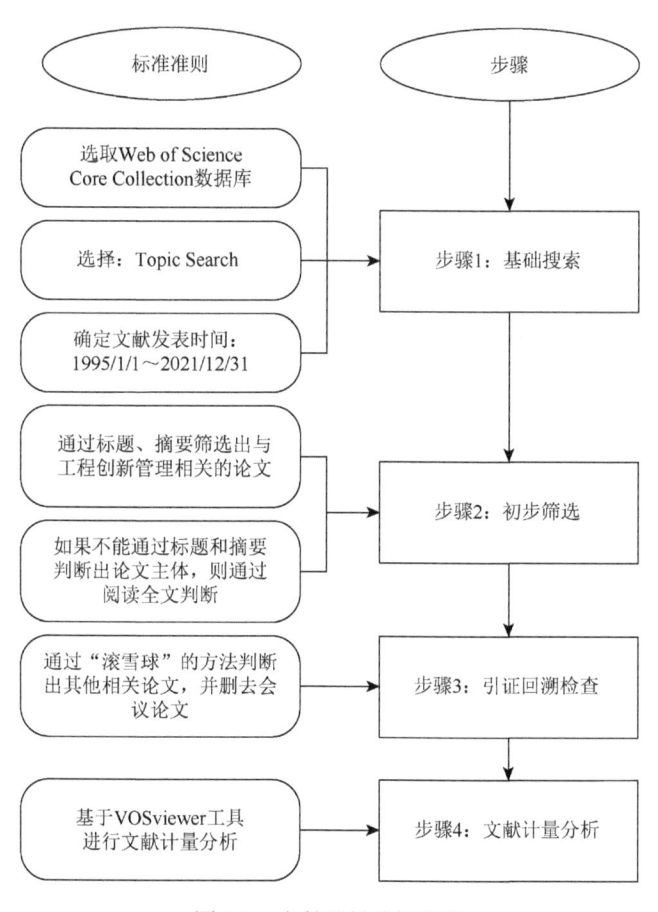

图 1-1 文献计量分析流程

关键词提供有关文章核心内容的信息。关键词共现网络分析提供了相关主题的图片以及该领域的研究发展情况 (Callon et al., 1991; Su and Lee, 2010)。

WoS（Web of Science）提供了两种选择关键词的方法：作者建议的关键词（Author Keywords）和 WoS 提供的索引关键词（Keywords Plus）。本书选用作者建议的关键词图来展现相应的关键词共现图，因为 WoS 数据库中提供的索引关键词有时候会导致文章主题与关键词之间存在较大差异，所以共现词网络呈现出偏差，不能够完全反映研究人员的真实意图。关键词共现网络分析结果图（工程创新）如图 1-2 所示，节点的大小与相应关键词的共现频率成正比。

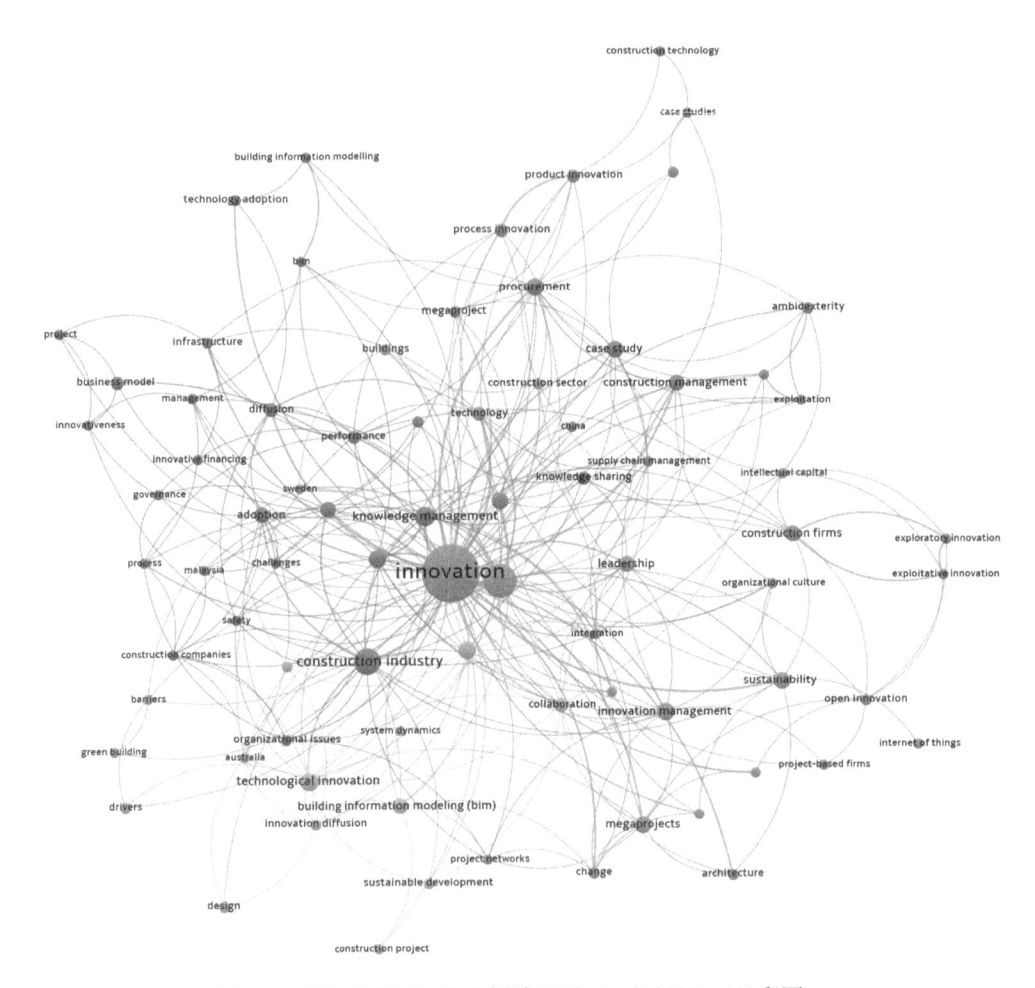

图 1-2　关键词共现网络分析结果图（工程创新）（见彩图）

图 1-2 显示 innovation（91 次共现）是最重要的节点，其次是 construction（31 次共现），construction industry（21 次共现）、knowledge management（11 次共现）、technological innovation（10 次共现）、procurement（9 次共现）、construction management（9 次共现），而这些关键词都是在工程创新管理中的通用术语。关键词之间的联系以及它们形成的联系也可以从图中完整展现，其中包含了 6 个与中心概念相关联的部分。其中红色部分包含的关键词有 adoption，incentives，impact，technological innovation，barriers，drivers，可以理解为该部分文献已经考虑了工程创新的驱动力、阻碍、影响、技术采用的激励问题等。绿色部分包含的关键词有 capability，strategy，knowledge management，complexity，uncertainty，system integration，现有文献已经研究了工程创新所需要的基本能力、战略以及知识管理，并且充分考虑工程复杂性以及不确定性等外部特征，同时还考虑通过系统融合来实现工程创新或者新技术采纳。蓝色部分包含的关键词有 business model，competitive advantage，opportunities 等，这部分文献主要聚焦于工程建设公司的可持续竞争力问题，考虑商业模式创新与创新机会问题等。黄色部分包含的关键词有 communication，collaboration，cooperation，coordination，innovation diffusion，governance 等，这部分文献主要关注如何实现工程创新，包括沟通交流、合作协调、解决治理问题和创新扩散等。紫色部分包含的关键词有 knowledge sharing，network，organizational culture，outcomes，performance，leadership 等，相关文献主要考虑了创新网络、创新文化对工程创新的影响，并考虑工程对组织绩效的影响。蓝绿色部分包含的关键词有 antecedents，BIM，implementation 等，相关文献主要考虑在数字化技术应用方面的影响因素以及组织绩效。从研究方法来看，研究中采用了案例研究和实证研究等多种方法来开展。因为研究主要关注建设工程创新，从关键词共现网络图的演进关系来看，在 2010 年之前，关于工程创新的研究主要集中在企业层面。近十年开始关注重大工程、BIM 技术应用，探索式与开放式创新、系统动态性等问题，由此可以看到整个发展都发生了显著变化。

文献计量分析工具中最常用的是共引分析、文献耦合分析、直接引用分析等聚类方式，但文献耦合分析和共引分析能够有效地聚合现有研究聚类效果，因此本书主要采用文献耦合分析和共引分析网络图来展现相关研究法的发展变化（Boyack and Klavans，2010；Kessler，1963）。文献耦合分析是根据文献是否引用相同文档来判断的，如当两篇论文都引用了一个或多个共同的文献资料时，它们存在文献耦合；两篇论文的"耦合强度"越高，它们共同引用的其他文献资料越多。如图 1-3 所示，此部分文献总共聚类成六类，红色文献耦合部分五篇最高被引论文是 Slaughter（1998，2000）、Qi et al.（2010）、Harty（2005）、Barrett and Sexton（2006），这部分文献主要讨论工程建设企业的创新和绿色创新等主题，包括了探究工程建设创新的内涵、特征等元素。绿色文献耦合部分的五篇最高被引论文是 Boland et al.（2007）、Maurer（2010）、Calamel et al.（2012）、Simmons et al.（2013）、Yap et al.（2017），这部分文献开始讨论项目层面的创新网络结构特征、

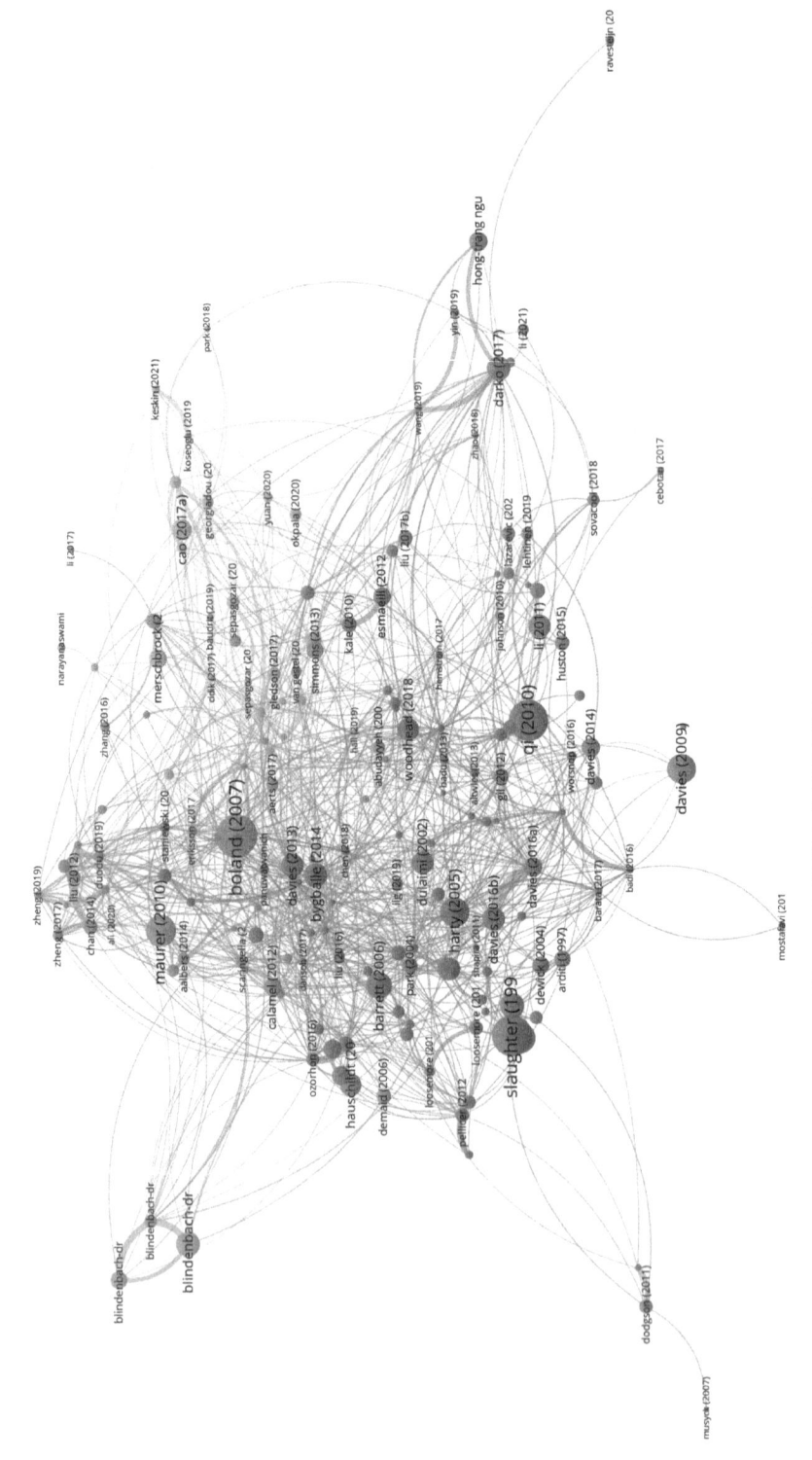

图 1-3 文献耦合分析结果图（工程创新）（见彩图）

创新过程中合作、协同以及信任问题，从如何实现创新开始展开新的思考。蓝色文献耦合部分的五篇最高被引论文是 Davies et al.（2009，2016，2017）、Davies and Brady（2016）、Hauschildt and Kirchmann（2001），这部分文献开始关注项目动态能力，解释工程项目在新技术采用过程中需要实现的系统性集成，也开始逐步关注重大工程创新，如重大工程战略及其实现等问题。黄色文献耦合部分的五篇最高被引论文是 Cao et al.（2017）、Papadonikolaki（2018）、Merschbrock and Munkvold（2015）、Gledson and Greenwood（2017）、Sepasgozar et al.（2018），这部分文献主要关注数字新技术采纳的驱动与阻碍，数字技术如何促进创新以及数字背景下的技术创新问题等。紫色文献耦合部分和蓝绿色文献耦合部分的文献较少，如 Blindenbach-Driessen and van den Ende（2006）、Dodgson and Gann（2011），这部分文献研究工程建筑企业的创新管理问题以及城市基础设施工程的创新管理问题。

共引分析可以跟踪源文献图谱中引用成对的论文（Boyack and Klavans，2010；Small，1973），如果至少一篇其他论文引用了相同两篇论文，则称这些论文被共同引用并集中在一个共同的主题上。这两篇论文受到的共引越多，它们的共引强度就越高，在语义上的主题关联性和主题相关性就越大。如果同一对论文被许多作者共同引用，就构成了两者之间紧密联系的基础。

1.2　重大工程创新

重大工程创新的相关研究（发展历程如表 1-2 所示）早期集中于建设行业与相关企业的创新驱动与阻制方面（Blindenbach-Driessen and van den Ende，2006；Eriksson，2013；Larsson et al.，2014）。研究人员发现，创新的驱动力既可以来自组织内部，也可以来自外部环境（Barrett and Sexton，2006；Manley et al.，2009；Rose and Manley，2012）。环境压力（Bossink，2004）、技术能力（Gann and Salter，2000）、知识交流（Eriksson，2013）、业主对承包商的认知（Barrett and Sexton，2006；Ozorhon et al.，2014）以及企业所有权结构（Miozzo and Dewick，2002）均可能驱动创新。学者也发现，许多因素阻碍着建设创新的开展与采用。这些因素包括所需精度和准确性的高成本（Keegan and Turner，2002）、项目管理知识的制度化（Keegan and Turner，2002）、特定创新能力（Manley，2008）和集成机制（Davies et al.，2009）的缺乏等。特别地，该行业项目的分散与不连续给组织学习、知识转移和技术吸收带来了显著负面影响（Engwall，2003；Keast and Hampson，2007）项目参与者的多样化也使得知识产权难以界定（Uyarra et al.，2014），导致创新阻制更为强化。

表 1-2　重大工程创新管理相关研究发展历程

阶段	主要关注点	相关研究
第一阶段	建设行业与相关企业的创新驱动与阻制	Bossink（2004）；Gann 和 Salter（2000）；Keegan 和 Turner（2002）
第二阶段	如何在重大工程项目中学习利用其他项目和行业的经验教训、促进新技术采纳	Davies 等（2009）；Gil 等（2012）
第三阶段	如何全面认识重大工程创新活动并通过系统的努力来管理以创造新的价值来源	Brockmann 等（2016）；Worsnop 等（2016）；曾赛星等（2019）

虽然建设创新的相关研究起步较早，但大都侧重于企业层面而忽视项目层面（Ozorhon et al.，2016）。21 世纪初开始陆续有研究涉及重大工程创新，但前期的研究只是探讨如何学习利用其他项目和行业的经验教训（Davies et al.，2009）、如何理解新技术采纳决策过程并开发创新潜力（Gil et al.，2012），并未意识到抓住重大工程提供的创新机会来创造新的价值来源（Davies et al.，2014）。

图 1-4 显示 innovation（66 次共现）是最重要的节点，其次是 construction（59 次共现）、management（57 次共现）、performance（43 次共现）、knowledge（42 次共现）、exploitation（38 次共现）、systems（38 次共现），这些关键词都是工程创新管理中的通用术语。关键词之间的联系以及它们形成的联系也可以从图中完整展现，其中包含了六个与中心概念相关联的部分。其中红色部分包含的关键词有 collaboration、governance、dynamic capabilities、strategies、networks、value creation，表明现有文献研究已经讨论过重大工程创新过程中的合作问题、动态能力、价值共创、创新网络等。绿色部分包含的关键词包括 technology、construction innovation、public-private partnerships、complex products 等，表明这部分文献已经研究了重大工程创新过程中的技术问题，以及从复杂产品视角考虑重大工程创新等问题。蓝色部分包含的关键词包括 knowledge、exploitation、exploration、integration、incentives 等，表明这部分文献主要聚焦于重大工程中的探索式与利用式创新问题、技术集成以及技术创新激励等问题。黄色部分包含的关键词包括 systems integration、co-creation、complex projects、collaborative innovation、dynamics、platforms、project management 等，表明这部分文献主要关注重大工程创新过程中的系统集成、价值共创、合作协同、工程平台效应等问题。紫色部分包含的关键词包括 complexity、airport 等，表明这部分文献主要考虑了特定的飞机场工程以及重大工程创新中的复杂性问题。蓝绿色部分包含的关键词包括 model、procurement、capability 等，表明这部分文献主要关注重大工程建造过程中的商业模式创新、采购模式创新以及创新能力等问题。研究采用了案例研究和实证研究等多种方法来开展。从时间序列上来看，关于重大工程创新研究，近两三年来才出现较高幅度的关注，特别是在 2019 年之后才出现比较大的关注点。

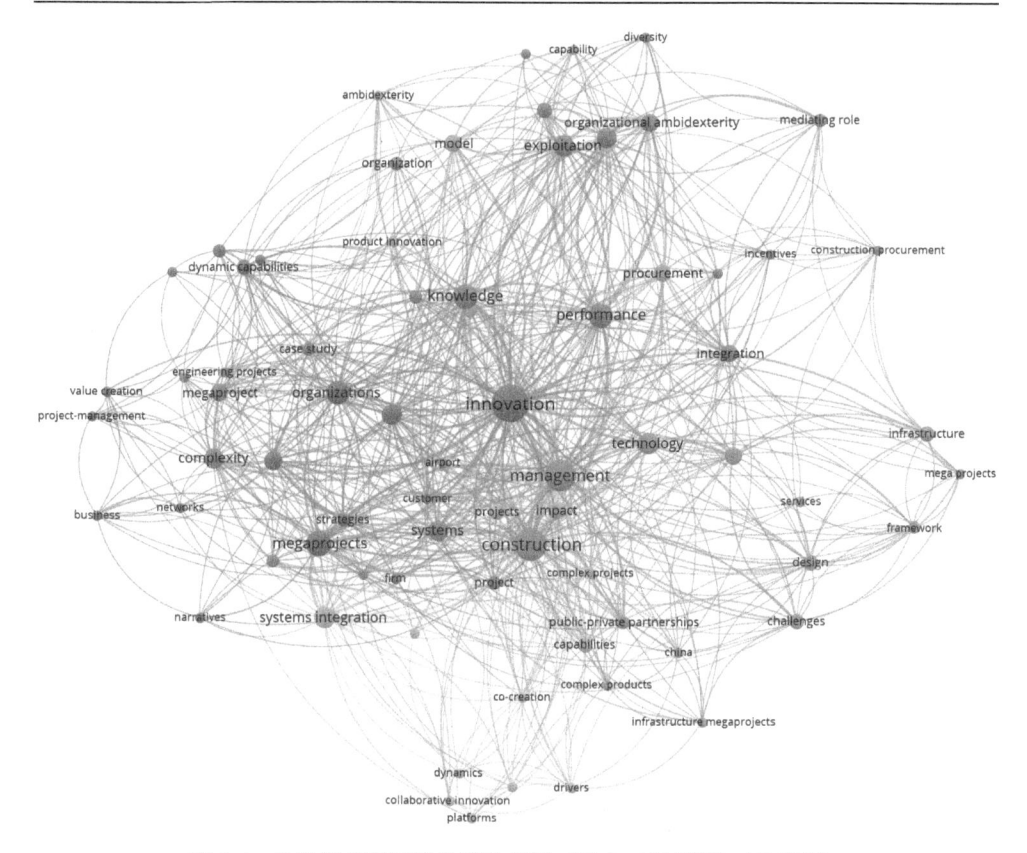

图 1-4　关键词共现网络分析结果图（重大工程创新）（见彩图）

图 1-5 是文献耦合分析结果图（重大工程创新），考虑时间下的加权引用量，排名前十的重要文献分别是 Lehtinen et al.（2019），Whyte（2019），Sergeeva and Zanello（2018），Eriksson et al.（2017），He et al.（2019），Chen et al.（2018），Roehrich et al.（2019），Himmel and Siemiatycki（2017），Davies et al.（2019），Koseoglu et al.（2019）。从讨论主题来看，现有文献主要聚类成四类相关文献，红色文献耦合部分五篇最高被引论文是 Whyte（2019），Roehrich et al.（2019），Chen et al.（2018），Himmel and Siemiatycki（2017），Lenderink et al.（2020），这部分文献主要讨论重大基础设施工程创新的驱动因素、阻碍因素、评估创新的方法等。绿色文献耦合部分的五篇最高被引论文是 He et al.（2019），Locatelli et al.（2021），Liu et al.（2020），Zhang et al.（2021），Chen et al.（2021），这部分文献从测量方法、重大工程创新过程中人的角色、项目复杂性以及合作创新等角度，主要围绕重大工程技术创新展开。蓝色文献耦合部分的五篇最高被引论文是 Eriksson et al.（2017），Koseoglu et al.（2019），Eriksson and Szentes（2017），Eriksson（2017），Gui et al.（2018），这部分文献从创新双元视角分析探索式和利用式重大工程创新，还分析

了突破性创新模式在重大工程创新中的具体表现形式，以及数字化技术在重大工程中的技术采用问题等。黄色文献耦合部分的五篇最高被引论文是 Lehtinen et al.（2019），Sergeeva and Zanello（2018），Davies et al.（2019），Sankaran et al.（2021），Badi et al.（2020），这部分文献开始讨论重大基础设施工程创新在实施过程中如何通过工程自身实现价值创造，包括移交模式创新等。

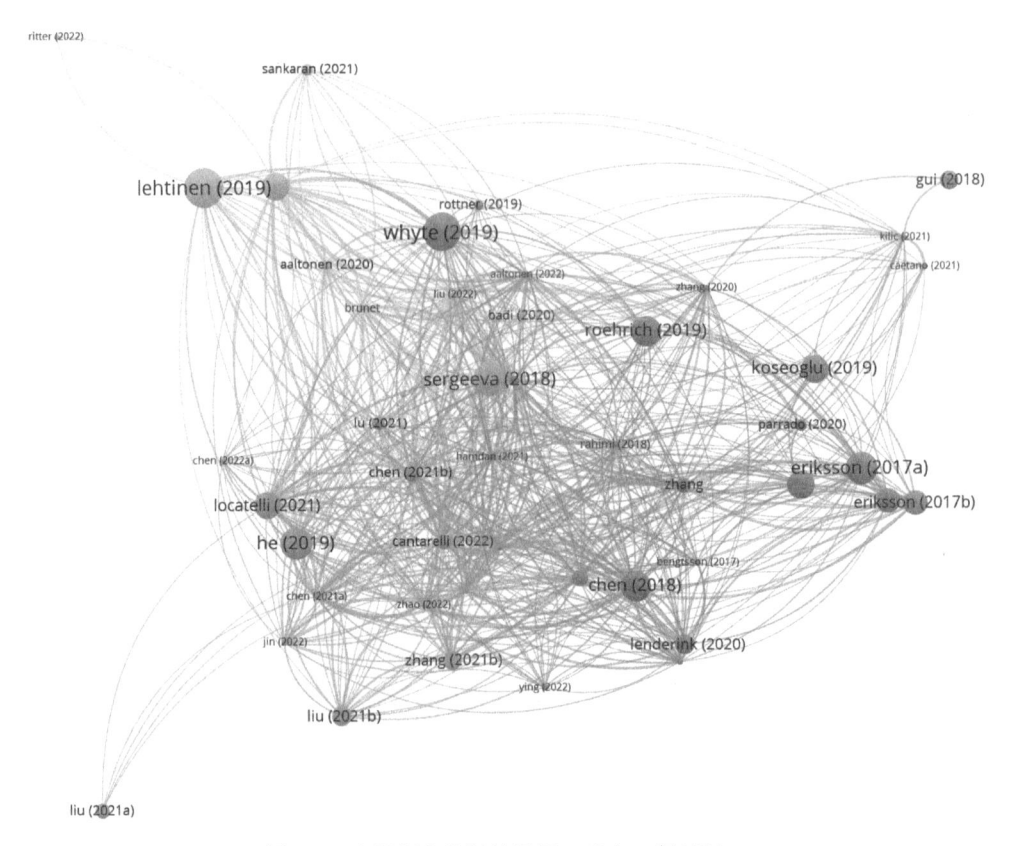

图 1-5　文献耦合分析结果图（重大工程创新）

根据对上述文献的内容分析，发现随着重大工程实践活动中创新趋势的扩大，学者认识到需要系统的努力来管理重大工程创新（Davies et al.，2014），并在这一领域开始探索，相关探索的主题主要可以分为以下几类。

（1）基本特性考察。重大工程创新主要是指应用于重大工程、不同于现行做法的新的技术知识或其实践应用。参建主体在工程实践中同时面临工期、成本、质量及安全等多重约束，其在凭借既有技术与工法能够完成建设目标的情况下通常并不主动进行创新（Davies et al.，2014；van Marrewijk et al.，2008）。因此重大工程创新大都是由需求驱动的，被认为是目标锁定式的活动（Derakhshan et al.，

2019）。重大工程创新可能是渐进性的，也可能是根本性、变革性或破坏性的，可以体现为实体的工程装备或产品，也可体现为虚体的工艺工法或整合集成系统（Zhu et al.，2018）。Brockmann 等（2016）发掘了重大工程中创新的丰富性、系统性以及部分驱动阻制因素。同时，重大工程创新还具有高度的复杂性，表现在技术集成、组织结构及关系等方面（Miller et al.，2017；麦强等，2019b）。

还有一些研究从不同的角度考察了重大工程创新。新技术的三重约束和可靠性可能会引发重大工程创新的悖论（Davies et al.，2014）；为解决技术问题并提高项目绩效需要进行创新，但是由于不确定性和所涉及的成本增加，也会避免创新（Caldas and Gupta，2017）。因此重大工程中探索与开发之间的平衡很重要，这要求创新主体足够灵活，以使创新活动与项目目标保持一致（Eriksson，2013；Eriksson et al.，2017；Gann et al.，2017）。此外，重大工程创新的动态性尤为显著。重大工程涉及大量不同主体间的技术集成，但这些主体在工程中组成的临时组织大都会在每个阶段完结后解散，知识流动和创新协作也随之中断，因此动态演化成为重大工程创新的重要特征（Chen et al.，2018）。

（2）创新战略研究。Davies 等（2014）确定了战略推进过程中的四个机会窗口（桥接之窗、参与之窗、扩充之窗和交流之窗），以便项目管理者制定有针对性的创新干预措施。Dodgson 等（2015）探讨了创新战略的制定、实施及其相关的系列能力组合，并提出协作与联盟对推动重大工程创新至关重要。Gann 等（2017）基于创新战略文献提出了能够帮助管理者识别出潜在机会和风险的关键能力，涵盖搜索甄别、自适应问题解决、测试及试验、战略创新以及新旧平衡等五个方面。Worsnop 等（2016）探究了重大工程中开放式和封闭式创新之间的相互作用以及如何平衡。他们基于案例研究发现，可以通过创建恰当的沟通和交流环境来结合开放式和封闭式创新，其要素包括组织安排、沟通规则等。也有学者强调，考虑到参与主体的多样性，重大工程创新过程中应特别重视系统集成，通过职责、关系、规程等多方面的安排来促进创新资源和要素的整合，从而更好地实现工程目标并提升创新绩效（Davies et al.，2014；DeFillippi and Sydow，2016）。同时，鉴于重大工程组织的特殊性和动态性，应借助信息技术提供支持（Chung et al.，2009），畅通各主体间的沟通渠道，建立知识共享的良性机制，更好地促成主体间的协作。

（3）关键要素剖析。Sergeeva 和 Zanello（2018）分析了重大工程中创新推手的作用及其作用的方式和途径。他们发现，创新推手扮演着至关重要的角色，其通过各种沟通渠道积极地鼓励创新思想，在整个工程过程中不断倡导和促进创新；创新也提供了独特的机会来推动重大工程的绩效提升并为经济和社会创造价值。Chen 等（2018）发现在全生命期不同阶段的创新主体之间、不同行业之间、不同工程之间由于创新网络断裂，易形成重大工程创新孤岛，进而对重大工程创新绩效产生负面影响。他们基于重大工程创新活动的要素特征和动态演化规律，从纵向、横向和时序三个不同维度分析了重大工程创新孤岛的形成机理和异质性特征。陈宏权等（2020）基于扎根理论方法，提出以需求为导向从全方位创新、全过程创新和全主体创新三个维度构建重大工程全景式创新概念模型，揭示了重大工程创新范式与传统企业创新范式的主要差异。他们还从系统集成者视角凝练了重大工程全景式创新的治理逻辑，提出其核心在于通过合理策略来达到创新主体间竞争与合作的动态平衡。

可见，重大工程创新方面的管理研究起步迅速但仍有待深入，一些典型的、新颖的重要特征所引发的复杂问题并未被专门探究。例如，主体关系问题在重大工程创新管理研究中尚未得到足够重视。随着重大工程的技术需求更加复杂多样，其创新参与主体不再局限于设计施工方，而是涵盖了装备制造、材料供应、信息和数据支持等方面的相关企业与组织（Roumboutsos and Saussier，2014）。这些跨组织、跨行业、跨地区的创新联系交织耦合，又在重大工程整个生命期的不同阶段动态变化（Brockmann et al.，2016；Chen et al.，2018）。与此同时，创新管理中主体间的关系尤为值得关注，这是因为，创新大都涉及要素的重新组合（Kaplan and Vakili，2015），而各种不同的创新要素往往需要从其他主体处获取（Laursen and Salter，2006），或在与其他主体交互的过程中产生（Hargadon，2003；Vakili and Zhang，2018）。越来越多的组织开始注重与伙伴一起开展创新活动，以促进学习、实现互补、分担复杂性和不确定性带来的风险（de Faria et al.，2010；Dodgson，2014），创新是基于关系的且通常涉及两个或多个主体间的协作已成为公认的典型事实（Salter and Alexy，2014）。因此，不能忽视对重大工程中创新主体关系的分析（特别是不同类型创新主体间的关系），有必要开展专门探究以深化对实践活动的科学认识，并给出时代化的理论回应。

此外，重大工程创新治理的系统化研究依然任重道远。相较于一般工程，重大工程具有多维度、多层次、多阶段的复杂性（盛昭瀚等，2019；van Marrewijk et al.，2008），其管理实践亦面临多方面的复杂性问题（盛昭瀚，2019a）。鉴于此，当前针对重大工程的治理研究大多从某一具体方面或某种典型特性入手展开。例如，面向重大工程决策凝练其治理的行动准则、组织程序和联合行动机制（李迁等，2019），探讨重大工程决策治理现代化与中国化融合统一的核心内涵与衍生问题（盛昭瀚等，2020）；面向重大工程社会责任构建基于"企业—政府—社会"的重大工程社会治理框架（Ma et al.，2017）；面向重大工程组织模式研究"政府—市场"二元作用下的治理机制与演化过程（乐云等，2019）；针对制度复杂性提出数种治理机制以缓解复杂性带来的冲突（Qiu et al.，2019）。这些工作在项目治理（Ahola et al.，2014）相关研究的基础上紧紧围绕重大工程特定方面的理论逻辑或现实问题展开探索，为重大工程治理体系的集成研究与综合实践奠定了基础。但重大工程创新管理研究刚刚起步，相关的治理研究亦较匮乏。特别是重大工程业主既负责构建临时性组织，深度参与各环节各方面的重要事务，又要协调治理其他利益相关者之间的关系（盛昭瀚，2020），因此涵盖重大工程创新的系统化治理研究更为紧迫且重要。

1.3 创新生态系统

"生态系统"由英国生态学家坦斯利（Tansley）首次提出，是指一定空间内生物群落与非生命环境相互作用而形成的统一整体（Chapin et al.，2011）。这一看似宽松定义的概念以其丰富的寓意和天然的可延展性唤起了人们对社会活动（特别是组织活动）的别样思考（Autio and Thomas，2014）。自从 Moore（1993）将其引入管理研究后，基于生态系统视角的研究不断增多（主要研究分支见表 1-3），且呈现出越来越繁荣的态势，如图 1-6 所示。

表 1-3　管理学领域基于生态系统视角的不同研究分支

分类	侧重点	生态系统释义	相关研究
商业生态系统	单个企业（如新创企业）及环境	影响企业及其客户和供应商的组织、机构和个人的社区	Teece（2007）；Iansiti 和 Levien（2004）
创新生态系统	焦点创新及支撑它的参与者集合	协作安排，企业通过将其他们自身的产品组合成一个连贯的、面向客户的解决方案	Adner（2006）；Adner 和 Kapoor（2010）
平台生态系统	平台以及平台发起者与互补者间的相互依赖	支撑平台发起者及互补者和平台用户共创价值的结构	Ceccagnoli 等（2012）；Gawer 和 Cusumano（2014）

资料来源：据 Jacobides 等（2018）的研究整理

创新生态系统（Iansiti and Levin，2004；Adner，2006）正是其中的典型代表。它可以理解为由企业和其他实体组成的松散互联网络，它们围绕一组共享的技术、知识或技能共同发展能力，并通过协作和竞争来开发新产品与服务（Nambisan and Baron，2013）。与之类似，Autio 和 Thomas（2014）认为创新生态系统是一个由相互联系的组织构成的网络，它们均与一家焦点企业或平台相连，该企业或平台将生产和消费侧的参与主体整合起来进而通过创新创造并攫取新的价值。Adner（2017）提出了一种结构主义方法来概念化生态系统这一构念，他认为生态系统是需要互动以实现焦点价值主张的多边合作伙伴的整合结构。但无论如何，创新生态系统的基本思想是从仿生学的角度探究创新主体的相互依存和动态演化（Adner and Kapoor，2010）。

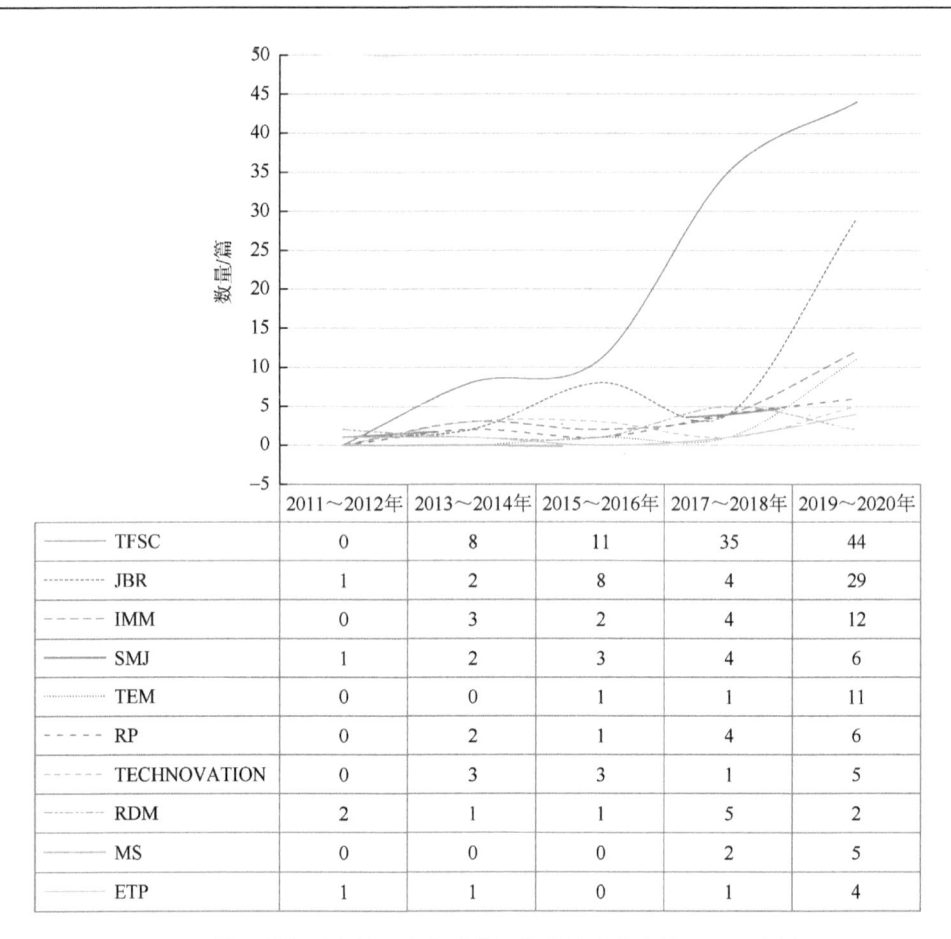

	2011～2012年	2013～2014年	2015～2016年	2017～2018年	2019～2020年
TFSC	0	8	11	35	44
JBR	1	2	8	4	29
IMM	0	3	2	4	12
SMJ	1	2	3	4	6
TEM	0	0	1	1	11
RP	0	2	1	4	6
TECHNOVATION	0	3	3	1	5
RDM	2	1	1	5	2
MS	0	0	0	2	5
ETP	1	1	0	1	4

图 1-6　管理学期刊上基于生态系统视角的论文发表情况（见彩图）

数据来源于 Web of Science。TFSC = Technological Forecasting and Social Change；JBR = Journal of Business Research；IMM = Industrial Marketing Management；SMJ = Strategic Management Journal；TEM = IEEE Transactions on Engineering Management；RP = Research Policy；RDM = R&D Management；MS = Management Science；ETP = Entrepreneurship Theory and Practice

诸多研究在企业层面从组织网络（Iansiti and Levien，2004）、技术协作（Adner and Kapoor，2016）、创新平台（Gawer and Cusumano，2014）等角度分析了企业创新生态系统的特点和功能，探讨了核心企业与系统内部成员间的关系管理问题（Alexy et al.，2013；Williamson and de Meyer，2012；宋娟等，2019）。不少学者认为创新生态系统的重点在于相互依存的参与者如何互动以创造和商业化有益于最终客户的创新，并给出一个推论——如果生态系统内的协作不足，创新将会失败（Adner and Kapoor，2010；Kapoor and Lee，2013）。换言之，这一生态系统旨在捕获核心产品，其组件及其互补产品/服务之间的联系，它们共同为客户增加价值（Jacobides et al.，2018）。在企业创新生态系统中，创新主体通过不同安排达成一致的程度将影响其为最终客户创造价值的能力（Adner，2017），其交互作用可以促进其创新能力的提升（吕一博等，2015）。现有研究还考虑了创新者及其补充者之间不同的协作安排如何影响这两个群体协调对一项新技术进行投资及实现商业化的能力（Kapoor and Lee，2013；Leten et al.，2013）；知识共享如何影响企业间关系的强度，进而影响生态系统的发展（Alexy et al.，2013；Brusoni and Prencipe，2013）；以及生态系统的健康与存活问题（West and Wood，2014）。

作为创新生态系统的核心功能，价值创造受到了许多学者的关注。不同于价值链理论中线性、顺序的价值创造过程，创新生态系统更为强调价值的共同创造、参与主体之间协作的重要性以及通过将每个参与者的专业能力和核心竞争力结合起来创造价值（Autio and Thomas，2014）。Adner 和 Kapoor（2010）通过分析技术依存结构如何影响新技术萌芽中的企业绩效初探了创新生态系统的价值创造机理。他们发现，技术领导者的收益取决于生态系统中的位置和不确定性；技术领先的优势随组件挑战而增加，随互补挑战而降低，垂直一体化作为管理生态系统挑战的一项战略能在技术生命期中增加竞争优势。目前，仍有数个有关价值创造的问题有待研究，如何将生态系统中的价值创造带到战略管理的中心（Priem et al.，2013），如何从资源基础观和动态能力的角度理解生态系统价值创造的动态性（de Vasconcelos Gomes et al.，2018）。

另一个热门话题是生态系统领导者（ecosystem captain）在其中所扮演的角色（Adner，2017；Dedehayir et al.，2018）。生态系统领导者在塑造和管理生态系统的形成与发展中发挥着重要作用（Dedehayir et al.，2018；Jacobides et al.，2018），因此也称为基石组织（Iansiti and Levien，2004）或平台领袖（Gawer and Cusumano，2014；Helfat and Raubitschek，2018）。现有研究尤为关注高科技产业的生态系统领导者用来维持其地位并从生态系统中获取价值的策略。例如，Helfat 和 Raubitschek（2018）着眼于数字生态系统，提出了基于平台的生态系统领导者用于创造和获取价值的三种动态能力（创新能力、环境扫描与感知能力、整合能力）。Gawer 和 Cusumano（2002）以英特尔、微软、思科、Palm 和 NTT DoCoMo 为例揭示了基于平台的生态系统领导者如何通过对关系的统一管理来战略性地促进并刺激第三方创新。

总体而言，创新生态系统的研究在近年来取得了蓬勃发展（de Vasconcelos Gomes et al.，2018）。从研究对象看，除了企业创新生态系统，产业创新生态系统（Gawer，2014）、区域创新生态系统（Oh et al.，2016）、国家创新生态系统（Frenkel and Maital，2014）等相继涌现。从研究内容看，创新生态系统的内涵与特征（Gobble，2014；李万等，2014）、构成与演化（Nambisan and Baron，2013；柳卸林和王倩，2021）、功能与治理（Adner and Kapoor，2010；解学梅和王宏伟，2020）均备受关注。基于 CiteSpace 的关键词共现图谱（图 1-7）显示，现有文献涉及对商业生态系统、开放式创新、价值创造与获取、利益相关者参与等研究流的融合与发展。从研究基础看（图1-8），分别基于新制度经济学（Dosi and Nelson，1994；Adner and Kapoor，2016）、战略管理理论（Teece，2007；Hung and Chou，2013）和创新管理理论（Li，2009；Gawer and Cusumano，2014）的三大流派各绽异彩（梅亮等，2014）。

创新生态系统研究的繁荣发展体现出生态学隐喻的独特价值和创新研究范式的进化需要。一方面，创新的过程可看作组织或主体对环境变迁、扰动的应答与适应过程（李万等，2014）；另一方面，创新研究的范式逐渐由关注系统中要素的构成向关注要素之间、系统与环境间的交互过程转变（曾国屏等，2013）。当然，由于研究视角不同、关注重点各异，创新生态系统的研究仍处于不断发展阶段，目前尚未建立起成熟的理论体系，但其仍为许多领域的研究提供了新颖的思路和多元的基础。

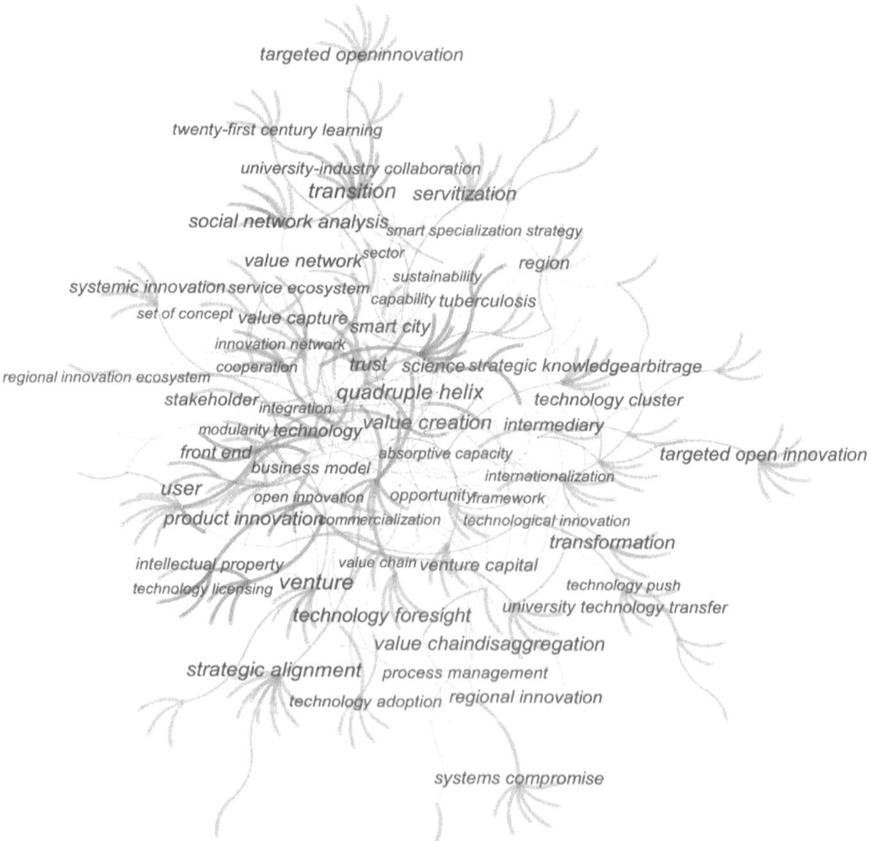

图 1-7　创新生态系统既有研究的关键词共现图谱

数据来源于 Web of Science 核心合集数据库（主题词限定为"innovation ecosystem"，年份为 2020 年及以前，共计检索出 302 篇管理学论文及综述），图谱由 CiteSpace 绘制生成

第 1 章　理论基础与文献综述

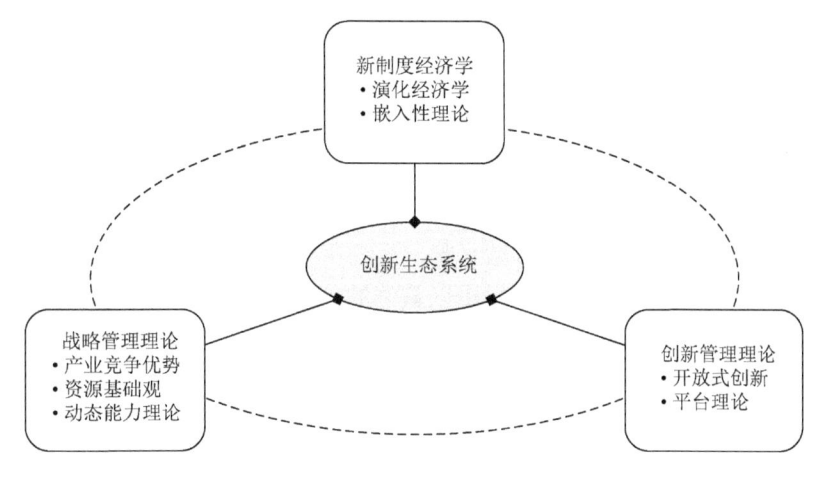

图 1-8　创新生态系统既有研究的主要理论基础（梅亮等，2014）

1.4　基 本 理 论

除了对既有文献进行梳理总结，还有必要对相关的经典理论及科学哲学进行解析，从而更好地理解前述研究演进的底层逻辑，并为本书研究的开展提供坚实的理论基础。

人在认识事物时有两种基本的思维方法。一种是将要认识的事物进行拆解，从拆解后的组成部分推出对事物的整体认识。另一种是将事物作为一个整体来考察，强调整体大于它的各个部分之和。它们大致对应于近现代科学研究方法论体系中的"还原论"和"整体论"思想。这种方法论作为哲学范畴和具体科研方法的中介，内在于科学发展演进过程中并发挥着基础性作用（赵光武，2002）。

整体论思想在西方最早见于古希腊的柏拉图和亚里士多德对部分与整体的讨论，在东方则可上溯至儒家和道家思想，以及"天人合一"的朴素整体观。但这种朴素的整体观受制于当时落后的生产力普遍停留在思辨层次，未能得到长足发展。还原论思想也可追溯到古希腊时期。以德谟克利特为代表的一些哲学家认为，万物的本原是原子和虚空，原子是不可再分的物质微粒，由此建立了以不变的单一实体作为世界本原的传统。后经发展和完善，形成了在近代科学史上占据主导地位的"还原论"范式。其代表人物勒内·笛卡儿在《方法论》中提出了具有还原论特色的四条分析规则，强调将难题分解成若干部分以便一一解决。由于符合当时历史条件，还原论帮助揭示了许多自然奥秘，大大推动了自然科学的发展，并向包括社会学、经济学、管理学等在内的诸多学科广泛渗透。

但是，用部分说明整体、用低层次解释高层次的还原论在用于认识较为复杂的事物时显得捉襟见肘。例如，科学家通过还原论方法剖析生物基因之谜后仍旧揭示不了生命的本质；在面对复杂的管理问题时还原论往往也行不通：其缺乏对问题各部分间、问题与情景间相互关联的关注，很难对涌现、突变等复杂动态性的机理进行剖析，也缺乏设计运行跨领域交叉融合组织模式的能力（盛昭瀚，2019a）。换言之，还原论方法长于由上向下细化分解，但把复杂的相互关系简化掉了，难以应对多层次的整体性问题（于景元，2016）。

在此背景下，现代整体论逐渐兴起，系统科学应运而生。1912年诞生的格式塔心理学（Gestalt psychology）提出以整体的动力结构观来研究心理现象，拉开了20世纪以来众多学科开拓发展整体主义路径的大幕。美籍奥地利生物学家路德维希·冯·贝塔朗菲（Ludwig von Bertalanffy）反对当时生物学研究中的机械论方法，陆续提出了一些以整体性或系统性为核心的思想，并在20世纪40年代将这些思想发展推广，创建了一般系统论。一般系统论围绕适用于一切综合系统或子系统的模式、原则和规律，尝试借助数学和逻辑工具对其结构与功能进行定量化描述，被视为整体论第一个较完善的科学范式（刘劲杨，2014）。其涵盖完整性、集中化、等级结构、终极性、逻辑同构等概念，同时包括整体性原则、层次性原则、最优化原则、动态原则等基本原则。贝塔朗菲在后来的总结中又为一般系统论给予了更广的意义，认为其应该包括关于"系统"的科学和数学系统论、系统技术、系统哲学（von Bertalanffy，1972）。当然，这种推广实际上包含了与之同时发展起来的其他系统论，如控制论、信息论（与一般系统论合称"老三论"）。控制论重在研究动态系统在变化的环境中如何保持平衡或稳定状态，强调了信息和反馈的基础作用；信息论则是利用数学方法专门研究信息的有效处理和可靠传输的一般规律的科学。"老三论"的诞生使得人类对系统的认识达到了一个新的高度，系统科学以及相关的概念、原则与理论得到了前所未有的重视，在某种意义上"又一次改变了世界科学图景和当代科学家的思维方式"（魏宏森等，1991）。需要指出的是，新兴起的系统科学虽然是对还原论的超越和对整体论的发展，主张认识事物时的出发点和落脚点都在于整体，但并未完全抛弃前者，实际上在一定程度上包含了将还原论与整体论结合起来的科学态度，这在其此后的发展完善中体现得更加明显。与之同期蓬勃发展的管理学也在很大程度上受到这些系统理论的影响，整体性思想及结构功能相关律、信息反馈律等基本规律融入诸多管理学者的理论或学说中。例如，现代管理学之父彼得·德鲁克（Peter F. Drucker）强调，管理者的第一紧要任务就是"创造出一个真正的整体，大于各个组成部分之和的整体"。

进入20世纪下半叶后，随着科学界开始对复杂性多变量系统进行深入研究，一些以系统的形成、发展与演化为重点的理论学说先后出现，其中影响较为深远的有耗散结构学说、协同学与突变论（合称"新三论"）。"新三论"与"老三论"关联紧密，是在其基础上发展起来的，而又在探究系统中非线性相互作用等重要问题上有了新的突破，体现了由存在到演化、由静态到动态的认知发展特征。耗散结构学说以非线性开放系统为研究对象，着重考察其由无序到有序演化过程的一般模式，在一般系统论外揭示了非均匀性。突变论专门研究连续发展过程中出现突然变化的现象，从数学上讨论了临界突变和分支演化问题。在更多新的系统理论学说登上科学舞台的同时，现代系统科学也正以势不可挡的趋势向其他学科渗透扩张，特别是为社会科学的发展提供了有益的思维与方法基础。

作为"新三论"中的核心部分，由赫尔曼·哈肯（Hermann Haken）创立的协同学（又称协同论）成功地揭示了完全不同学科间存在着的共同本质特征，为人们提供了一种认识复杂世界的基本方法。哈肯是德国物理学家，主要从事激光理论和相变研究，他在研究时发现了激光器的子系统和输入能量的协同作用，进而结合对其他领域许多典型现象的考察，提出各种多元系统的子系统或元素间都存在着类似的相互作用，这在一定条件下可使系统形成具有一定功能的自组织结构，实现从无序到有序的转化。从哈肯（2013）对协同的定义（"系统的各部分之间相互协作，使整个系统形成微观个体层次所不存在的新的结构和特征"）就可以看出，这是克服还原论局限性过程中的重要迈进。哈肯的协同学力求简洁，其理论框架由几个核心概念构筑起来，包括序参量、临界条件、自组织、循环因果、双元模糊等。其理论要点可归结为三个方面：①协同效应，即各子系统相互作用而产生的超越单独效果的整体效应；②役使原理，即系统行为由少数几个序参量决定；③自组织原理，即内部子系统间能按照某种规则自动形成一定的结构或功能。作为一门颇具普适性的横断科学，这一理论实现了对耗散结构学说的发展和升华，深化了人们对于系统演化内部机制和动力的认识，甚至促进了当代哲学观念的演进，当然也对管理学研究的发展和完善有着特殊的意义。

协同学问世之后，协同的概念被逐渐接受。管理学领域的采用最早见于美国战略管理学者伊戈尔·安索夫（Igor Ansoff）于1965年出版的《公司战略》一书。在该书中，安索夫提出战略包括产品与市场范围、成长方向、竞争优势和协同作用四个要素，并指出协同使公司整体价值大于各组成部分的简单加总，达到"2+2=5"的效果。同时，协同也受到企业间战略如并购相关研究（Sirower，1997）的关注。此后，管理学界对协同的应用和探讨更为普遍。罗伯特·卡普兰（Robert S. Kaplan）和大卫·诺顿（David P. Norton）在其著作《组织协同：运用平衡计分卡创造企业合力》中指出，组织协同来自财务协同、客户协同、内部流程协同、学习与成长协同等。他们强调，要"将协同作为一个流程来管理"，这个流程应该由总部负责定义，并由上而下循环往复，从而保证战略的成功实施。这些理念和观点体现着对协同学的认可和继承，即将企业视为一个由多部分/多单元组成的系统，它们通过相互协作和适应实现由无序到有序、由低级平衡向高级平衡的演化。

在"新三论"等新科学理论相继诞生之后，系统科学相关研究不断拓展深化。

汇聚了物理、生物、计算机、经济等多学科研究者的美国圣塔菲研究所（Santa Fe Institute）于 1984 年建立，试图探究各种不同系统复杂性问题背后的共同机制，以复杂性和复杂系统为研究对象的复杂性科学由此发展起来。《科学》（*Science*）杂志在 1999 年出版了一期主题为"复杂系统"的专刊，其前言的标题为《超越还原论》，这表明运用现代整体论思想开展科学研究已成为趋势，进入新发展阶段的系统科学也已广泛传播。其实，关于复杂性，我国著名科学家钱学森很早就从方法论的视角给出了清晰阐释。他指出：凡现在不能用还原论方法处理的，或不宜用还原论方法处理的问题，而要用或宜用新的科学方法处理的问题，都是复杂性问题。这是因为系统的整体属性包括两部分：各组分属性之和，在整体层面上涌现的、组分所不具有的属性，后者对应的"还原论不可逆"使得复杂性态呈现出来（盛昭瀚和于景元，2021）。同时，钱学森还明确指出：我们所提倡的系统论，既不是整体论，也非还原论，而是整体论与还原论的辩证统一。换言之，既要深入到低层次，了解局部机理和微观结构，又要上升到高层次，厘清相互联系和宏观性质，实现"既见树木、又见森林"。这一思想是对面向方法论之争的系统科学发展内在逻辑的凝练升华，其建立在辩证唯物主义的哲学基础上，又丰富和深化了唯物辩证法（于景元，2016）。

随着人类社会实践趋于复杂，线性思维和还原论指导下的社会科学研究面临的困境越来越突显，现代整体论思想，特别是以复杂性科学为代表的系统科学方法体系在管理学等各类社会科学研究中的重要性不断提升。从系统视角而言，管理是一种人造系统，"任何管理实践既是系统的实践，又是实践的系统"（盛昭瀚，2019a）。而在社会发展的进程中，生产活动的复杂形态逐步出现，相应管理活动中的复杂性问题（不能用还原论解决的问题）越来越多，复杂性管理（涉及复杂性问题的管理活动）成为理论界与实践界均颇为关注的重点。管理中的复杂性问题一般具有以下特点：其边界较为模糊，内部要素间关联也不完全确定；难以用一种结构化模型或方法进行刻画；解决方案要求多学科领域的知识交叉融合，且往往是在不断试错中产生的（盛昭瀚，2019a）。对于这类超越了一般系统性或一般不确定性的问题，单纯的还原论方法显然是行不通的，常规的系统性管理方法也不足以应对，必须依据新的思维原则构建解决方案。

国际学界认为，复杂性的涌现本质与一般系统的整体性特征十分接近，从而将复杂性隐喻为某一类系统特有的属性，并将这类系统称为复杂系统。钱学森认为，复杂系统是系统科学体系中的一个层级，复杂系统的整体性问题就是复杂性问题，探讨复杂性宜从考察各类具体的复杂系统入手（于景元，2011）。这一思想启示人们用复杂系统的复杂整体性刻画复杂管理问题的抽象属性，架起了复杂系统与管理科学之间的桥梁，促成了"物理复杂性—系统复杂性—管理复杂性"学理链的融会贯通。基于此，盛昭瀚和于景元（2021）明确指出"复杂系统管理"

是一类新的思维范式、实践范式与研究范式,将衍生出一个有着巨大发展空间的管理学新领域。他们认为,复杂系统管理是对社会经济重大工程人造复杂系统中复杂整体性问题的直接关切与回应,其不仅要考虑一般系统性所涉及的特征,更要关注复杂整体性,这涵盖各类复杂性、其基础上的"非可加"整体性、整体性引发的复杂性及它们的交织耦合。

重大工程相较于一般工程的本质区别就在于其具有鲜明的复杂性特征,重大工程管理系统正是一类极具代表性的复杂系统(麦强等,2019a)。由工程管理到重大工程管理的演变与前述的管理从系统性到复杂性的演变在逻辑本质上是一致的。复杂性在高度凝练重大工程管理对象本质属性与活动内在特征的同时,也连同相关的认知范式和方法论体系为重大工程管理研究提供了不可或缺的思维原则支撑平台(盛昭瀚等,2019)。当然,由于重大工程管理面向的是一类极为特殊的造物实践,其是嵌套着自然系统的复杂社会系统(殷杰和王亚男,2016),对复杂系统范式的引入不能停留在系统科学话语体系中,而要兼顾实体与虚体层面、结合重大工程管理内涵对复杂性进行重新解读。复杂系统管理思维提醒我们,仅仅分析不同维度的项目复杂性(Baccarini,1996;Bosch-Rekveldt et al.,2011)可能是不够的,还要关注其叠加后的次生和整体效果,如关联性和认知不完备性驱动产生的重大工程组织模式适应性与多样化(麦强等,2018),以及由此带来的演化复杂性(Qiu et al.,2019)和其他更高层次的复杂性,从而避免在分解复杂性的同时陷入单纯的还原论陷阱,始终保持对复杂整体性的把握。要解决重大工程管理中的复杂整体性问题,就必须围绕主体与复杂性这两个最核心要素,切实实现整体论与还原论的辩证统一,即基于还原论进行恰当的分解,在明晰后综合到整体层次上再作考察,从而把握住纷繁复杂性背后的规律(麦强等,2019a;盛昭瀚等,2019)。

第 2 章 重大工程创新复杂性

由于重大工程创新涵盖众多元素，考虑不同要素之间的耦合与集成，其创新治理是一个复杂系统管理问题。研究从复杂系统管理视角出发，分析重大工程创新的复杂性源起，提炼出重大工程创新的复杂性禀赋以及重大工程创新的复杂整体性的基本特征，最后提出重大工程创新治理的关键问题和瓶颈。在上述理论分析基础上，提出从重大工程创新复杂整体性治理基础、治理机制、治理能力，构建形成了重大工程创新治理的框架。

2.1 概 述

重大基础设施工程（以下简称为重大工程）已成为我国技术创新的重要平台，如基于港珠澳大桥工程所攻克的外海沉管隧道、装配化桥梁及人工岛的设计建造技术、基于西电东送工程的特高压输电技术等。重大工程是指投资规模巨大、实施周期长、技术异常复杂，对社会、经济及生态环境等影响深远的大型公共工程（Flyvbjerg，2014；盛昭瀚等，2019）。重大工程具有显著独特性和一次性特点，其创新亦具有多主体协同、非线性耦合、系统动态演化等的复杂系统特征（Amaral and Uzzi，2007；Lehtinen et al.，2019）。

重大工程创新可以分解为两个维度，重大工程创新过程和重大工程创新产出（Crossan and Apaydin，2010）。当重大工程创新被定义为重大工程创新过程时，其内涵包含五个维度：重大工程创新驱动力、重大工程创新层次、重大工程创新方向、重大工程创新源和重大工程创新轨迹（Crossan and Apaydin，2010）。重大工程创新驱动力包含内部驱动力和外部驱动力，内部驱动力包含技术挑战（曾赛星等，2019）、相关方运用知识和资源（Davies et al.，2009）、工程失败经验（Whyte，2019）、技术性能改进（Sergeeva and Zanello，2018；Worsnop et al.，2016）、工程规模（Jin et al.，2022）等，外部驱动力包含可持续性的标准（盛昭瀚和梁茹，2022）、社会文化环境（Qiu et al.，2019）、经济状况（Gann and Salter，2000）、规制和监管要求（Sergeeva and Zanello，2018）等。重大工程创新可发生在不同层面，如个人、团队、公司或项目层面等（Gann and Salter，2000）。重大工程创新方向是指创新是从上至下还是从下至上的方向启动和发展的，但在重大工程创新过程中，自上而下的规划和延展是解决重大工程重大技术挑战的优先工具，自下而上的创新方向是提高工程效率的有效手段（Hobday，1998；van Marrewijk et al.，2008；陈宏权等，2020）。重大工程创新源可分为内部创新源和外部创新源，内部创新源是指针对重大工程的原创或自主创新，外部创新源是指借鉴其他的新技术或创新成果，如从其他项目或者行业汲取知识和资源，并整合集成现有技术形成新的应用等（Davies et al.，2014；陈宏权等，2020）。重大工程创新轨迹是指创新过程的范围，是唯一的组织参与创新活动（封闭过程）抑或是通过创新网络的协作合作展开（开放过程），而一般的重大工程创新都是开放式创新，因为通常需要在多个组之间协同开展，并非孤立于单一企业（Chen et al.，2018；Worsnop et al.，2016）。

当重大工程创新被视为成果时，其内涵可解构为四个维度，即重大工程创新依赖基础、重大工程创新形式、重大工程创新量级、重大工程创新类型。重大工程创新的依赖基础是指创新成果所参考基石，其创新是对比公司自身、行业本身还是整个世界的突破（Crossan and Apaydin，2010），例如，港珠澳大桥采用沉管隧道设计方案是以我国桥梁行业为标杆的创新活动，是我国第一次采用外海区域采用沉管隧道施工技术。根据创新量级维度的大小，重大工程创新可分为重大工程渐进式创新和重大工程激进式创新（Crossan and Apaydin，2010）。按照重大工程创新形式，重大工程创新可分为产品或服务创新、流程创新和模式创新。工程产品或服务创新是指采用新设计方法、新施工技术或新的服务化结合方法提升了工程整体性和工程质量、降低工程成本等目标（Chen et al.，2018；Liu et al.，2022）。工程流程创新是指引入新的生产方法、新的管理或技术，用于改进重大工程建造的管理流程，如采取数字化管理平台提升效率（Davies et al.，2014）。工程模式创新是指创造价值或改变价值的交付方式，如将不同的实体捆绑起来设计和施工、采用新的招投标模式、新的工程采购模式或新的商业运行模式（Sergeeva and Zanello，2018）。按照创新类型，重大工程创新可分为重大工程技术创新和重大工程管理创新。重大工程技术创新是指在重大工程施工过程中采用新的施工工艺或者施工工法实现工程质量或者工程效率的提升，如采用BIM等智能化工厂建造方式来实现重大工程的模块化建造（Jin et al.，2019）；重大工程管理创新是指与组织核心活动相关的管理方面的改进或创新，包括组织结构、行政流程和人力资源管理等（Brockmann et al.，2016；Crossan and Apaydin，2010）。

文献中对于重大工程创新的论述主要是从重大工程创新阻制（Barlow and Köberle-Gaiser，2008；Dodgson et al.，2015）、重大工程创新驱动力（Brockmann et al.，2016）、重大工程创新能力（Jin et al.，2022）、重大工程创新扩散（Chen et al.，2018）、重大工程创新效应（Gil et al.，2012）等维度展开的。重大工程创新阻制包括工程规模（Brockmann et al.，2016）、设计与施工环节分割（Engwall，2003）、供应链的分散（Brockmann et al.，2016）、工程不确定性与风险（Davies et al.，2009）、

工程临时性（Davies et al.，2014）、工程组织结构（Barlow and Köberle-Gaiser，2008）、交付与运营之间的复杂性（Whyte，2019）、创新资源匮乏（Gann and Salter，2000）、法律和法规约束（Brockmann et al.，2016）、临时组织的知识产权分配（Barlow，2000）等。

虽然重大工程规模庞大、参与者众多等特殊性质会抑制创新活动，但多样化的参与者以及庞大的供应商也会促进创新产生（Cantarelli，2022）。此外，针对重大工程前期的研发咨询以及项目推介（Davies et al.，2014；陈宏权等，2020）、社会责任承担（盛昭瀚和梁茹，2022）、行业规制（Qiu et al.，2019）、项目定位（陈宏权等，2020）、项目文化（Davies et al.，2009）、项目组织结构（Davies et al.，2014）等也促进了相关参与方采取新的措施改进工程施工技术或管理流程等，实现重大工程创新。

重大工程创新需要满足必需的工程能力，如治理能力、项目能力、动态能力（Brady and Davies，2004；Davies et al.，2016；盛昭瀚等，2019）。其中，重大工程项目团队能力是创新的关键因素（Kwak et al.，2014），如项目团队和经理要掌握必需的技术、管理、沟通和领导技能，能够协调组织间的创新活动，识别创新机会，培育创新文化（Barlow and Köberle-Gaiser，2009；陈宏权等，2020）。学者也强调重大工程动态能力的重要性，包括从学习、编码和动员三个阶段开发其重大工程动态能力以实现工程项目团队随时应对不断变化的环境以及工程不确定性（Davies et al.，2016）。在重大工程建设过程中是否采用新技术受到其利益相关者对预期盈利能力的评估和工程团队吸收能力的影响，利益相关者采用不同的评估手段以及不同的预期对采用何种创新以及实现创新有显著影响，同时利益相关者吸收能力会影响其对于新技术采用的决策行为（Gil et al.，2012）。此外，工程合同管理能力、关系能力和商业能力也显著影响其在新技术采用中的作用（Sergeeva and Zanello，2018）。因此，对于重大工程而言，其创新成功与否往往依赖于不同能力的组合（Dodgson et al.，2015）。

重大工程创新成果也会扩散至其他相关工程中，实现知识和经验的传递与交流（Eriksson，2013）。例如，专门为港珠澳大桥工程开发的自动化钢箱梁产线也为其他国内外工程使用，沉管隧道施工技术也在港珠澳大桥工程施工基础上改进应用在深中通道工程中。重大工程创新扩散存在三种机制：第一种是内部的工程项目内模仿行为；第二种是外部的市场性行为，即其他工程的相关参与方基于竞争性市场因素驱动的创新行为；第三种是制度性行为，即国家或者相关部门传播实现了知识和行为的传递与模仿（Cantarelli and Genovese，2021；Winch，2000）。工程临时性和行业参与方的分散与割裂等严重地阻碍了重大工程创新以及经验知识的传递（Engwall，2003），对存在重大工程中的竞争性标段而言，创新扩散可以很好地降低重大工程整体成本并提高绩效，借鉴并推广其他重大工程技术经验是降低风险和不确定性的重要工具（Cantarelli and Genovese，2021）。

重大工程创新效应是指重大工程创新对工程以及其他利益相关者的影响结果，包括对工程自身、利益相关者、工程行业和制度环境等不同维度的影响作用，例如，对工程项目质量、后期运营维护、成本工期控制等多因素的影响（Cantarelli and Genovese，2021；Montealegre and Keil，2000；Winch，2000），如利用PPP（public-private partnership，政府和社会资本合作）模式的工程项目创新主要聚焦在非技术类创新，且主要出现在运营阶段（Roehrich and Caldwell，2012）。从管理实践来看，国内外工程师已经在典型重大工程中成功采用众多技术或管理创新，如港珠澳大桥工程（曾赛星等，2019）、西气东输工程（Zhang et al.，2020）、南水北调工程（Pohlner，2016）、英吉利海峡隧道（Winch，2000）、美国胡佛大坝（Kwak et al.，2014）等。重大工程使用创新技术或者先进技术也可能会带来不利影响（Montealegre and Keil，2000），如美国丹佛国际机场工程采用了地面移动技术、通信与雷达系统等的大量的建筑技术创新，该工程所采用的新型的集成自动化行李处理系统却失败了（Montealegre and Keil，2000）。

重大工程创新是一个非常复杂的问题，系统内的创新活动必然与其他系统元素相关联，重大工程创新活动是复杂系统内的元素单元，其复杂集成是整体系统能否成功运转的关键，意味着重大工程创新管理是项目成败的关键。因此，重大工程创新管理也是一个复杂系统管理难题，其复杂整体性需要重新审视。

2.2 重大工程创新的复杂性分析

重大工程创新治理是以业主或业主代表为视角，以重大工程创新绩效为目标，对相关参与方的创新资源、创新过程和创新结果进行治理，实现创新资源的全面开放，创新过程的协同与合作，创新结果的集成与融合，达到重大工程创新绩效的最优化。但由于重大工程自身特性，技术复杂性和组织复杂性不断涌现，因此，重大工程创新治理俨然成了复杂系统管理问题。

2.2.1 重大工程的复杂系统特征

复杂性是重大工程的固有特征和决定性特征（Burke and Morley，2016），运用复杂科学理论来研究重大工程管理问题越发凸显（Bakhshi et al.，2016；汪寿阳等，2021；盛昭瀚和于景元，2021）。大量研究借鉴了系统理论来分析重大工程管理问题，提出重大工程所形成的系统是由人、设备和产品以及相互关联的过程形成的复杂元素的排列（Aritua et al.，2009；Daniel E and Daniel P A，2019），这些复杂元素的相互作用是满足重大工程自身物理结构和运营需求，并保持重大工程及其全生命期的可持续性（乐云等，2022；盛昭瀚和于景元，2021）。

复杂系统也可以看作复杂网络，其中节点代表系统元素，边对应于这些元素之间的交互（Onnela，2014）。复杂性与系统元素及其内部和外部交互有关，且存在非线性和不可预测性，包括作用关系的不确定性或突发性（Suh，2005）。重大工程所形成的复杂系统表现出三个典型特征，即相互关联、非线性和涌现（Aritua et al.，2009；Daniel E and Daniel P A，2019）。首先，重大工程往往包含众多相互关联的要素，包括各种活动以及各类参与主体，这些因素之间的关系可能是非线性的，其中一个元素的微小变化可能会在其他方面产生重大影响或意外后果，呈现出不同步、不协调、不确定、高风险和容易发生冲突等多种可能性（Daniel E and Daniel P A，2019；Shenhar，2001）。然后，重大工程所形成的复杂系统的构成因素（如部件、活动和组织）之间的相互依赖程度越高，出现矛盾的可能性就越大，当关系是"非线性的"时，这种情况通常会加剧，这意味着一个元素的微小变化可能会导致其他元素的大变化，会产生意想不到的后果（Cooke-Davies et al.，2007）。最后，由于重大工程跨度长、技术难度大，新技术的采用、大量利益相关者等因素的存在，显著增加了重大工程在设计建造和运营维护阶段的不可预测性与不确定性，这也是复杂系统中的"涌现"特征（Bakhshi et al.，2016；Shenhar，2001）。

复杂理论可以解释重大工程实施过程中的变化机制以及其对重大工程项目成果的影响机理（Daniel E and Daniel P A，2019），通过将复杂系统管理理论作为描述重大工程复杂性概念框架，提供表示重大工程项目复杂模式，有助于理解重大工程中运行的不稳定动态（汪寿阳等，2021；盛昭瀚和于景元，2021）。从复杂系统管理视角来看，与传统重大工程项目管理中强调的传统"控制"技术相比，理解整体复杂性对重大工程治理显得更加重要（Cooke-Davies et al.，2007；Rolstadås and Schiefloe，2017）。

2.2.2 重大工程创新悖论

重大工程创新需求来源于重大工程复杂性，但又受制于重大工程复杂性约束，工程复杂性与重大工程创新之间存在双元作用逻辑。一方面，重大工程复杂性会推动重大工程创新活动；另一方面，重大工程创新会显著增加重大工程复杂性，导致重大工程创新管理呈现出复杂系统管理的典型特征（Cantarelli，2022；Cantarelli and Genovese，2021），形成了重大工程创新惰性，以上双元作用逻辑构成重大工程创新悖论。

1. 工程复杂性推动重大工程创新

由于复杂性,重大工程必须采取更多创新,从而实现在既定时间内能够交付重大工程(Ozorhon and Oral,2017)。例如,基于欧洲高铁线路 TGV Med 工程和 HSL South 工程案例,Cantarelli(2022)发现环境复杂性、组织复杂性和技术复杂性对重大工程创新的推动作用;陈宏权等(2020)发现港珠澳大桥工程的技术创新需求来自技术复杂性与目标复杂性。文献也证实为了满足工程需要,技术复杂性(Cantarelli,2022;Kwak et al.,2014)、环境复杂性(Kwak et al.,2014;陈宏权等,2020)、组织复杂性(Cantarelli,2022)、目标复杂性(陈宏权等,2020)对重大工程创新有重要推动作用。

2. 工程复杂性抑制重大工程创新

创新管理理论认为企业核心竞争力依赖于企业创新(Crossan and Apaydin,2010;Dodgson,2017)。但在重大工程管理领域,由于工程创新的不确定性,且重大工程受到成本、质量和工期的多重约束,业主以及其他参与方往往不愿意引入新颖方案和创新工法,而通常是寻求已经成熟可靠的施工方案和工程技术,按照原有工程既定程序来最小化潜在的工程风险(Davies et al.,2014;van Marrewijk et al.,2008)。当重大工程复杂性较高时,往往选择较为保守的策略或者模块化方法来降低复杂性以达成工程目标(Tee et al.,2019)。重大工程复杂性较高时,业主及业主代表更倾向于选择最低价格的承包商,通过合同设计将风险转移至承包商,在预定工程设计基础上进行多目标控制(Davies et al.,2014)。例如,Floricel 等(2016)发现结构复杂性和动态复杂性会显著降低项目创新绩效,且不确定性削减创新策略与复杂性会对创新绩效产生交互作用。

重大工程创新组织结构的临时性和混合性导致其创新活动不会呈现出间隔性与波动性,重大工程渐进式创新也会因为创新资源或工程经验导致成本收益低于传统企业创新(Sydow and Braun,2018;陈宏权等,2020)。例如,Cantarelli(2022)基于实证案例发现重大工程创新会显著影响工程复杂性,且主要是通过增加重大工程外部资源来影响工程技术复杂性和工程组织复杂性。重大工程往往是多目标的且不同子系统之间相互关联,任何一个重大工程创新活动所引发的工程变化最终都可能会影响其他工程活动或者其他工程创新活动,重大工程多目标之间的关联性以及重大工程创新活动的不确定性会对工程整体性带来新的作用关系(盛昭瀚和于景元,2021;麦强等,2019b)。因此,重大工程创新会显著增加重大工程复杂性,包括其主体复杂性和结构复杂性等。

2.2.3 重大工程创新复杂性来源

重大工程复杂性会衍生重大工程创新复杂性，可以说重大工程的物理复杂性直接引发了重大工程创新复杂性。重大工程创新的复杂性来源是多样的，可以来源于工程外部环境（Bosch-Rekveldt et al., 2011; Qiu et al., 2019），也可以来源于工程自身特性（Baccarini, 1996; Bosch-Rekveldt et al., 2011; 曾赛星等, 2019）。重大工程根植于外部环境中，工程创新所需要满足的目标也必须要做到工程与环境的协调发展，包括自然、社会、政治、经济等多维度的外部环境（Baccarini, 1996; Bosch-Rekveldt et al., 2011）。例如，杭州湾大桥工程是大型跨海大桥工程，为了应对海洋复杂环境，工程团队研发了外海环境下的混凝土结构耐久性技术，并配合工程进度实施，包括建立可靠的钢筋腐蚀电学参数和输出光功率变化判据，研制混凝土结构寿命的动态预报软件，制定大桥混凝土结构耐久性长期原体观测系统设计方案，这项技术填补了当时国内跨海大桥的施工技术空白。港珠澳大桥工程在设计过程中便积极考虑了香港机场限高、白海豚保护、伶仃洋航道、台风以及高温潮湿环境等综合环境问题，提出了桥岛隧的设计、海中人工岛快速成岛、沉管管节工厂化制造、海上长桥装配化施工、120年耐久性保障、环保型施工、新材料开发及应用和大型施工设备研发等。可以看到，重大工程创新往往来自环境复杂性，创新复杂性的一个重要维度是如何满足不同环境的约束。

重大工程创新的复杂性也可以来源于工程特性，可分为工程自身属性和工程参与主体。重大工程自身的技术高难度和目标多重约束都会影响重大工程创新活动的复杂性，如新技术使用与技术高难性需要通过施工技术创新以及装备材料创新综合实现，这涉及更加复杂技术的协同和集成（Bosch-Rekveldt et al., 2011; Kiridena and Sense, 2016; Shenhar, 2001）。重大工程规模庞大，往往包含多个子系统，多个子系统包含多个工程目标，创新过程涉及多目标协同与优化，包括创新成本难以控制、创新收益预估、创新时间不确定等（Chapman, 2016; Shenhar, 2001）。例如，港珠澳大桥工程涉及不同专业系统，如桥梁工程系统、交通工程系统、土建工程系统等，不同子系统之间相互交织和穿插，全过程创新则需要不同子系统工程之间相互协调配合，各子系统工程的设计施工都需要预留和考虑与其他专业的接口等，最终实现技术集成。港珠澳大桥岛隧工程通过自主创新，首次采用钢壳混凝土（三明治）结构，通过工厂化制造，使用最大吊重达12000吨、全回旋最大吊重达7000吨的"振华30"号起重船在海上安装，就位后通过主动顶推止水，实现安全、快速、高精度隧道贯通，多项技术创下世界第一。港珠澳沉管隧道最终接头对接精度达毫米级，创下最高精度的沉管隧道最终接头安装技术。为了保障沉管的浮运、安装，岛隧工程的工程师和项目团队成功地开发并应用了沉管安装深水测控系统、浮运沉放压载水控制系统、沉管对接精调系统、沉管水下运动姿态实时监控系统、气象海况保障系统、浮运拖航控制系统等八大技术系统，形成了成套的外海沉管隧道安装技术系统。

重大工程创新的复杂性也来源于工程参与主体的复杂性，首先是创新任务和创新过程需要参与主体的强关联，其创新网络特征及其主体复杂性大大高于一般工程（Bakhshi et al.，2016；Chen et al.，2018）。重大工程创新往往跨多个时间段，不同创新主体动态参与演进到创新活动中，其动态演化特征导致创新主体变化，创新主体之间的任务衔接接口增多，创新活动自身任务复杂性高（Bosch-Rekveldt et al.，2011；Chen et al.，2018）。例如，港珠澳大桥工程涉及来自美国、荷兰、丹麦、瑞士、英国、中国、特立尼达和多巴哥等国家和地区的承包商与工程师，相关创新活动也得到了全国 30 多家企业以及 10 多所科研院校的支撑，总体上该工程涉及 20000 多名施工人员、1000 多名科研设计人员的超大规模人员参与。

2.3 重大工程创新的复杂系统管理特性

重大工程创新管理是复杂系统管理问题，其复杂性来源是异质性的，可以由外部环境和工程自身衍生而来。重大工程创新复杂性可以根据创新资源、创新主体和创新过程等分为不同维度，同时还包含系统自身衍生出来的创新复杂性。重大工程复杂性引发了重大工程创新的复杂性，重大工程创新复杂性会加剧重大工程复杂性，但两者存在明显边界。重大工程创新的复杂性聚焦于重大工程创新活动本身，包含了创新驱动、创新资源、创新主体和创新过程等不同维度。而现有文献关于重大工程复杂性研究主要聚焦于工程本身和传统工程行为，涉及工程设计施工过程、工程决策和流程管理等，还涵盖了由不同参与主体带来的类别复杂度和关联复杂性，却鲜有讨论因重大工程采用新设计、新技术和新工法等创新活动而衍生出的重大工程复杂性。因此，如何实现基于复杂系统管理范式下的重大工程创新治理是我们亟须思考的新问题。

2.3.1 重大工程创新复杂性禀赋

重大工程创新的复杂性根据创新驱动、创新资源、创新主体和创新过程可以分成多个维度，主要包括环境复杂性和结构复杂性、目标复杂性、来源复杂性和知识复杂性、网络复杂性和演化复杂性、过程复杂性。

1. 重大工程创新驱动复杂性

重大工程创新驱动来源多样性包括由外部自然环境、社会环境、经济环境和制度环境引发的重大工程创新需求。例如，外部复杂自然环境导致传统设计方案和施工技术难以适用，需要开发新的施工技术和材料装备（曾赛星等，2019；金治州等，2022），这在港珠澳大桥工程和杭州湾大桥工程等重大工程中都得到了印证。由于重大工程在设计建造过程中还必须满足社会公众等不同利益相关者需求（Biygautane et al.，2019；Qiu et al.，2019），符合不同规制等制度要求（Sergeeva and Zanello，2018），因此重大工程在创新过程中必须完全考虑不同社会、经济和制度的条件约束，如新材料的合规性、新技术的环保性、新装备的经济性等。例如，在港珠澳大桥工程中，由于工程跨三地，在制度文化和经济政治等外部环境均存在显著差异的情境下，社会政治经济环境的复杂性会对重大工程组织创新和管理创新带来更多挑战。为了实现工程同一目标和标准，最终工程项目团队采取了三地标准取最高标准模式以确定工程标准，通过对材料采用首件制模式开展了后续工程。

规模巨大导致重大工程自身结构复杂，且重大工程的不同子系统之间在创新过程中需要考虑不同创新知识要素的组合，以及子系统之间的逻辑耦合的相互约束，具体表现为：重大工程技术的复杂程度和组成部件的量级；技术组件及其非线性关系；参与主体间的复杂关系和动态交互路径。例如，港珠澳大桥工程在设计和建造过程中，就必须全面地针对工程沿线的地质、工程、环保和供电进行系统性研发，不同组件又必须考虑整体性，这增加了重大工程的复杂性。

2. 重大工程创新资源复杂性

重大工程创新资源分布于不同部门、组织和国家（地区）间（陈宏权等，2020），衍生出了创新资源的分布复杂性，如何搜寻不同文化背景下的创新资源并甄别其价值也是重大工程创新治理的核心问题。同时，重大工程技术复杂度高导致需要不同类别创新资源，相关创新主体需要通过搜寻、集成和融合，不同类别知识重新组合和配对（金治州等，2022），衍生出重大工程创新的知识复杂性，这对创新治理提出了新的挑战。例如，港珠澳大桥工程在设计和建造过程中聘请了来自美国、荷兰、丹麦、瑞士、英国等地的工程师协助参与，国内不同行业的创新资源也通过业主代表实现了创新资源的集聚与集成，如钢铁行业的太原钢铁集团有限公司（简称太钢集团）、航空航天行业的中国航空工业集团第304研究所（简称中航304所）、装备制造行业的上海振华重工集团股份有限公司（简称振华重工）等。由于工程规模巨大，重大工程往往会分成不同标段，即便相同标段的不同参与者也存在显著的创新能力差异，如何避免因市场竞争而出现的重复研发或者过度创新所带来的高成本也需要相应的治理手段。

3. 重大工程创新主体复杂性

重大工程本身是一个复杂系统，其创新活动贯穿于重大工程系统本身，其复杂性来源于异质主体的紧密关联与动态联动，创新要素通过不同组织实现最终创新结果，但创新主体的逻辑关系复杂多变，形成了深度的创新复杂网络。相比于传统企业创新管理范式下的复杂产品创新管理，重大工程创新主体往往需要深度的跨部门和跨组织的联合创新，特别是面对前所未有的挑战，需要联系从未合作过的组织开展联合创新（Hobday，1998）。相比于一般工程创新，重大工程创新需求特征导致创新主体的嵌入深度更深、网络规模更大，且重大工程创新程度更大，因此重大工程创新网络的复杂度显著提升。

例如，在港珠澳大桥工程的外海沉管隧道安装中，施工过程中首次出现了基床异常回淤等问题，导致沉管隧道安装难以满足精度要求，施工方快速形成以中交第一航务工程局有限公司（简称中交一航局）为代表的承包商，以中交第四航务工程勘察设计院有限公司（简称中交四航院）为代表的设计方，以管理局为代表的业主方，以天津水科院、南京水科院、国家海洋预报中心、中山大学等科研团队为代表的创新团队，结合区域长序列观测数据、现场试验和数值分析等手段，共同完成了"港珠澳大桥沉管隧道基床回淤监测及预警预报系统研发与应用"，并联合政府海洋、海事等主管部门，解决了超常规回淤对沉管安装影响的难题。因此，重大工程往往需要创新主体间通过复杂的创新协作与技术集成解决在实际施工过程中遇到的罕见难题。

由于重大工程跨越周期特别长，其创新活动也根据设计和施工需要跨越多个时间段，其创新主体不停地演变加入到整个系统中，因此重大工程创新参与者动态演化，且不同创新活动之间存在交互接口，需要对创新任务以及子系统链接相互集成，由此衍生出重大工程创新的演化复杂性（Brady and Davies，2014；Vaaland and Håkansson，2003）。

4. 重大工程创新过程复杂性

重大工程创新过程也具有高维复杂性的典型特征，具体表现为创新需求的不确定性、创新规划的模糊性、创新实施的多约束性等，从创新需求甄别到问题路径探寻，再到创新功能实现都是非线性过程，往往需要不同创新主体多次叠加交互，且重大工程创新过程中受到多个目标约束，创新过程显得更加复杂多变（曾赛星等，2019；盛昭瀚和梁茹，2022）。从重大工程管理实践来看，工程设计创新与工程技术创新往往是相辅相成的，设计与施工往往是割裂的，因此重大工程创新过程很容易出现断裂，且施工必须按照设计实施，缺乏沟通的过程导致创新效率难以达到最优化，其涉及的相关参与方也越来越多样（金治州等，2022）。因此，重大工程创新过程是多变的，且创新主体在过程中间是互动交互，存在动态且非线性的关系。

2.3.2 重大工程创新系统的复杂整体性

重大工程创新是复杂系统，其相互依赖特性主要表现在重大工程是由众多相互关联的因素组成的，包括活动和实体，层层联系，各个活动和各个实体相互关联，一环扣一环，紧密联系在一起（汪寿阳等，2021；盛昭瀚和梁茹，2022）。重大工程创新活动和创新主体等元素共同形成的复杂系统是相互依赖的、非线性的和涌现的，且其构成因素之间的相互依赖程度高，当重大工程创新系统中内部因素的逻辑关系表现出"非线性"特征时，系统因素的微小变化会诱导其他因素产生巨大影响，如"蝴蝶效应"一般影响整个重大工程创新目标和功能的实现。重大工程创新系统的涌现性则是因为其长周期、新技术采用以及规模巨大的参与团队和复杂的利益相关者关系网络等，也显著增加创新过程中的需求突然性和结果的不可预测性。

重大工程创新治理问题是复杂系统管理问题。"复杂系统管理"是基于复杂系统的思维范式，是复杂系统与管理科学融合的管理学新领域，体现了"物理复杂性—系统复杂性—管理复杂性"的整体性（盛昭瀚和于景元，2021）。因此，基于复杂系统管理研究范式，重大工程创新的复杂整体性治理问题体现为如何解决重大工程创新过程中的"工程复杂性（物理复杂性）→技术复杂性和主体复杂性（系统复杂性）→创新管理复杂性（管理复杂性）"的整体性。重大工程创新系统面向重大工程创新需求，重大工程创新的系统复杂性可以细分为创新主体的复杂性和技术创新的复杂性。

重大工程创新的复杂整体性具有两层内涵：第一层是指围绕重大工程的创新活动之间的关联耦合和相互作用，任何创新活动的开展都必须保证其他工程接口的连续性，这会显著增加重大工程自身的复杂度。重大工程每一项创新活动不能仅仅是诸多要素的简单相加，其驱动目标、创新功能和具体过程表现出统一的整体性，围绕重大工程既定目标展开，在各项工程约束下实现工程创新。因此，当重大工程的某创新活动与系统内其他因素呈现出非线性关系时，重大工程创新管理难度会高于一般创新成果。因为复杂系统内元素的微小变化也可能会在其他地方产生重大影响或意外后果，呈现出不同步、不对齐、不确定的高风险结果，因此重大工程的创新活动不能简单地集成相关的创新成果，还需要考虑不同成果之间的接口。第二层是围绕重大工程创新活动本身，即某项重大工程创新活动往往涉及组织、管理和技术创新，包含跨域资源和跨行业知识等的搜寻、重组和聚合，还涵盖多阶段不同创新主体的跨组织协同，其复杂整体性体现在如何通过不同主体实现创新资源的协同耦合。重大工程各个创新活动包含自上而下和自下而上的协同与集成，各创新资源和知识要素对重大工程系统的整体性影响则体现在相互作用中，失去某些关键要素将导致"相互作用"关系的断裂，则有可能引发整个工程失败，重大工程创新结果使得系统整体性难以得到保障。

2.4 重大工程创新复杂性治理框架

集合复杂系统管理思想和重大工程创新管理实践特征，本书提出一个重大工程创新治理框架，以重大工程创新治理问题中"创新主体—创新过程—创新产出"为核心主线，在对重大工程创新复杂系统的复杂性禀赋梳理的基础上，提出重大工程创新的复杂整体性治理机制，讨论不同治理机制对于重大工程创新绩效的影响作用。

重大工程创新治理涉及多个内容，包括创新组织结构、创新过程、利益产权分配、参与者角色和职责等，但核心关键是围绕复杂整体性问题展开创新治理，从复杂系统管理视角达到系统性目标与子目标之间的协同一致。重大工程创新复杂系统的开放性、演化性、非线性和不确定性，要求复杂性治理需要不断地调整和适应系统变化，展开复杂整体性治理。重大工程创新的复杂整体性治理是指一套具有适应性和灵活性的行动或方法，其原则在于面对重大工程创新需求不断变化的情境中，在缺乏关于其精准判断创新成果、创新资源和创新主体关系时，依据重大工程创新复杂系统的动态演化特征，适应其不断演化和涌现出新的特征要求所开展的整体性治理。

由于重大工程创新复杂系统的复杂整体性和自发性特征，需要通过复杂整体性治理机制和自组织演化机制来保障复杂创新系统正常运转。重大工程创新治理围绕重大工程的相关创新活动展开，重大工程复杂系统特性也决定了任何工程创新活动的结果都会导致工程其他关联因素的改变或者调整。因此，重大工程创新活动依赖于重大工程的子系统，多创新活动间需要互相耦合协同，且重大工程子系统间需要耦合协同形成统一整体，也体现了重大工程创新的复杂整体性。基于以上分析，本书提出了基于复杂系统管理范式的重大工程创新治理框架。

2.4.1 重大工程创新的复杂整体性治理框架

重大工程创新的复杂整体性治理的核心在于有序协调好各类主体在创新系统中资源共享、利益分配、行为规范、冲突解决、风险共担、能力共演、价值共创等活动中的关系与问题。由于涉及众多创新主体，存在管理手段与价值主张的剧烈冲突，治理重大工程创新的复杂性比传统工程目标要高出许多。在重大工程创新治理过程中，管理复杂性与管理对象的复杂性相适应，由于重大工程参与主体众多，创新主体与其他主体的协同关系，创新成果与其他子系统之间的衔接融合都会衍生出新的管理复杂性。重大工程创新的复杂性会带来创新主体的行为复杂性，创新系统的开放性和系统边界模糊使得治理难度进一步增大，重大工程创新的不确定性和系统的多目标约束使得复杂性治理成为应对这些挑战的关键工具。重大工程创新的复杂整体性治理的分形关系如图 2-1 所示。

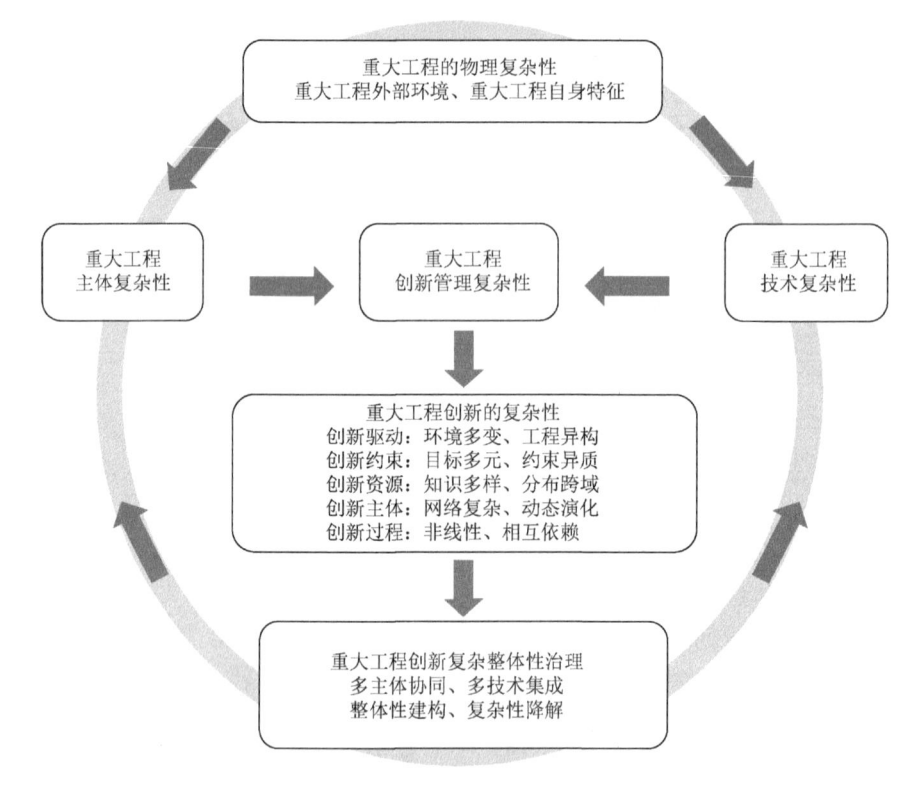

图 2-1　重大工程创新的复杂整体性治理的分形关系

第一，重大工程创新系统演化导致系统结构与主体行为复杂性显著提升。系统具有结构复杂性和行为复杂性，两者紧密结合在一起，相互深化，随着工程创新复杂性增加，工程系统结构和行为越来越复杂，相互交织的关系更加难以厘清。第二，创新成果的不确定性会增加工程整体性失败风险。作为复杂系统，创新成果的微小变化会引发无法预测的"蝴蝶效应"，甚至可能会给整个工程系统带来灾难性风险，创新方向偏离或创新目标不明确等有可能会导致系统呈现出异化或失序的混沌状态。第三，重大工程的物理复杂性会放大工程创新风险。重大工程的物理复杂性会增加技术创新的复杂性，且重大工程的结构之间的非线性耦合会放大各个创新成果的耦合风险，创新活动越多，重大工程创新系统的整体性风险越大。第四，重大工程多目标性导致创新治理复杂度增加。重大工程创新活动既要求创新成果能够有效地解决重大工程需求,又必须满足工程的成本、工期和质量要求,同时创新成果还必须满足其他工程结构之间的耦合需求,因此创新必须满足创新的个体性和工程的整体性。

重大工程创新活动所形成的复杂系统是由创新主体构成的网络节点,创新资源交流和信息交换形成的复杂网络系统,不同创新活动形成复杂的网络社区,创新任务的多样性和工程创新的复杂程度随着工程任务活动推进而不断地提升,创新重大工程的复杂创新网络也不断演化。创新活动的独立而不连续导致创新网络呈现"创新孤岛"的现象,如何建构不同工程创新间的耦合联系,如何实现协同创新效应是重大工程创新治理的重要问题。

工程专业化是工程创新协同的前提,业主是复杂创新网络的核心主体,居于全面统筹协同的主导地位。在治理机制设计方面,相关承包商和科研机构表现为社团结构,是仅次于业主的重要主体,其他相关技术服务商是节点型主体。由于业主不能掌握所有技术知识和创新资源,重大工程创新活动不完全是从上至下开展,也不能形成自上而下的单纯依靠业主的"单中心主义"治理结构,因此重大工程创新活动需要强调网络的横向和纵向的协同合作。

2.4.2 重大工程创新的复杂整体性治理机制

重大工程创新的复杂整体性治理机制可以从整体性建构机制、复杂性降解机制、多主体协同机制三个维度展开。

整体性建构机制主要是通过制度设计实现价值主张的一致性、创新目标的约束性和创新活动的整体化。价值主张是指在复杂创新系统内,相同的创新价值主张是创新主体围绕工程创新目标开展创新活动的前提,设定约束性的创新目标是治理异质主体的创新行为关键,整体化的创新活动通过信息沟通和资源交流保障创新子系统之间的相互耦合,实现重大工程创新的协同效应。整体性构建机制可以通过合同控制、成员管理和联合管控三种方式实现。合同控制是最常见的实现控制重大工程创新的整体性目标,通过签订正式合同可以确保相关重大工程参与者按照业主设想的重大工程整体性目标来开展创新活动,并尽可能地消除因其他参与者导致自身利益受损的顾虑。

复杂性降解机制是解决复杂整体性的重要通路,可以分为搜寻并识别关键知识、链构核心主体、获取互补知识、制定模块化策略。

重大工程创新系统中,创新成果是整体性的系统目标,复杂整体性根植于整个复杂创新系统中,单一创新主体难以实现创新目标,关键创新资源隶属于不同创新主体内,创新活动往往依赖于不同创新主体所形成的复杂网络结构间的交互和合作。搜寻并识别关键知识是解决创新难题的基础;链构核心主体是实现知识和信息之间的交互与沟通，产生创新成果的前提；获取互补知识是相关创新主体在面对重大工程创新需求情境下保障其创新任务并实现价值共创的重要工具；制定模块化策略旨在解决重大工程因体积巨大而引发的物理复杂性，模块化也是创新任务分解的重要工具。合理的模块化可以快速降解复杂性，但仍必须考虑复杂整体性所引发的复杂性涌现。在模块化过程中，不同子系统的创新目标之间需要松散耦合，松散耦合的结构设定能够有效地加大系统间的协作，降低系统之间的协作成本。子系统内加强合作，可以有效地考虑系统内的统一，能够有效地解决复杂性带来的创新效率低下问题。

多主体协同机制创新活动中，创新活动分布于多创新主体中，多主体割裂导致创新知识传递和分享难以实现，创新资源广泛分布于不同部门、行业和地区，因此必须要解决重大工程创新主体所形成的复杂创新网络构成复杂性和时间跨度维度上的演化复杂性。重大工程创新系统的复杂度越高，对系统协调的要求也越高。在重大工程创新复杂系统中，不同创新主体通过创新任务相互连接，形成复杂创新网络，各个主体通过分权和学习进行协同合作，使创新网络处于混沌性边缘，围绕重大工程多目标共同协作，具有明显的自组织特征。多主体协同不只是双方合作，还强调达到竞合的稳定状态，保障重大工程复杂系统内部多主体围绕重大工程多目标进行协同演化。在此过程中，以系统序参量为主要依据构建协同机制，包括目标的一致性程度、创新成果的利益分配和共享，关键信息的传递与共享等，这些因素对协同治理机制的实现有关键和决定性的影响。同时，还必须考虑差异协同机制。由于重大工程创新系统内不同创新主体存在显著差异，要实现系统整体性目标，既要防止创新主体存在过度差异，也要确保各个创新主体的适度多样化，确保不同创新要素能够激发出最优创新成果，实现工程创新效率最大化。

传统工程创新是以任务发包方式展开的，未能够根据不同情境因地制宜地给出最适宜的工程解决方案，以及更加有效地提高工程创新绩效。实现重大工程创新的多主体协同，建立"多主体自组织"协同网络结构，关键在于业主要建构起包容创新文化，链构不同创新主体实现信息交流和资源互补，提供工程创新协同合作的机会，发挥不同核心创新主体的中心节点功能，实现创新系统内创新主体自组织地"涌现"出来协同合作与价值共创。业主或其代表作为中心节点，不仅要自上而下地设定工程必要的创新任务，还应该有效地将其他创新主体链构进入复杂创新网络中，推进工程创新系统的有序发展，解决因为创新资源错位和信息知识缺位导致创新动力不足，促进创新系统自组织演化和发展，促进创新主体能力共演。但重大工程创新治理不能完全依赖业主自身，也不能完全依靠市场，需要多主体协同参与，有时其独特的优势比业主和市场竞争的功能更加值得重视。

2.4.3 重大工程创新的复杂整体性治理能力

在重大工程管理领域，有众多关于"能力"的相关研究，如项目能力、动态能力等。在面向重大工程创新活动过程中，创新治理能力显得尤为重要，特别是创新战略能力和创新项目能力。

创新战略能力是指项目团队在应对重大工程需求的过程中，需要提前了解工程需求以及潜在需要创新任务的部分，通过前端的战略规划实现对于重大工程创新的把控，避免因为后期创新活动的不确定性而导致项目失败。创新战略能力来源于企业战略管理领域，但是更多地描述了重大工程项目团队需要有计划地实现工程创新目标而开展的战略性规划能力。

创新项目能力最初是为了理解基于项目的组织如何战略性地转向为其客户提供创新的产品和服务中所产生的概念。创新项目能力是一个组织为了设计和生产复杂产品系统所必须的知识、任务和结构三方面特征，属于小批量定制，需要满足大型企业、政府和机构客户的要求。创新项目能力是指管理项目所需的活动和结构，从前端与客户和发起人的接触，到招标和项目交付，到后端移交给客户和提供持续的支持（Davies and Brady，2000）。对于业务涉及为外部客户交付项目的公司而言，这些是核心活动，但所有组织内部和产品开发项目都需要类似的能力。项目可以定义为一个临时组织、管理过程和任务序列，旨在创建独特或定制的产品或服务。虽然每个项目在某些方面都是独一无二的，但所有项目都涉及某种程度的重复。

除此之外，在项目能力建设过程中，通过自上而下的战略规划，项目团队利用学习阶段，依靠动态能力来识别具有战略价值的知识，并将获得的经验转移到后续项目和整个组织中。当制定战略决策以发展公司范围的项目能力以支持新的项目类别并随着公司在新技术和市场中的成长及成熟而执行越来越可预测与标准化的例程时，开发性学习与项目级学习协同并行。这种累积的知识和经验通过改进流程及延长现有产品的寿命来支持公司的项目能力。

2.5 结论与讨论

首先，基于复杂系统管理视角，分析了重大工程创新的复杂性来源、复杂性禀赋和复杂整体性特征，从重大工程创新活动的过程视角提出重大工程创新复杂整体性是重大工程创新治理的关键核心问题。基于物理复杂性—系统复杂性—管理复杂性三条链路分析。

其次，基于复杂系统管理视角，提出了重大工程创新的治理框架，并提出构建协同创新网络是解决重大工程创新过程中的复杂整体性难题，提出创新复杂整体性的治理机制，包括多主体协同机制、整体性建构机制、复杂性降解机制三个维度。多主体协同机制是治理重大工程的分布式创新的重要机制，既能够有效地解决不同接口之间的协同问题，又能够有效地协同各方创新资源，最终形成重大工程创新协同主体网络结构。整体性建构机制是围绕重大工程创新目标，通过成员管理实现整体目标。复杂性降解机制是围绕重大工程复杂性，通过搜寻并识别关键知识、链构核心主体、获取互补知识、制定模块化策略等实现复杂性的有效降低，解决由于重大工程复杂性所引发的不确定性和高风险性等难题。

本章通过理论推演，从复杂系统管理思想的视角分析了项目层面的重大工程创新管理问题，从创新复杂性来源、创新复杂性禀赋和创新复杂整体性特征三个方向解析面向重大工程创新的复杂系统管理问题，在此基础上，提出了面向重大工程创新复杂整体性的治理框架体系。但研究结论主要基于理论推演，仍然需要一定的案例或者实证数据予以支撑。

2.6 本章小结

本章基于复杂系统管理思想，围绕重大工程创新治理问题，研究重大工程创新的复杂性问题。一方面，基于理论推演方法，从复杂整体性视角分析重大工程创新的复杂性源起、复杂性禀赋和复杂性后果，提出重大工程创新的复杂整体性问题，包括不同创新主体之间的协同问题，不同创新成果的集成问题，不同创新过程的协作过程等。重大工程创新的复杂整体性包含两个维度，即重大工程整体创新活动的复杂性以及重大工程单个创新活动的复杂性，两者都需要考虑不同创新成果之间的协同与集成，最终都必须满足系统整体性的目标。另一方面，从复杂性治理的视角提出了基本的治理框架，包括治理机制与治理能力的不同内涵，以希望为重大工程创新的复杂性治理提供理论支撑。

第 3 章　重大工程创新孤岛

重大工程复杂性使得现有技术难以解决工程需求，也难以通过创新实体之间的传统合作攻克重大工程问题，重大工程创新需要形成开放式创新网络以满足工程需求。重大工程创新过程中需要多样性的创新主体，往往会导致在横向、纵向和时序等不同维度上出现网络割裂，缺乏知识和信息交换，进而形成创新孤岛现象。基于此，本章主要从不同维度分析重大工程创新孤岛的形成机理及其理论框架，并提出重大工程对开放创新、协同创新、集成创新等不同创新范式的柔性选择的作用机理。

3.1　概　　述

重大工程是一类投资规模巨大、实施周期长、不确定因素复杂、利益相关者众多、对生态环境潜在影响深远的工程（Lin et al.，2016；O'Connor et al.，2015；Ozorhon et al.，2016；Qiu，2007；Zeng et al.，2015）。重大工程创新是一个以工程需求为导向，基于工程技术紧密关联的多创新主体（如业主、设计方、施工方等），致力于提供重大工程技术创新的整体解决方案，以实现工程多目标的创新活动（Gann and Salter，2000）。目前，我国已经完成众多不同类别的重大基础设施工程，包括大型桥梁、城市地铁、高速公路、高速铁路、大型水电站等，为国民经济和社会发展提供了良好的物质保障。这些工程体量巨大、复杂度高，对重大工程设计、建造、运营和维护提出了严格要求，已经成为工程技术创新的主要原动力。在"一带一路"倡议的宏观背景下，我国亟须通过国内重大工程培育重大工程创新能力，占据高端附加值业务的重大工程生态链。

由于重大工程面临更为复杂的技术难题，不仅具有工期、质量、成本、环境等多维度刚性约束（Priemus et al.，2008），也突破了传统的现场施工而融入预制化或工业化生产方式（Buswell et al.，2007；Larsson et al.，2014），相关产业从建筑扩展到建材、装备制造、节能环保及金融业等；对原有技术的改良难以满足需求，往往需要跨部门、跨组织、跨行业通过柔性创新突破技术瓶颈（Kale and Arditi，2010；Keast and Hampson，2007）；重大工程创新主体突破了原有的承包商、设计方、业主等参与方，已延伸至重大装备制造商、新材料供应商、信息技术服务商、气象水文机构和卫星服务商等（Chung et al.，2009）；重大工程创新主体间相互嵌套交融，全生命期不同阶段（概念、论证立项、设计、施工、运营等）创新主体动态更替。由于重大工程创新环境的复杂性、创新主体的多样性和全生命期的动态性等特点，重大工程在全生命期不同阶段、不同创新主体和不同工程间易形成创新孤岛，阻制重大工程创新，降低重大工程创新绩效。

目前，我国重大工程创新仍然面临着不断涌现的新挑战，如重大工程创新孤岛现象凸显、创新主体之间联系割裂、创新资源和信息交流不通畅等。现有研究主要集中于传统制造企业创新或新产品开发等，鲜有关于重大工程创新孤岛的相关报道，重大工程学术界和产业界亟须关注如何消融重大工程创新孤岛以提高重大工程创新绩效和实现工程创新目标的新问题。基于此，本章探究从横向、纵向和时序三个维度分析重大工程创新孤岛的形成机理及其异质特性，构建重大工程创新孤岛理论框架，提出通过合理的创新范式选择（如开放创新、协同创新和集成创新等）以消融创新孤岛，实现重大工程创新能力跃迁。

3.2　重大工程创新的典型特征分析

OECD（Organisation for Economic Co-operation and Development，经济合作与发展组织）提出创新是新（或有显著改进）的产品（或服务）、过程（生产方式）、市场营销手段（包装、促销或者定价手段）或者管理实践（OECD，2005）。重大工程创新不同于传统企业创新，企业创新集中在组织层面，与创新成果相关性模糊，重大工程创新需要不同能力和专业的创新实体群（如设计师、总承包商、分包商、材料和零部件供应商、信息服务提供商、各种顾问等）参与不同阶段，选择合适的组合创新范式（如合作创新、集成创新、开放式创新等）参与不同的创新活动以实现创新目标。

然而，重大工程创新具有高度复杂性，即使在提供有关项目合理完整信息的情况下，也难以理解、预见和管理整个过程（He et al.，2015）。现有文献认为重大工程创新的复杂性包括任务复杂性、技术复杂性、组织复杂性、环境复杂性、文化复杂性等（Brockmann et al.，2016；He et al.，2015）。由于重大工程创新复杂性的维度不同，重大工程创新的系统构成也具有复杂性高、规模大等特点，包括创新主体的多样性、生命期的动态性、重大工程创新系统的独特性以及重大工程创新项目组织的临时性等。

1. 创新环境的复杂性

重大工程涉及更加复杂的外部环境，包括复杂的自然环境、复杂的社会经济环境，外部环境对重大工程创新目标以及实现路径尤为重要。例如，在重大工程修建过程中，工程师不仅需要考虑更为敏感和复杂的环境保护标准，还需考虑如何在复杂不稳定环境下达到工程标准和实现工程目标,确保工程质量和人员安全,对重大工程设计和建设过程中创新活动也提出了更为严峻的挑战。例如,港珠澳大桥跨越珠江口伶仃洋海域,面临多变频发的台风、纵横交错的航道、严格的航空限高和极高的环保标准等复杂环境的新挑战。与此同时,由于施工区域跨越中华白海豚生态保护区,施工过程中必须尽可能地消除对环境的破坏,不能破坏稳定的两河三滩水文环境。因此,在这些因素的交互作用下,港珠澳大桥建造复杂度与其他一般工程相比更高,在设计创新和工法创新方面给工程师提供了更广阔的思考背景。

重大工程往往牵涉到更为广阔的利益相关者,媒体关注度高,对社会经济和环境影响更大,形成了更加复杂的社会环境(Gann and Salter, 2000),是重大工程的顺利实施必须考虑的核心要素。例如,港珠澳大桥涉及内地、香港和澳门三个有差异的政治环境,多政府主体参与增加了信息沟通的复杂程度和工程披露的难度。

2. 创新主体多样性

重大工程投资规模巨大,实施周期长,在全生命期不同阶段涉及不同创新主体,因此重大工程创新主体呈现出多样性的特征。创新要素分散于不同创新主体,单一组织常缺乏独立解决问题的经验和能力,需要业主联合建造方、学研单位以及境内外咨询机构等多主体共同参与,形成紧密多样的创新网络,交换创新知识等,通过开放创新、协同创新和集成创新等多重范式的合理选择促进重大工程创新绩效提升(Barlow and Köberle-Gaiser, 2008; Burt, 2004)。

3. 全生命期动态性

重大工程创新活动呈现出交互性特性,需要形成临时性的工程团队共同开展创新活动,在工程项目不同阶段反馈给不同的创新主体,通过交互反馈的方式满足重大工程设计建造的需求(Larsson et al., 2014)。重大工程生命期不同阶段的创新主体不断演化更替,使重大工程创新全生命期呈现出动态特征。例如,设计阶段的创新核心体以设计方和咨询机构为主,施工建造阶段的创新核心体以大型承包商为主。全生命期动态性往往导致重大工程项目团队的创新成果的知识产权难以区分,所开展的创新活动也难以获得高附加值的定价和回报,削弱了不同背景下重大工程创新主体对工程创新活动的积极性(Gann and Salter, 2000)。同时,重大工程全生命期动态性易遏制多元创新主体间知识流动和吸收,阻碍技术集成和协同创新。

当重大工程创新主体在全生命期的某一阶段位于网络中心的某一节点位置演变为位于创新网络的其他位置时,位置和节点变化引发了重大工程生命期动态性

（Park et al.，2004）。从创新网络视角来看，当重大工程创新主体位于创新网络中心度较高位置时，意味着这类创新主体比其他创新主体从事更多的创新活动，扮演更加关键的角色。而且重大工程创新主体不断演化，意味着重大工程创新活动在全生命期的不同阶段从某类主体向其他主体动态演变。例如，在设计阶段，设计方和工程顾问可能位于重大工程创新网络的中心，负责主要的设计创新，并吸收其他新技术和知识以提高创新质量。

4. 工程创新的突破性

工程设计阶段被认为是工程创新的重要环节，涉及将现有技术知识和新技术融合（Salter and Gann，2003）。Vincenti（1990）将工程设计知识分为两个维度——通识性设计（normal design）知识和突破式设计（radical design）知识。通识性设计是指知晓现有设计在建造过程的运转方式，对建造结果具有可预测性；突破式设计涉及更多的不确定性，强调对于设计在不同情况下的未知度，包含更多的创新活动，需打破原有设计实践和组织运营规范（Dodgson et al., 2007）。一方面，重大工程建造需要工程师复杂降维，通过一定的通识性设计来提高工程效率；另一方面，重大工程环境复杂、标准高、项目独特，因而重大工程创新部分呈现出突破式的特征。例如，杭州湾大桥施工地处世界三大强潮海湾之一，呈现潮差大、潮流急、冲刷深、腐蚀强等复杂环境条件，且杭州湾土层中蕴含天然气，失控的天然气侵蚀桥基或可能引发爆炸，桥梁施工专家通过咨询海上石油开采工程师，发明了"控制性放气法"的新施工技术，解决了浅层气施工的技术难题。

5. 工程创新知识的黏滞性

重大工程涵盖庞大创新主体，需要构建良好创新网络促进多元创新主体间知识流动和信息转移。重大工程具有工程特有的属性，即相较于其他行业而言，工程师在设计建造过程中更加强调工程精确、技术可靠性和有效性，而新技术往往存在不确定性，工程可靠性文化会阻碍重大工程创新知识流动（Barlow and Köberle-Gaiser, 2009; Keegan and Turner, 2002）。同时，深耕于重大工程行业的项目管理的知识体系导致工期、质量和安全等约束的制度化，使重大工程行业呈现出创新惰性（Keegan and Turner, 2002），削弱了创新要素流动的可能性。工程知识的黏滞性导致建立和维持此类工程创新网络会耗费成本，降低创新知识在重大工程创新主体间的流动与吸收（Dodgson et al., 2007; von Hippel, 1994）。因此，重大工程建造网络亟须打破现有工程网络，融入更多外部创新资源，形成开放工程网络，多元创新主体通过开放创新、协同创新和集成创新等多重创新范式以满足重大工程创新需求（Burt, 2004; Davies et al., 2009; Dodgson et al., 2007）。

6. 建造模式的异质性

不同的工程合同模式对于基础设施工程创新也起着不同的促进作用（Barlow and Köberle-Gaiser，2009；Larsson et al.，2014）。若重大工程项目采取 Design-Bid-Building 模式，工程设计与工程建造环节脱节，使得承包商参与到工程建造过程延后，降低承包商在建造阶段中开展创新活动的可能性（Eriksson，2013；Larsson et al.，2014）。承包商在设计环节角色缺失，导致承包商的知识不能被完全利用到设计环节，大大降低了设计环节中的知识利用和创新效率，降低了重大工程创新绩效（Eriksson，2013；Gann and Salter，2000）。此外，Barlow（2000）提出的 Partnering 模式以及合理财务模式能从机制上降低工程参与方的创新风险，促进重大工程创新。PPP 模式能促进基础设施工程参与者从计划、设计和建造等多阶段的协同行为，促进重大工程创新（Barlow and Köberle-Gaiser，2009）。工程一体化模式也促进工程创新，为工程项目组织（即客户）提供整体化的工程解决方案和服务。越来越多的工程采用一体化服务模式，使得工程建造、装备制造、智能化安装和运营维护等过程的界限变得越来越模糊，对重大工程集成化创新提出了新的要求（Gann and Salter，2000）。

7. 技术创新的集成性

重大工程创新通常被看作一个复杂创新系统，具有创新主体多、技术不确定强、工程环境复杂等特点，需要不同专业团队的协同合作，将现有技术和新知识融合集成（Rose and Manley，2012；盛昭瀚等，2009），满足重大工程需求。新兴技术的不断涌现，大大增加了重大基础设施工程对于不同新技术融合的需要，例如，信息技术促进工程智能化建造和运营维护，建筑新材料引领工程设计创新，机器人技术等数控技术驱动重大工程工厂化预制拼装等。新技术与新知识的不断涌现融合，在一定程度上增加了重大工程创新集成的复杂度（Gann and Salter，2000；Rose and Manley，2012）。

因此，本章总结重大工程创新可以呈现出创新环境复杂性、创新主体多样性、全生命期动态性、工程创新突破性、创新知识黏滞性、建造模式异质性和技术创新集成性等特点，这些内外部因素交互作用，共同影响重大工程创新活动。

3.3 重大工程创新孤岛的理论模型

重大工程创新资源分散于多元创新主体中，实现重大工程创新需要打破个体、组织、行业和国家的边界，实现重大工程创新要素集聚，促进重大工程创新。若重大工程创新主体未能形成统一融合的创新网络，创新资源的集聚整合存在障碍，易导致重大工程创新网络出现断裂，形成重大工程创新孤岛（Davies et al.，2009；Engwall，2003）。其中，创新孤岛包括纵向、横向和时序三个维度。

3.3.1　创新孤岛：纵向维度

重大工程建造全生命期不同阶段不连续所导致的创新资源割裂（如计划阶段、设计阶段、建造阶段、试运转阶段和运营维护阶段等），不同阶段的创新资源分散于不同创新主体，工程阶段划分而导致的创新资源不能流动交换和集聚、重大工程创新网络出现断裂，形成了阻碍重大工程创新的孤岛。孤岛可以描述重大工程资源仅在小范围的创新主体之间的交流，缺乏在重大工程关键主体之间的互动交换，或由于割裂而不能满足关键创新主体的活动需求。在重大工程全生命期不同阶段，创新主体承担不同创新活动，创新主体更替演化如图 3-1 所示，不同阶段创新主体之间联系存在断裂，因而形成了纵向创新孤岛。

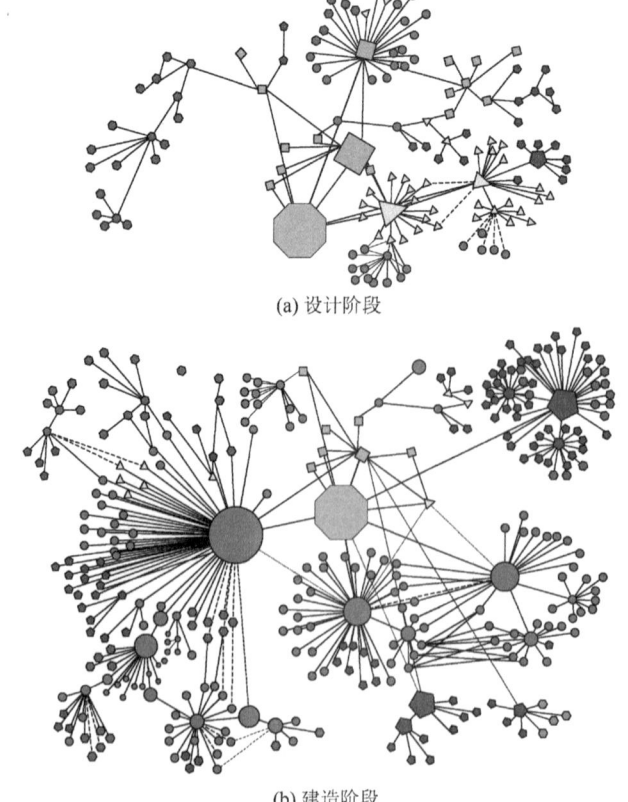

(a) 设计阶段

(b) 建造阶段

(c) 运营维护阶段

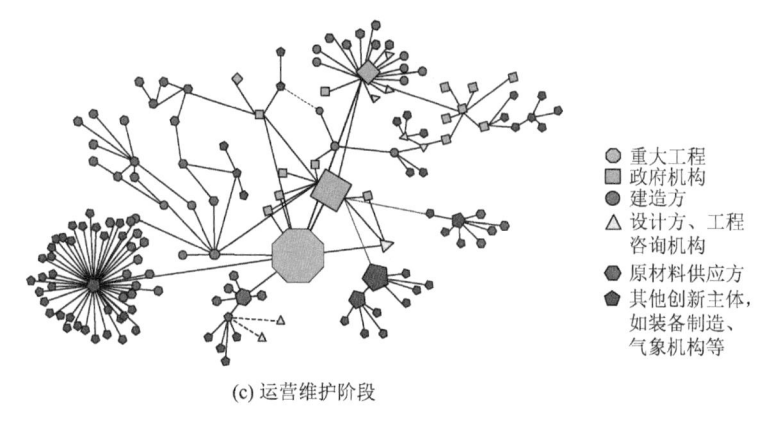

图 3-1　重大工程创新孤岛：纵向维度

重大工程在初期阶段跨度长，大部分的重大工程从前期概念到初步立项的阶段超过 10 年。例如，杭州湾大桥前期工作始于 1992 年，2002 年国务院批复立项；苏通大桥前期工作始于 1987 年，2003 年批复初步设计；港珠澳大桥前期工作始于 1983 年，2009 年国务院正式批复可研报告。因此，在重大工程前期呈现出"前端模糊化"的特征，工程技术的不确定因素增加等造成工程创新难度增加，阻碍重大工程创新（Barlow，2000；Barlow and Köberle-Gaiser，2009）。

3.3.2　创新孤岛：横向维度

横向创新孤岛的形成主要是由于重大工程建造专业化，需要不同创新主体间承担不同的重大工程实践（如气象单位、卫星导航单位、工程机械、结构工程、土木工程等）。在现有重大工程创新网络中，创新主体呈现出高度动态性和碎片化的现状（Barlow，2000），不同创新主体不能同时共享工程知识和工程信息，创新资源广泛地分散于各个创新主体之间。由于创新主体之间缺乏有效的沟通交流，极容易形成重大工程创新孤岛，严重阻制重大工程各参与方的协同活动。横向创新孤岛形成示意图如图 3-2 所示。

重大工程涉及更为复杂的技术问题，不仅需要现有创新主体协同参与，还需形成开放式创新网络，吸收集成外界创新资源，促进重大工程创新。例如，由于重大工程质量和安全标准的要求，重大工程必须使用新材料和新工艺以满足工程需求，但重大工程新材料供应商和重大工程技术团队之间存在联系障碍，断裂的创新网络所形成的创新孤岛将阻碍重大工程技术创新。再如，在港珠澳大桥施工过程中，工程师面临世界上最难的海底隧道工程施工难题，由于是首次面对外海沉管隧道施工，建造方对海底沉管高精度对接非常陌生，水下沉管需精确至毫米级，

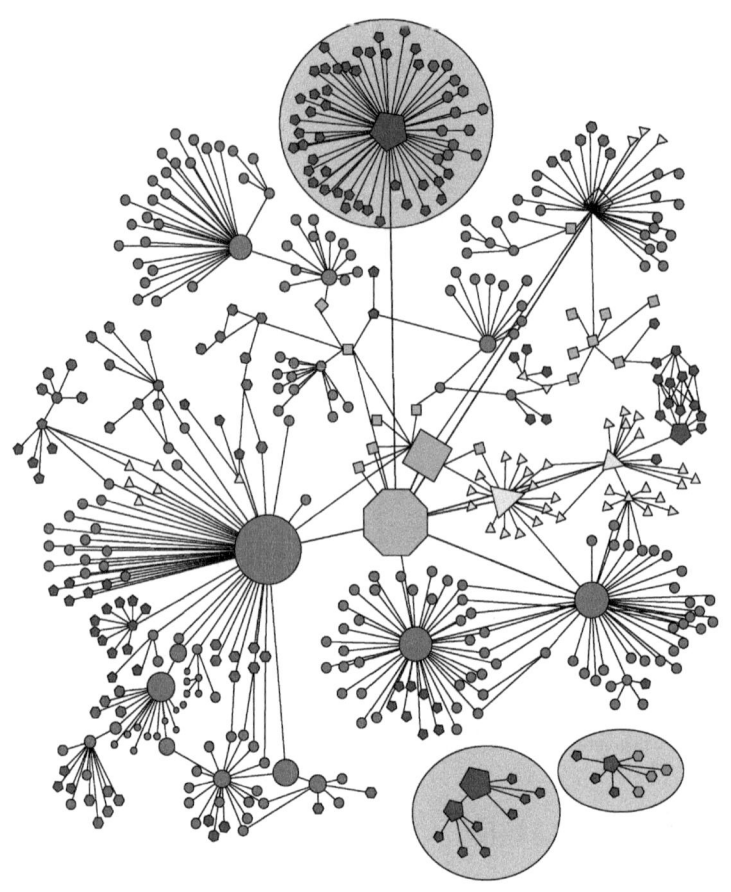

○ 重大工程　△ 设计方、工程咨询机构
■ 政府机构　◆ 原材料供应方
● 建造方　　⬠ 其他创新主体，如装备制造、气象机构等

图 3-2　重大工程创新孤岛：横向维度

且外海的地质、水文、气象等条件异常复杂。基于上述的巨大挑战，建造方在广泛搜寻了相关技术服务商之后，于 2014 年邀请中航 304 所共同解决了沉管隧道对接精度的技术难题。同时，为了预报沉管对接的"气象窗口"，还邀请国家海洋局海洋环境预报中心等气象单位制作海上气象数据。由此可见，专业化导致创新资源和专业知识掌握在不同主体手中，面临如此复杂的技术难题，必须突破创新孤岛，通过不同专业知识的有机组合实现技术目标。

目前，重大工程亟须通过开放创新、协同创新和集成创新等多重创新范式满足重大工程创新需求，但重大工程创新主体与外界创新资源联系不紧密，呈现出网络断裂的特征，信息沟通渠道不畅。这种与外部创新网络之间断裂的状态是重大工程创新孤岛的另一种表现形式，严重阻碍了重大工程创新绩效提高。

3.3.3 创新孤岛：时序维度

时序创新孤岛的形成源于重大工程项目组织特点，由于重大工程组织临时性引发工程知识传递不连续、项目经验传递断层断裂等（Barlow，2000；Engwall，2003；Sheffer and Levitt，2012），如图 3-3 所示。重大工程通常成立项目组织实施工程活动，项目组织呈现出临时性和不连续性。重大工程的创新过程涉及众多缄默知识，由于工程项目的非连续性导致缄默知识无法传递到其他重大工程项目组织（Brady and Davis，2004；Engwall，2003；Ozorhon et al.，2016），降低重大工程知识利用率和创新效率。工程组织非连续性不但削弱了重大工程创新主体的学习能力，还会破坏工程创新活动中信息反馈的闭环结构（Gann and Salter，2000），形成割裂的创新孤岛，降低重大工程创新绩效。

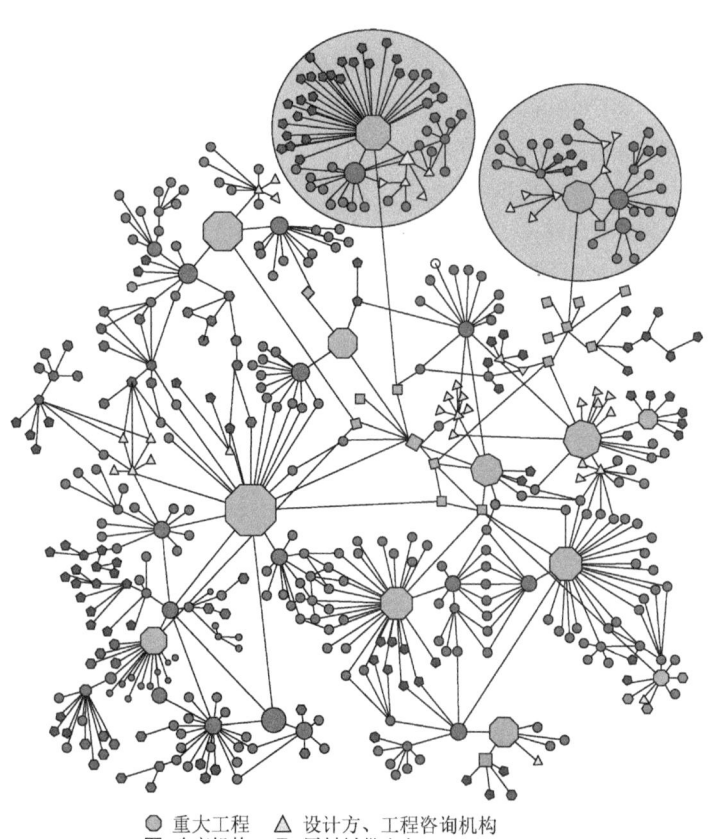

图 3-3 重大工程创新孤岛：时序维度

因此，重大工程的创新环境复杂性、创新主体多样性、全生命期动态性等易导致重大工程创新网络出现联系不紧密，使得重大工程在生命期不同阶段、不同创新主体和不同的重大工程之间呈现出分散割裂的孤岛状态，不同创新主体缺乏交流沟通渠道，难以实现协同合作和知识共享，不同工程之间工程经验和创新知识难以传递融合，降低重大工程创新绩效。

3.4 案例分析

本章选用位于珠江口伶仃洋海域的港珠澳大桥工程作为典型案例，试图通过对该案例的分析来阐明重大工程创新孤岛的表现形式和组织效应。港珠澳大桥是一个由22.9km的桥梁工程、6.7km的隧道工程和两个人工岛工程所组成的大型基础设施工程，连接香港特别行政区、广东省珠海市和澳门特别行政区。港珠澳大桥的桥隧部分项目概算投资约381亿元（按照交通运输部主体工程初步设计批复）。项目资本金157.3亿元，其中内地政府出资70亿元，香港特区政府出资67.5亿元，澳门特区政府出资19.8亿元。

案例试图通过归纳方法，在数据和概念之间进行迭代，以阐明实践中重大工程创新过程中是如何形成创新孤岛的。选择该案例主要有两方面原因，首先本书团队有较为方便和丰富的研究渠道来探索一个重要工程及其外在表象，可以为我们理解如何提高重大工程创新绩效提供更为丰富的概念性见解。其次，本书探讨了创新孤岛如何在重大工程创新网络中形成，可以通过观察、档案记录和对港珠澳大桥工程高级管理人员的采访来获得详细的数据，并利用这些数据来验证工程师团队是如何提高重大工程创新绩效的。

3.4.1 跨阶段创新主体参与

与其他跨海大桥相比，港珠澳大桥工程的自然环境更加复杂和敏感，环保标准更高。港珠澳大桥工程采用桥隧结合的方式，与其他跨海大桥相比，其设计独树一帜。港珠澳大桥工程横跨珠三角口，位于伶仃洋海域，面临众多台风等恶劣环境。工地靠近香港国际机场，由于航空要求和机场高度的限制严格，大桥工程允许最高高度为120m。港珠澳大桥工程跨越伶仃洋海运航道，可满足每年30万吨的航运需求。该工程的传统设计是考虑航空限制和航运条件，对整个项目进行桥梁设计，如果这个项目考虑到航运需求，大桥的高度将达到200m，远高于航空限制。但如果设计低于120m，那么这座桥对于航道来说将是一场灾难。传统的跨海大桥设计在港珠澳大桥工程中将难以实施，因为桥墩会超过水阻比的上限。综上所述，工程师团队在设计方面进行创新，提出长 6.7km 的隧道工程和 22.9km 的大桥设计方案。

为了建造隧道和桥梁，必须找到一个连接桥梁和海底隧道的岛屿。由于附近没有可用岛屿，需要建造人工岛屿来连接海底隧道和桥梁。伶仃洋是典型的弱海，每年都有大量泥沙进入。如果人工岛的长度和宽度过大，就会阻碍泥沙流入大海。一旦水阻比超过 10%，沉积物就会变成阻塞沉积，这将使伶仃洋未来变成冲积平原。如果港珠澳大桥工程采用盾构法修建隧道，隧道埋藏较深，人工岛的长度将超过要求的长度。综合考虑抗水性要求、隧道规模和水文地质条件，工程师团队提出沉管隧道的施工方案，建造一个由 33 段钢筋混凝土隧道组成的海底隧道工程，每个沉管隧道长 180m，宽 38m，高 11.4m，排水量约 8 万吨。

港珠澳大桥的施工地点位于伶仃洋航道，恰好也是中华白海豚的生态保护区，面临较高的环境保护要求。环境保护、工期约束和质量要求迫使工程师开展工程创新——为两个人工岛制订全新的工程计划，让更多的组织和个人参与项目，增加了文化、组织和任务的复杂性。人工岛传统建造方式包括倾倒石料围堰、疏浚淤泥、填筑等，但由于淤泥层较厚，伶仃洋无法采用传统的施工方法（如抛石坡地基法或常规重力沉箱法），淤泥会使沉箱或石块在重力作用下滑动，使人工岛的地基不稳定。从伶仃洋移走淤泥或巩固淤泥，将对海洋环境产生重大影响。在多重约束下，工程师团队采用了一种新的施工方式——钢圆筒围岛技术，即用 120 个巨大的圆形钢桶组成人工岛，既环保又高效，大大地缩短了传统方案的施工工期。

3.4.2 跨行业创新主体参与

人工岛的成功建造是基于生产了 120 个巨型钢圆筒，每个钢圆筒重 550 吨，高 55 m。由于钢圆筒的尺寸巨大，没有可用于生产这些气缸的板或模具。生产它们的唯一方法是通过组装和拼接的模式，将每个钢圆筒分成 72 个模块，这会带来一个严重的问题，即超出误差限制。最终，港珠澳大桥工程师团队解决了钢圆筒的精密制造问题——制作了一个圆柱形钢架来支撑钢缝，满足误差限制。因为传统的建筑材料供应商将无法为了满足如此庞大的工作所需的设备，振华重工承担了在有限的时间内生产这些钢圆筒的工作，这样大批量的钢圆筒的生产需求和精度限制迫使制造生产商不断创新，提高其企业竞争力。

钢圆筒生产完成后，需要将这些巨型钢圆筒从上海长兴岛生产基地转运至珠江口的现场工地，行程约 1600km。为保证运送途中的可靠性和安全性，日本 WINI 公司每天提供两次气象导航信息，英国海事技术公司（British Maritime Technology Group Ltd.，BMT）提供海浪谱数据进行海运预报。可以看到，钢圆筒的生产制造与运输在振华重工、WINI 和 BMT 三家公司的协同合作中完成，工程采用新的组织形式达到了目标。

在港珠澳大桥工程隧道工程的施工阶段，工程师团队遇到了最复杂的海底隧道施工状况。由于施工地点位于海下 40m，安装过程中会受到不断变化的风浪和泥沙等的共同作用，为了确保运送和安装过程中的质量与安全，港珠澳大桥工程师团队不得不选择一个平静平稳的潮汐日期，也称为施工窗口期。考虑到天气、海浪、潮汐等外海复杂环境的影响，工程师团队邀请中国国家海洋环境预报中心加入了港珠澳大桥项目团队，主要负责提供海洋气象数据，用于预报施工窗口期。此外，在安装过程中，需要一种设备来检测这些沉管隧道在水下的活动特点和精度，其特点是低频、持久的振动。为了检测振动，中国航空工业集团公司北京长城计量测试技术研究所提供了一个航天传感器来监督隧道的水下活动，顺利保障了沉管隧道的成功安装。将气象行业的中国国家海洋环境预报中心和中国航空工业集团公司北京长城计量测试技术研究所吸纳入重大工程项目团队中，表明跨行业的创新活动对创新绩效起着至关重要的作用。

为确保港珠澳大桥钢结构制造的顺利进行，中铁山海关桥梁集团有限公司（简称中铁山桥）引进了日本圆弧跟踪技术，并在此基础上开发了桥梁生产焊接机器人，提高了钢桥质量和生产效率。中铁山桥对许多装配和焊接作业采用统一标准，提高钢箱梁的自动化和智能化生产，为了控制质量，中铁山桥研发了企业内部的信息管理系统，对实时焊接参数进行采集、存储和分析，实现远程计算机监控。钢结构自动化和批量化生产不仅保证了港珠澳大桥工程桥梁结构的质量，也提高了中铁山桥的核心竞争力，助力公司拓展海外市场。例如，美国的 Verrazano-Narrows 大桥和挪威的 Hålogaland 大桥都决定使用中铁山桥生产的钢桥产品，而从其他行业（如机器人行业、焊接行业和信息技术行业）引进的技术则有效地协助重大工程相关创新主体开发了自身潜力。

3.4.3 消融创新孤岛的管理实践

首先，港珠澳大桥工程将设计师和承包商连接在一个密集的网络中，这在很大程度上减少了纵向孤岛的形成。港珠澳大桥工程有两个重要的参与者：代表香港、澳门和广东方的港珠澳大桥管理局和作为项目实施领导者的中国交通建设股份有限公司（简称中国交建）。在设计和施工阶段，港珠澳大桥管理局与中国交建签署了设计-建造合同，完成建设项目的主体部分，即桥梁和隧道项目。设计和建造由同一组织承担，减少了整个生命期各个阶段的碎片化状态。尽管创新网络围绕设计和建设阶段展开，但港珠澳大桥工程的主要创新参与者仍集中在一个组织内。运作良好的沟通渠道和现有的知识流网络减少了垂直创新岛的形成。例如，振华重工（制造业或装备业）隶属于中国交建，负责巨型钢圆筒的生产。如果振华重工不在创新网络之内，钢桶设计方案也可能因巨型钢圆筒技术不确定性或过高成本等其他因素而不被港珠澳大桥工程岛隧工程项目团队成员提出或接受。与其他设计相比，钢圆筒设计更高效、更环保，有助于港珠澳大桥工程如期完成。

其次，港珠澳大桥工程构建了一个庞大的创新网络，减少了不同创新主体之间的知识流动和信息传递的壁垒。多元化创新主体通过彼此之间的紧密联系显著减少了横向孤岛的形成。例如，在隧道安装过程和钢桶交付过程中，需要气象公司的信息来维持基本流程，但由于距离钢桶生产基地较远，工程师需要波谱数据和其他气象信息来预测可以交付的日期。对巨型钢圆筒的巨大需求和精度限制，不仅对重大工程成员的生产能力提出了挑战，也迫使他们提高创新能力，以满足人工岛建设的要求。可以看到，信息提供商、气象服务商、高科技服务提供商等都帮助港珠澳大桥工程团队高效地实现了重大工程目标，表明跨行业和跨部门的多元创新网络，显著减少了横向创新孤岛的形成，在很大程度上促进了创新、削弱了创新壁垒。港珠澳大桥工程有 20 余家公共研究机构、10 余所大学、超过 500 名科研人员，形成了多学科的创新合作网络，创新主体的多样性使得重大工程在解决项目技术问题上更具多样性和创造性。为顺利完成港珠澳大桥工程，相关单位研制了 4000 吨浮吊，完成了深水碎石整平船和 80m 深压实桩船，开发了八连锤钢筒振动系统，这些装备或者技术均首次服务于桥梁建设。由此可见，主体多样性既增加了团队内的工程知识多样性，又降低了工程创新壁垒。

最后，港珠澳大桥工程团队有很多工程师参与过我国其他跨海大桥或者跨江大桥的建设，如杭州湾跨海大桥工程、苏通大桥等。杭州湾跨海大桥是连接浙江省嘉兴市和宁波市的公路桥梁，杭州湾跨海大桥工程项目的主要承包商和设计方是中国交建及其子公司，也是港珠澳大桥工程的主要设计方和承包商。在这种情景下，杭州湾跨海大桥工程项目的技术创新成果能够在改进条件下运用于港珠澳大桥工程中，既能够保障组织在设计和施工阶段利用以往经验来避免可能的技术创新陷阱，也能够显著促进创新，降低工程成本。由此可见，过往相关工程成功创新经验的有效转移能够快速影响港珠澳大桥工程的设计与施工，这类时序创新孤岛的消融也有很大可能会影响港珠澳大桥工程的创新绩效。

3.5 结论与讨论

重大工程创新孤岛阻碍重大工程创新，严重影响我国重大工程产业竞争力提升，需重大工程创新主体形成开放的创新网络，协同和集成创新资源，通过创新范式的柔性选择，实施重大工程柔性创新，实现重大工程能力跃迁。

首先，重大工程复杂性使得对现有技术改进升级难以解决工程需求，而仅仅通过现有传统创新主体的协同合作也很难攻克重大工程技术难题，需通过开放创新模式以满足创新需要。高度开放的创新网络不仅能够促使参与到重大工程创新活动中的相关主体提高其创新能力，还能够在其他行业出现新技术或者新材料的同时，快速吸收外部资源，通过加强多元创新主体合作，更好地掌握重大工程技术创新能力，提升重大工程创新绩效。

其次，重大工程生命期不同阶段创新主体承担不同创新内容，重大工程创新网络节点也越来越复杂，单一的承包商或设计方已经很难满足重大工程技术创新的需求，需要不同创新主体之间相互协调、同步合作、共同完成重大工程创新活动，通过协同创新将不同创新要素集聚融合，实现创新绩效的协同扩大。重大工程创新主体多样性以及全生命周期动态演化对重大工程创新提出了更为严格的要求，需要重大工程创新主体将工程技术、创新知识、项目组织等多种创新要素集成，形成创新要素的共同体，实现重大工程柔性创新，提升整个重大工程创新绩效，满足重大工程创新需求。因此，在不同情境下，重大工程创新主体需通过柔性创新消融创新孤岛，提升重大工程创新绩效。

3.6 本章小结

当今学术界和业界对重大工程创新管理给予了极高关注，我国已经建成一系列的大型桥梁、城市地铁、高速铁路、大型水电站，这些重大工程具有强烈的社会经济影响。然而重大工程创新技术的不确定性、创新刚性的适用性、超大型项目的复杂性等引发了重大工程创新网络中创新孤岛。如何消融重大工程创新网络中普遍存在的创新孤岛现象？本章通过理论推演和案例分析，提出项目团队应当针对不同情景选择不同的创新范式，通过有效的创新资源吸纳、重组和整合，形成具有引力场的创新集群以消融创新孤岛，实现知识链和价值链在整个重大工程创新网络中顺利流通与运转。

重大工程创新主体极其多样，创新主体在生命期的不同阶段开展不同的创新活动。通过多主体之间的协同创新，不同的创新要素汇聚，实现创新绩效的协同与发展。生命期的动态性遏制重大工程创新，全生命周期动态变化也影响着不同阶段的重大工程创新主体间的顺畅交流，将工程技术、创新知识等创新要素融合在一起，合理形成典型工程知识库，而这类动态知识库可以协助重大工程团队成功实现重大工程的目标。重大工程的独特性和重大工程团队的临时性也阻碍了创新溢出，但现有工程经验也可以带来很多隐性知识，也是重大工程创新所必需的。从横向、纵向和时序三个维度避免创新孤岛的形成是亟须重大工程创新团队解决的实践难题。

本章基于理论推演和案例分析，以重大工程为研究对象，探究重大工程创新主体多样性、全生命期创新主体动态性、创新知识的黏滞性和环境复杂性等特征，并从纵向、横向和时序三个维度分析重大工程创新孤岛的形成机理及其异质特征，构建了重大工程创新孤岛的理论框架，并提出了重大工程通过对开放创新、协同创新、集成创新等不同创新范式的柔性选择的作用机理，以期为重大基础设施工程竞争力和可持续发展等后续研究提供理论支撑，为政府政策制定提供理论依据。尽管本章提出了重大工程创新孤岛的概念模型，分析了合理的范式选择对消融创新孤岛的积极作用，但对于创新孤岛的测度以及创新孤岛对于重大工程的阻制路径有待更深一步的探讨。

第 4 章　重大工程创新范式

重大基础设施工程是国家社会经济发展的生命线，并已经成为我国技术创新的重要平台。然而当前创新管理理论主要用于解释企业创新管理活动，而重大工程创新活动根植于临时性和混合性的临时组织中，往往表现出更强的异质性和动态性，直接运用现有创新管理理论解释重大工程创新活动存在较大局限。本章聚焦港珠澳大桥技术创新管理，基于扎根理论方法，研究重大工程全景式创新范式，从全方位创新、全过程创新和全主体创新这三个维度进行分析，揭示重大工程全景式创新的治理逻辑。

4.1　概　　述

重大工程已成为我国技术创新的重要平台和推动力，如基于港珠澳大桥工程所攻克的外海沉管隧道的设计建造技术、基于西电东送工程所掌握的特高压输电技术、基于核电工程建造过程中开发的核电新技术"华龙一号"等。在宏观层面，工程行业借助重大工程平台实现整体性技术进步；在微观层面，科研人员和设计施工企业等众多参建主体在工程实践过程中，通过基于"目标锁定"的工程创新活动，吸收、集成内外部资源，实现创新能力互补，进而实现技术创新能力跃迁。特别地，本章所提及的重大工程是指投资规模巨大、实施周期长、技术异常复杂，对社会、经济及生态环境等影响深远的大型公共工程（Flyvbjerg，2014；盛昭瀚等，2019），缺乏深度的技术创新活动将难以满足当前形势下重大工程的设计目标。不同于企业和一般工程，重大工程技术创新涉及创新主体层次关系复杂和专业系统的多样性，具有显著的独特性和动态性；其不仅依赖于单一主体，更是一种具有多主体、非线性、动态性、集成性的复杂创新系统（Lehtinen et al.，2019；曾赛星等，2019）。因此，厘清重大工程创新活动的内在规律，并提出相应的创新治理逻辑对今后重大工程的建设和管理具有重要的意义，也对我国社会经济的高质量发展具有重要的推动作用。

现有文献中对于创新的研究主要集中在企业创新，探讨企业创新能力是如何通过吸收外部资源、利用自有创意或想法和通过研发投入来实现其企业目标（Dodgson，2014），且如何实施创新活动则往往取决于组织自身特性及其所处外部环境（Dodgson et al.，2008）。重大工程创新活动涉及更复杂的过程（Lehtinen et al., 2019; Worsnop et al., 2016), 超越了现有文献所限定的企业边界, 已衍生至临时组织的创新活动, 表现为临时联盟与永久组织之间动态变化的临界状态 (Ozorhon and Oral, 2017)。这种介于临时性与永久性网络组织形成了具有一定制度约束的、随着工程进度不断动态变化的组织形态, 在实现某一特定工程目标后解体 (Matinheikki et al., 2019; Perkmann et al., 2019)。重大工程组织表现出结构性混合组织的特征 (Matinheikki et al., 2019; Perkmann et al., 2019), 即不同的重大工程组织的子单元依据不同逻辑运转, 在重大工程组织内部划分为不同的空间结构 (Perkmann et al., 2019), 表现出更频繁和更严重的内部冲突 (Matinheikki et al., 2019; Ungureanu et al., 2019)。因此, 重大工程组织内部的创新活动面对着更加复杂的合作环境, 也面对着更加复杂的组织约束 (Matinheikki et al., 2019; Qiu et al., 2019)。重大工程应该采取哪种创新范式才能够保障工程的顺利移交? 通过哪些治理逻辑能够解决创新活动过程中的组织冲突、过度创新、效率低下等问题? 这不仅对于业主保障其工程目标有重要意义, 对重要创新主体如何参与以及如何实现自身能力提升也具有重要价值。

对于企业创新范式的研究随着社会技术发展而不断演化, 提出了包括集成创新、系统创新、协同模式、开放创新、双元创新、自主创新等在内的创新范式, 对理论基础的研究也从"要素观"演变成"系统观"(Rothwell, 1994; 陈劲, 2017)。重大工程创新范式研究对于理解重大工程创新过程的运转逻辑有重要作用, 而目前现有关于重大工程创新研究相对薄弱, 仅有少数文献针对重大工程创新的协作与集成问题展开讨论 (Brockmann et al., 2016; Davies et al., 2014; Lehtinen et al., 2019), 分别从重大工程创新过程中要素间的系统集成 (Davies et al., 2009)、主体间协同合作 (Sergeeva and Zanello, 2018)、平衡开放与封闭创新系统 (Worsnop et al., 2016) 等视角展开, 系统分析重大工程创新范式的研究存在明显不足。关于重大工程集成创新的研究很好地解释了重大工程对于创新资源的集成特性, 但忽略了集成过程中需要主体间的协同合作, 也淡化了重大工程技术复杂性对于创新资源和要素的特殊需求 (Lehtinen et al., 2019; Worsnop et al., 2016)。该视角忽视了对于重大工程全过程管理, 也缺乏对创新主体的结构化治理, 在重大工程创新组织中, 临时性的组织结构更加需要从全过程视角和全主体视角探讨工程创新效率提升等问题 (Gann and Salter, 2000)。在重大工程组织内部, 组织临时性意味着在工程内部的学习过程没有类似于企业内部之间的合作平台 (Gann and Salter, 2000; Worsnop et al., 2016), 协同合作主体之间容易出现创新惰性, 导致重大工程协同创新难以保障。重大工程协同创新研究强调创新主体的资源交换和协同合作, 却忽视了重大工程对于异质性创新资源的约束, 如何以全方位视角吸引和导入外部资源保障工程创新活动, 突破可能存在的创新孤岛问题依然是目前现有重大工程创新实践中的典型问题 (Chen et al., 2018; Engwall, 2003)。

综上所述，现有文献多从单一视角解释重大工程创新范式，在引入企业创新范式理论时忽略了重大工程创新活动的典型特性，如何有效提升和促进重大工程创新还有待更加深入系统的研究。有别于企业创新，重大工程创新根植于临时性、混合性的组织形态中，往往表现出更强的异质性和动态性，应用现有企业创新管理理论解释和治理重大工程创新活动存在较大局限。基于此，本章主要研究两个问题：①适用于重大工程创新的新范式及其核心要素；②重大工程全景式创新的治理逻辑。

本章以港珠澳大桥工程为例，在系统地分析其创新管理实践的基础上，通过理论推演以及数据分析，在推演适应于重大工程创新范式的典型特征的基础上，提出重大工程创新的新范式——重大工程全景式创新，即全方位创新、全过程创新和全主体创新，分析重大工程全景式创新的治理逻辑，为我国重大工程创新理论与实践提供借鉴。

4.2 研究方法

本章关注两个研究问题：①适用于重大工程创新的新范式及其核心要素；②重大工程全景式创新的治理逻辑。两个问题都涉及重大工程创新问题，第一个问题是探究重大工程创新范式，即重大工程应该通过什么样的创新范式来保障工程目标的顺利实现和技术创新过程中可靠性与适应性；第二个问题是回答重大工程参与者能力跃迁的机制问题，属于"怎么样"的范畴（Yin，2009）。基于案例研究的质性研究方法能更加丰富地挖掘现象背后的理论逻辑与运转规律。本书问题难以适用于大规模样本，且相关研究较少，尚且不能依赖于原有文献或以往经验证据，更加适用于采取基于管理实践而涌现出的新理论构架的研究方法（Eisenhardt and Graebner，2007）。同时，由于研究团队长期扎根于工程创新管理实践，具有长期跟踪重大工程技术创新管理的优势，选择基于质性研究分析方法的理论构建方式能够更加深入地总结和归纳出重大工程创新过程的内涵和典型特征（Karra and Phillips，2008；Riemer，1977）。基于此，本书选择基于诠释主义的扎根理论研究方法，能够保障在对港珠澳大桥技术管理实践长期深入的了解之下，更加准确地提炼出港珠澳大桥工程创新范式的核心要素构成，有助于搭建重大工程全景式创新框架。扎根理论的分析方法通过对文本数据进行编码、聚类、迭代、归纳、凝练等步骤，能够完整地展现全生命周期内重大工程创新过程，更加适合提出适应于我国重大工程创新的管理理论框架。

4.2.1 数据搜集

港珠澳大桥工程是横跨香港、澳门和珠海的重大跨海大桥项目,其技术复杂性和工程独特性能有效地展现出重大工程技术创新活动的异质性,能帮助研究者描述出重大基础设施工程的创新过程及其内部逻辑。首先,港珠澳大桥工程项目从立项到完工跨度时间较长,能够充分刻画重大工程创新活动在其整个跨度过程中的演变状态和运转逻辑。其次,港珠澳大桥工程于1983年首次提出,2003年8月国务院正式批准三地政府开展港珠澳大桥前期工作,并同意粤、港、澳三地成立"港珠澳大桥前期工作协调小组"办公室,是目前跨度最长、建造标准最高和最具挑战性的综合式集群项目,包括岛隧工程、桥梁工程、交通工程等多个子工程系统。

工程从设计到建造过程一直面临严峻挑战,包括复杂多变情景下的施工管理和协调,工程技术的复杂性,环境保护的高标准性,建造环境的安全要求,国内团队尚且没有外海沉管隧道施工的设计和安装经验等。针对港珠澳大桥在设计施工建造中提供的报告,港珠澳大桥管理局(以下简称管理局)在前期制订了项目创新计划,且在具体进展过程中,一共开展了约300个科研项目,创造性地提出了30多种工法,完成了30多项创新设备,从项目开始到完工期间总共申请了400多项相关专利。综上所述,港珠澳大桥工程为管理人员和工程师从事技术创新与工法创新提供了良好的平台,也为重大工程创新范式研究提供了理想的研究背景。

本章遵循多种数据来源的建议(Glaser and Strauss,1967),通过实地调研数据、内部管理文件、二手数据和访谈等多类数据来进行交叉验证,避免由一手资料带来的信息偏差或主观偏见(Yin,2009)。本章的数据来源包括以下几类。

(1)访谈数据。

(2)公开文献资料和数据,包括关于港珠澳大桥技术创新的文献、公开的新闻访谈资料等。

(3)内部档案数据,包括港珠澳大桥杂志、岛隧工程项目简报和专用设备简报。

本章数据搜集可以分为三个阶段。第一阶段,于2015年7月前往管理局、中铁山桥集团中山基地等主要工程的主要参与单位进行实地调研,针对技术创新部分访谈。第二阶段,研究人员针对港珠澳大桥工程整体的技术创新活动进行梳理,详细了解港珠澳大桥在建设过程中所遇到的技术难题、攻克技术方法以及演进过程。第三阶段,从2018年12月开始,研究团队再次针对港珠澳大桥技术创新管理中的问题进行实地考察和访谈。本书所涉及的具体数据来源详见表4-1。

表 4-1　数据来源

数据来源	数据分类	来源编码
访谈数据	第一次工程实地调研，与港珠澳大桥管理局、中铁山桥集团中山基地等工程师进行半结构化访谈（2015.7）	FT01
	第二次工程实地调研，与港珠澳大桥管理局工程师等进行半结构化访谈（2017.6）	FT02
	与港珠澳大桥工程监理工程师等进行半结构化访谈（2018.12）	FT03
	第三次工程实地调研，与港珠澳大桥管理局总工程师进行半结构化访谈（2019.5）	FT04
	第四次工程实地调研，与中国交建技术主管进行半结构化访谈（2019.5）	FT05
	与港珠澳大桥管理局工程总监访谈（2020.5）	FT06
	与港珠澳大桥管理局技术总工程师等访谈（2020.4）	FT07
	与港珠澳大桥管理局合同部部长等访谈（2020.5）	FT08
档案资料	港珠澳大桥管理局：内部资料刊物	NB01
	中国交建联合体港珠澳大桥岛隧工程项目总经理部：内部资料刊物	NB02
二手数据	学术论文：与港珠澳大桥技术创新或建设管理相关的文献	AP01
	新闻报道：对港珠澳大桥工程相关工程师等的专访报道等	NP01
	纪录片：关于港珠澳大桥工程的相关纪录片	DM01

4.2.2　数据分析

数据分析分为三步：首先，将访谈数据和档案数据导入 ATLAS.ti 软件，通读所有数据，对所有创新活动进行开放式编码，归纳出其典型特征，形成一级概念。其次，通过主轴编码的过程，将一级概念合并为二级主题（Gioia et al., 2013），这是一个迭代的过程，在数据、概念和文献之间不断漂移，直到数据被精练成足够的二级主题（Corbin and Strauss, 1990）。最后，寻找隐藏在二级主题之下的聚合理论维度，试图更加清晰地展示不同的二级主题如何组合成一个连贯理论模型（Gioia et al., 2013）。本部分的质性研究主要通过对访谈和档案资料的文本数据进行编码与分析，按照扎根理论的分析逻辑开展文本数据分析（Corbin and Strauss, 1990），最终形成本书的文本数据结构，见图 4-1。

4.3　重大工程全景式创新的理论模型

以港珠澳大桥工程为研究对象，聚焦重大工程技术创新与管理实践过程中的典型特征，基于文本数据构建了重大工程全景式创新的理论框架，并分析重大工程全景式创新的治理逻辑。特别地，本章提出重大工程全景式创新包含三个维度，

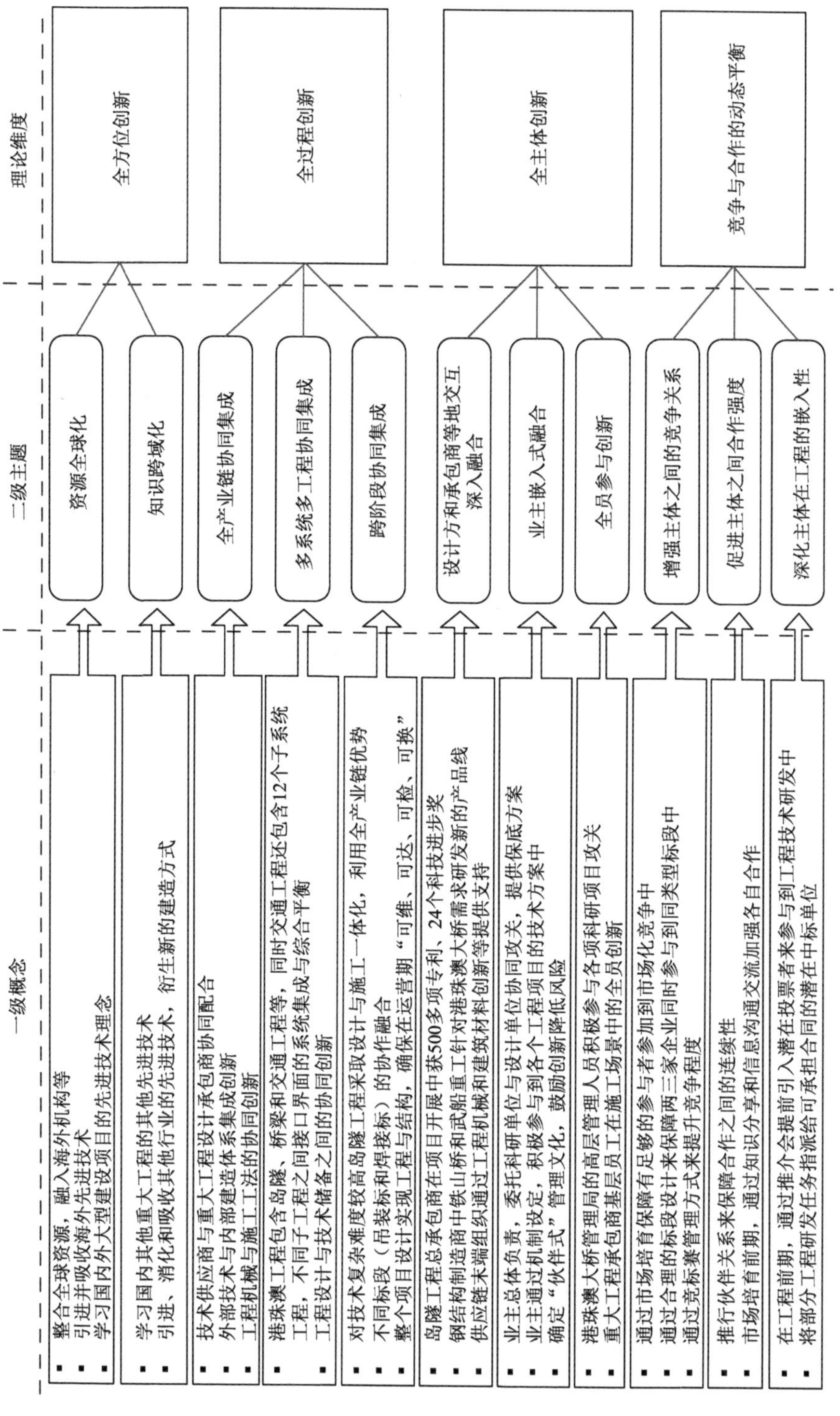
理论维度
全方位创新
全过程创新
全主体创新
竞争与合作的动态平衡
二级主题
资源全球化
知识跨域化
全产业链协同集成
多系统多工程协同集成
跨阶段协同集成
设计方和承包商等地交互深入融合
业主嵌入式融合
全员参与创新
增强主体之间的竞争关系
促进主体之间合作强度
深化主体在工程的嵌入性
一级概念
整合全球资源，融入海外机构等
引进并吸收海外先进技术
学习国内外大型建设项目的先进技术理念
学习国内其他重大工程的其他先进技术
引进、消化和吸收其他行业的先进技术，衍生新的建造方式
技术供应商与重大工程设计承包商协同配合
外部技术与内部建造体系集成创新
工程机械与施工工法的协同创新
港珠澳工程包含岛隧、桥梁和交通工程等，同时交通工程还包含12个子系统工程，不同子工程之间接口界面的系统集成与综合平衡
工程设计与技术储备之间的协同创新
对技术复杂难度较高岛隧工程采取设计与施工一体化，利用全产业链优势
不同标段（吊装标和焊接标）的协作融合
整个项目设计实现工程与结构，确保在运营期“可维、可达、可检、可换”
岛隧工程总承包商在项目开展中获500多项专利，24个科技进步奖
钢结构制造商中铁山桥和武船重工针对港珠澳大桥需求研发新的产品线
供应链末端组织通过工程机械和建筑材料创新等提供支持
业主总体负责，委托科研单位与设计单位协同攻关，提供保底方案
业主通过机制设定，积极参与到各个工程项目的技术方案中
确定“伙伴式”管理文化，鼓励创新降低风险
港珠澳大桥管理局的高层管理人员积极参与各项科研项目攻关
重大工程承包商基层员工在施工场景中的全员创新
通过市场培育保障有足够的参与者参加到市场化竞争中
通过合理的标段设计来保障两三家企业同时参与到同类型标段中
通过竞标赛管理方式来提升竞争程度
推行伙伴关系来保障合作之间的连续性
市场培育前期，通过知识分享和信息沟通交流加强各自合作
在工程前期，通过推介会提前引入潜在投票者来参与到工程技术研发中
将部分工程研发任务指派给可承担合同的潜在中标单位

图4-1　文本数据结构

即全方位创新、全过程创新和全主体创新。在此基础上，解耦全景式创新就是系统分析三者之间的内在联系和互动关系，在三者相互关联和相互作用的基础上，分析三者对于重大工程创新绩效的推动路径，从重大工程业主或业主代表（系统集成者）的视角能更加清晰地明确彼此参与主体之间的有效关系。

重大工程往往面临前所未有的技术挑战，单一的创新资源难以实现重大工程的工程目标，由于重大工程临时性、可靠性、动态性等特性约束，往往形成了创新资源独立、创新过程分散和创新主体嵌入性不强等特征，制约着重大工程高效率创新的实现。经过案例分析，发现港珠澳大桥工程业主的创新管理模式，有效改变了重大交通基础设施工程行业的创新活动管理方式与创新范式，在其项目管理规划过程中，通过前期预制港珠澳大桥工程创新管理计划，建立工程技术管理的创新平台和保障机制，实现了将外海的沉管隧道、人工岛、桥梁工程等不同专业的技术创新活动融会贯通到整个工程建设过程中，进而实现重大工程的全过程创新。同时，针对港珠澳大桥工程的超高技术复杂性、超高的工程规模和预算工期、超多工程界面和专业融合，且涉及大量的新技术和新工法工艺等问题，整合全方位创新资源，通过搜寻、培育、吸引、共融、共创等不同过程和方法，实现重大工程的全方位创新，进而顺利实现重大工程技术创新与重大工程目标的复合。另外，重大工程技术创新往往需要多类型创新主体的协同参与，既需要管理局为代表的业主进行整体规划和管理保障，也需要承包商、设计方、咨询方、供应商等核心创新主体的深度嵌入，还需要大学、研究机构、科研团队等密切协同配合，在深入了解工程需求的背景下才能够更好、更有效地通过技术创新活动来满足工程既定目标，既保障工程技术可靠性，又有效地避免过度创新而导致的工程超期、超支等，即通过重大工程全主体创新来有效保障和激励重大工程创新活动。

4.3.1 重大工程全方位创新

港珠澳大桥工程秉承"开放"的理念，通过全方位吸引海内外优势团队、引进国内外先进科学技术、吸收融合国内外重大工程管理经验，在合作创新过程中以本土团队为核心，实现重大工程创新活动的高效运转，掌握具有自主知识产权的施工技术。重大工程全方位创新强调在创新过程中，需要全方位地对创新资源和信息知识展开搜寻和引入，具体表现为资源全球化和思维跨域化。

管理局采取了三种不同类型的手段来实现创新资源全球化的集成与协同，包括吸纳全产业链中海内外先进设备制造商和工程承包商，引进、吸收和集成不同行业的先进科学技术，以及学习国内外其他重大工程的经验等。港珠澳大桥工程的创新活动包含在工程全生命周期中，业主从项目的初步设计阶段，全方位充分融合和引入海内外创新资源，引进海内外先进工程承包商和服务商等，旨在提升工程整体创新能力。例如，在港珠澳大桥工程的初步设计中首先引入了丹麦科威国际工程咨询公司和英国奥雅纳工程顾问公司，通过国内本土设计文化、能力与国外经验深度融合，有效支撑项目前期在沉管隧道设计、桥梁钢箱梁设计等方面的设计难题。在桥梁工程施工图设计中，引入日本长大株式会社（Chodai）和英国合乐集团有限公司（Halcrow），有效解决了钢箱梁结构设计和钢混组合梁结构设计中的钢结构疲劳问题，通过不同的文化碰撞和交流，提升了国内设计团队的国际化经验和钢结构设计经验。在设计及施工咨询项目部的组建过程中，引入荷兰隧道工程咨询公司（TEC）、林同棪国际工程咨询有限公司（T.Y. Lin），最终形成了以上海市政工程设计研究院为牵头单位，联合 TEC、T.Y. Lin 和广州地铁设计研究院的联合体。针对沉管隧道安装建设经验匮乏等挑战，通过聘请日本大成建设株式会社的技术专家等方式对关键安装施工作业细节提供关键性技术指导。

重大工程与外部制度环境高度嵌入，工程的招投标和工程标准等也必须满足必要的制度约束。港珠澳大桥工程涉及三个地区，标准和制度差异增加了全方位创新的难度，特别是针对工程行业的资质认定问题。另外，采取国际招标程序增加了工程施工过程的复杂性。因此，港珠澳大桥工程主要通过构建联合体或单独的技术专家和顾问团队来实现外部知识和经验的传递与融合。例如，施工难度最大的岛隧工程是以中国交建为核心，融入中交公路规划设计院有限公司、艾奕康有限公司、丹麦科威国际工程咨询公司、上海城建（集团）公司、上海市隧道工程轨道交通设计研究院、中交四航院等国内外优秀交通施工承包商等众多参建主体。不同于一般企业创新，重大工程技术创新对于可靠性和成本有较高的要求，因此需要技术专家组或顾问团队来提供有效支撑，既需要确保工程技术满足工程质量要求，也需要控制成本和其他额外风险，从而让全球资源通过第三方专家顾问团队等方式实现知识转移和传递。

港珠澳大桥工程通过引进海内外先进技术、搜寻关键技术、学习先进经验和集成外部知识等多种手段，实现工程整体创新能力的跃迁。特别地，针对关键施工工法和工艺，通过采购关键设备、学习核心技术和共同研发设计等多种方式实现工程技术及工法的拓展与创新，最终实现外海沉管隧道在设计、施工和安装中的全产业链创新能力跃迁。例如，在沉管隧道关节的生产制作过程中，与德国派利有限公司（PERI）联合设计，由德国派利有限公司提供整套模板设计和选型，振华重工负责模板结构制造安装，既保障了国内工程目标的实现，又让国内企业实现施工技术的升级改造。瑞士威胜利工程有限公司（VSL）承担沉管预制同步分散顶推成套设备的供应与技术服务，与中国交建共同创新的最终接头研发技术，提出"三点支撑，多点连续顶推"新工法，实现了管节从浇筑区到浅坞区的长距离顶推。在人工岛建造过程中，美国桩基设备公司（American Piledriving

Equipment INC，APE）提供大功率振动锤，振华重工负责 120 个大型钢圆筒的制造与运输，在中交一航局与 APE 联合开发的"八锤联动振动锤组"的创新工法的支撑下，顺利完成了深插式钢圆筒围护结构快速成岛技术开发，有效缩短预期工期 2 年。日本三清公司提供大型砂桩船设计及技术服务，中交三航局引进日本 CSP（compacted sand piles，挤密砂桩）砂桩船的自动控制系统技术，通过全过程参与自动控制系统的研制并吸收消化，对现有技术进行全面总结和再创新，选用国产 DZL500 振动锤，成为国内掌握挤密式水下砂桩核心技术的工程单位，新开发的三航砂桩 7 号、三航砂桩 8 号也被应用于港珠澳大桥工程人工岛外侧斜坡堤的软件处理。

港珠澳大桥前期协调小组办公室和管理局在工程初期，通过大量的实地调研，向世界各地的桥梁专家学习，希望以"取人之优以善己"的思想来实现港珠澳大桥的先进与集成。在项目具体设计前期，组织专题小组审查了几十万张工程图纸，研讨几百种桥梁工程设计施工方案，学习国内外典型桥梁工程，包括国内东海大桥、苏通大桥、杭州湾大桥，以及连接丹麦和瑞典的厄勒海峡大桥和韩国釜山沉管隧道等工程。对前期经验和工程知识的学习，以及对大型跨海项目中的创新设计方法的吸收有效地提升了港珠澳大桥在创新过程中的效率，避免造成工程成本和质量陷阱。

同时，港珠澳大桥工程在全方位创新过程中，融入"思维跨域化"的思想，通过学习其他大型工程的先进技术、引入其他行业的先进技术、吸纳其他行业的先进管理体系等方式，实现重大工程创新效率的有效提升。例如，借鉴高铁、地铁等大型机电系统的管理经验，通过机电系统集成总承包方式，实现工程界面的接口协调；学习制造业先进技术，构建大型钢箱梁拼装"车间化"作业，研发了智能化的板单元组装焊接技术，成为全球首批板单元自动化生产线通过自动化生产方式，提高港珠澳大桥工程钢结构的质量；引入航空航天行业的相关技术，集成卫星、计算机等高科技技术，为沉管浮运安装的最佳时段预测提供服务；在沉管隧道安装中引入微机械陀螺和高速度倾角传感器，联合航空航天导航制导专用设备共同构建了沉管运动姿态实时监测系统。引入核电行业的综合信息管理系统和煤炭行业的冻幕法施工技术等，有效提高工程技术的效率。在技术集成和应用中，工程前期规划和治理也必须保持动态的视角，如管理局也保持动态学习理念，密切关注不同行业的技术发展水平，动态调整，将可运用的技术装备和新材料应用于工程中。

通过上述案例分析，港珠澳大桥管理在引入全球资源和吸收跨域知识的过程中：主要通过与海外优质承包商签订施工顾问合同，购买海外供应商的设计与服务，与海外设备供应商联合开发新工艺等方式实现资源全球化；通过搜寻和吸收国内其他工程行业先进施工技术，引入和集成制造业、核电业、信息科技业、航天业等行业的科学技术等方式实现知识跨域化的吸收和融合。

4.3.2 重大工程全过程创新

重大工程全过程创新强调重大工程的技术创新活动需考虑跨专业之间、跨系统之间和跨阶段之间的相互交叉与相互融合，最终为重大工程技术目标提供支撑。由于重大工程按照不同标段和不同工程专业划分，因此重大工程容易出现"创新孤岛"，阻碍信息交流和知识传递等。

管理局在标段设计和全过程创新管理等部分做出了相应的调整和改动：针对复杂度较高的岛隧工程，在国内首次大规模采取施工设计总承包的发包模式，有效降低跨阶段之间的沟通交流成本，有效促进联合体全产业链优势；在标段设计阶段，有效地通过"大标段"方法和港珠澳大桥大规模的施工制造等需求，促进承包商投入资源采取更加先进的技术来满足工程需求，降低整体创新风险。首先，针对复杂度高的岛隧工程采取施工设计总承包，融合设计和施工过程，最大限度地发挥联合体的创新潜力，最大限度地解决了因阶段割裂而引发的创新阻制。由于是国内首次进行外海海底沉管隧道的施工，经验和技术尚且存在一定的不确定性，通过设计和施工总承包，保障了全过程创新的环境适应性。在岛隧工程的建造过程中，中国交建作为施工总承包单位，动员了设计、施工、科研、装备等全产业链环节，投入了桥梁、海工等各相关专业，发挥其自身的境内外资源优势，最大效能地应用承包商的科研实力和全产业链的集成优势。例如，针对人工岛施工问题，中交一航局联合美国供应商 APE 和振华重工，并配合其他子公司，协同开发了振锤系统的新应用、外海钢圆筒成岛技术的应用等。振华重工还在整个岛隧工程中，承担了整平船、沉放船、沉管预制模板等全部专用装备的研发、设计和制造，实现了全过程创新的有效融合和集成，有效地降低了因为过程和专业之间的分割导致的创新资源与信息沟通的障碍。

由于全产业链协同与集成，承包商很好地缩短了预期工期，并最大限度地控制成本，降低了施工对环境的影响。中国交建设计主导的精细化勘察和钢圆筒快速成岛的创新，使得外海造岛对环境的危害大大降低，整体工期提前了两年，也同时避免了人工岛工程超概预算风险；中国交建由设计主导的半刚性沉管结构创新，减少工程直接投资超过十亿元，节省工期约一年半；由施工主导的外海沉管安装，工厂化沉管预制的创新，既为工程质量提供了保障，又减少了工程直接投资十多亿元。总体而言，缩小设计与建造之间的沟通距离和组织距离能够有效增强创新效率，有效提高工程创新成本，提升工程绩效。

重大工程全过程创新也表现出一种以某一主体为核心，其他客体相互交融且辅助提供资源支撑的网络结构特征，根植于重大工程平台，依靠强大的知识链落结构，发挥各自特有的技术能力和资源供给，从基础研发、设计施工协同、管理协调等不同角色相互配合的过程。例如，在沉管隧道安装过程中，出现了机床回淤等问题，形成了以中交一航局为代表的承包商、以中交四航院为代表的设计方、以港珠澳大桥管理局为代表的业主方、以中山大学为代表的专家科研团队等共同完成了"珠澳大桥沉管隧道基床回淤监测及预警预报系统研发与应用"。

重大工程全过程创新需要不同专业的专家协同合作，从发现问题、分析问题和解决问题等不同阶段协同合作，多专业、多地点和多系统的协同合作，全面保障有效解决重大工程技术难题，其中一个典型例子是针对岛隧工程沉管隧道安装过程所开发的特殊水文气象窗口预报系统。沉管隧道安装需要判定一个精确安装窗口期，对水文气象的高度敏感性，对气象水文环境预测必须符合科学规律且满足施工需要，不仅需要水文气象的专业知识，还需要现场数据等的同步支持。港珠澳大桥管理局和中交联合体联合国家海洋环境预报中心，搭建了针对岛隧工程的水文气象窗口预报系统，通过全球气象、波浪条件输入、四重区域嵌套预报模式、风云 2 号卫星提供实时气象数据和神威超级计算机进行模式解算等多重技术手段，构建由水文气象观测、模式计算和后方保障、现场预报的三个子系统构成的协同系统，实现了所有数据实时在线分发。可以看到，整个全过程预测需要北京的服务器支持，岛隧营地的现场保障系统和施工区水文监测仪器的现场数据采集系统，整个过程体现了现有重大工程施工所需要的全过程监测、计算与预测的技术创新。

重大工程涉及不同专业系统，如桥梁工程系统、交通工程系统、土建工程系统等，不同子系统之间的相互交织和穿插，全过程创新强调不同子系统工程之间的相互协调配合，每个子系统工程的设计施工都需要预留和考虑与其他专业接口等，最终实现技术集成。以桥梁工程的钢箱梁采购和制造 CB01 标段为例，该工程中标单位除了中铁山桥集团，还涉及钢板供应公司、防腐工程涂料供应公司、阻尼器制作与安装公司、检查车采购与安装公司、除湿系统采购和安装公司、热浸锌施工公司等多个专业服务商。从钢箱梁制造改造自动化与智能化的过程，到钢箱梁的生产运输安装过程，都需要各个单位协同配合。管理局通过"大标段"招标方式，将交通工程 12 个子系统（包括通信、通风、消防、给排水、供配电、综合管线等）集成发标出去，有效地实现系统集成与平衡，最大限度地减少了不同专业之间的衔接接触面，有效地发挥了总承包人的专业优势和管理优势。

通过以上案例分析，重大工程的全过程创新强调跨专业、跨系统和跨行业的协同合作与集成融合：①需要全产业链的协同与集成，实现技术和设备供应商与施工承包商的协同配合，外部技术与内部建造体系协同集成，工程机械与施工工法创新的协同合作；②通过子系统间的协同与集成，实现岛隧工程、桥梁工程、交通工程等不同子系统工程接口界面的协同与集成；③针对不同标段和不同阶段的协作配合，如岛隧工程设计施工一体化模式，有效降低不同阶段的沟通成本；

④在"中国结"的施工过程中,需要不同工种的参与,按照先期目标难以实现,动态调整吊装标和焊接标的施工方法,协作配合提高工程绩效。

4.3.3 重大工程全主体创新

由于重大工程技术复杂度较高,需要大量不同专业背景的科研团队协同工作,创新人员零散化亦会降低整体工程创新效率,存在人员合作难度大、团队协同门槛高、全员参与不紧密等突出问题。重大工程全主体创新强调重大工程核心主体之间相互交融,业主深入嵌入重大工程创新活动和过程,参与主体内部鼓励全员创新,通过培育重大工程创新文化和设定内部激励制度来保障各个主体的创新驱动力。

业主嵌入式融合是指业主在提出需求的情境下,需要深入了解创新主体的约束问题,通过及时沟通和信息交流,保障彼此之间知识分享通畅。例如,曾赛星等(2019)通过专利共现网络分析,发现管理局在知识共享和技术参与度方面表现最为突出,其创新网络中心度表现出较高水平。管理局在推动桥梁工程的钢结构自动化和智能化制造方面,起到技术推动作用,通过合同设计和价格补贴等方式积极推动了两大承包商的中铁山桥集团和武昌船舶重工集团有限公司(简称武船重工)的技术革新。当承包商在技术创新过程中遇到问题时,港珠澳大桥管理局也扮演着知识输出和知识传递的角色。武船重工在工程技术改进之初,尚无国际钢桥制造经验,从中标到正式开工,技术改进和创新工作都显得比较滞后,业主推动智能化建造制造与企业自身原有的工程实践存在较大冲突,且采取改进技术之后的板单元质量难以达到现有质量的要求。港珠澳大桥管理局管理人员前往武船重工建设基地对板单元生产线建设情况进行实地调研,提出武船重工基地在开工前必须要解决的资源投入、组织架构、材料管理、工艺准备等几个核心问题,才能有效地保障钢结构质量。与中铁山桥集团相比,武船重工略显进度滞后,项目目标与承包商能力之间存在较大差距。在此情境下,港珠澳大桥管理局钢办管理人员主动前往武船重工提供帮助,协助武船重工调整内部资源,处理因采用新技术而导致的组织冲突,完成开工前的产品质量保证,获得港珠澳大桥管理局开工申请批准。除此之外,港珠澳大桥管理局针对广东省长大公路工程有限公司在桥梁工程承建深埋是否预支墩台这一选择时,在港珠澳大桥管理局前期可研阶段提出的施工方案基础上,开发完成"分离式胶囊柔性止水工法"的新工法。在知识产权申请方面,港珠澳大桥管理局也通过制度设计有效地规避了知识产权界定不清晰的问题,有效地促进了承包商积极开发专利技术,避免因为产权不清晰而导致的创新积极性降低等问题,有效地构建了港珠澳大桥的创新文化。由于所有创新方案都需要经过业主和监理批复,业主在整个项目过程中所构建的创新文化和治理措施更能深入地影响每一个承包商的创新动力。在访谈中，多个承包商的经理提及开放和开明的业主决定了整个工程思路和导向，最终决定了工程技术创新和工程质量。可以看出，业主深入嵌入重大工程创新活动可以极大地改善工程创新绩效，包括通过外部压力促进承包商采取更加积极的技术改进和创新，通过信息传递和知识分享有效地提供技术改进方案，通过产权和制度设计激活创新动力并培养创新文化。

核心创新主体的交互融合也影响整个工程的创新绩效，包括设备供应商与工程实施方之间的合作交流，工程设计方与工程承包商之间的紧密配合，不同标段的承包商在技术方案之间的协作与交流等。重大工程创新的成败在于对工程细节的把握程度，因而核心创新主体需要高度融入工程，在充分理解工程技术创新需求的情境下才能提供适合工程自身的资源和知识，满足工程目标的技术创新才是最优的重大工程创新。例如，来自瑞士威胜利工程有限公司的液压专家和技术工程师等数十次往返香港和珠海，随时解决工程技术难题。TEC、大成建设、PERI等众多海外承包商和咨询单位都深入嵌入到工程实际工作中。例如，PERI提供岛隧工程管节预制模板系统设计、建造和技术服务，中国交建负责自行施工完成沉管隧道预制管节，PERI工程师与中交工程师在建造基地共同合作长达八年，通过不断地规范和监督现场施工工艺，保证了后期预制精度和板块间密实度，保证了外墙结构的绝对密水性。TEC在项目初期作为第三方独立设计和施工咨询被引入重大工程团队，与上海市政工程设计研究总院、T.Y. Lin、广州地铁设计研究院组成联合体，多方团队不断合作，在人工岛越浪排水和隧道防淹控制方面提供专业经验；针对"半刚性"纵向设计方案严格把控，从争议和僵局到最终的合作和信任，经历一年左右提出最终方案；在"最终接头"风险控制中，联合日本NCC（Nippon Civic Consulting Engineers Co., Ltd.）研发方案，历时三年时间展开40余项研究，最终实现工程目标。

此外，港珠澳大桥在施工过程阶段，众多基层员工也参与到创新活动中，通过工序调整、工法改进、技术实验等方式提供创新资源，提高工程创新绩效。例如，在钢圆筒拼装过程中，振华重工通过开发一个辅助夹具，使得工程焊接拼装效率大大提高，省去了门机、汽车吊、登高车等大型设备的使用。在海豚塔焊接过程中，焊接工程师通过调整工序结构，提出"分块制造"施工工艺来提高人员安全系数。武船重工的工程焊接员工通过改进埋弧焊接机，不断地反复试验，制作出新轨道，保证了焊接质量保持超声波探伤合格率100%。业主、承包商和设计方等核心主体，以及众多基层员工都参与到工程创新活动中，通过经验传递和分享、技术方案改进、技术风险控制等，实现工程创新，进而有效实现重大工程既定目标。

通过以上分析，重大工程主体创新是指在重大工程创新活动过程中，业主作为需求方高度嵌入工程创新网络，核心创新主体交互融合和深入嵌入，从管理人员到基层员工等全员创新，囊括了传统的项目集成者（业主或业主代表）、核心创新主体（设计施工联合体等）、基层员工等全主体，实现重大工程技术创新目标。

基于上述案例分析，本章提出重大工程创新新范式——全景式创新范式，其主要包含三类核心要素——全方位创新、全过程创新和全主体创新。全方位创新是指重大工程在创新过程中，需要从资源全球化和思维跨域化两个角度来搜索和引入外部资源。全过程创新是从全过程视角出发，强调重大工程创新活动必须从跨专业、跨系统、跨阶段三个维度来实现资源的协同集成，包括跨专业强调需要从产业链多专业之间的协同合作与集成，跨系统强调不同子工程之间创新管理需要实现接口界面的协同合作与集成，跨阶段强调设计、施工与运营等不同阶段之间的协同合作与集成。全主体创新是指重大工程强调重大工程组织内部，核心创新主体之间深入交互，作为系统集成者的业主需要深入嵌入，以及高层管理人员到基层员工的全员创新等来提高知识流通和创新效率。

4.3.4 重大工程全景式创新的治理逻辑

港珠澳大桥管理局在全方位引入外部资源的情境中，通过市场培育和制度设计很好地实现了在满足制度环境的约束下，导入海外优质资源和关键承包商。首先是市场培育，港珠澳大桥管理局通过一系列的推介会，鼓励潜在承包商和相关供应商投入更多资源进行研发和提出创新。由于重大工程的高难性，当时的市场中很难寻找到一家完全符合标准、满足建造能力的承包商，但根据法律文件要求，需要三家以上的承包商投标才能满足招标要求。特别是针对岛隧工程，在市场培育阶段，港珠澳大桥管理局通过项目推介会等方式，使参建承包商能够更早地融入工程前期过程中，明确工程建造过程所需准备的任务。港珠澳大桥管理局通过与三大集团（中国交建、中国铁建和中国中铁）的交流，推介港珠澳大桥工程，积极鼓励部分潜在投标方收购相关港口水工施工企业，鼓励成立港航局等，也鼓励部分承包商通过联合海外施工顾问咨询服务以及设备租赁的方式弥补其海上施工的短板，在满足国内制度约束的情境下，提升各自竞争力，增加投标者之间的竞争性。

同时，以问题和目标为导向，深入交流工程所面临的技术难题。港珠澳大桥管理局将前期准备的相关技术标准和储备与相关单位分享，表现出了完备的知识共享和知识流通的机制，向潜在参建单位详细解答工程关键技术问题，并通过带案投标的方式激励承包商前期参与技术创新。其他承包商通过先期研发融入整个工程承包业务中，如重庆市智翔铺道技术工程有限公司在承担港珠澳大桥设计单位委托的科研任务中，通过对比不同钢桥面铺装方案，最终提出的 4cm 厚 SMA（stone mastic asphalt，沥青玛琋脂碎石混合料）3cm 厚浇筑式沥青混凝土组合铺装结构体系的设计方案顺利通过了专家评审。重庆市智翔铺道技术工程有限公司随后通过投标，获得港珠澳大桥工程桥面铺装工程段，其前期的研发投入迅速提升其在专业方向的实力，后续也获得了港珠澳大桥海底隧道内的沥青路面铺设工程标段。

在合同设计方面，港珠澳大桥工程在合同和标价方面也做了诸多创新，如合理的价格机制设计和采购模式等。由于国内行业仍然采用定额标准做项目的概预算，缺乏对于跨海大桥工程的定额预算，往往采取较低的定额预算报价，极易导致承包商的成本风险。针对钢结构 CB02 标段和 CB01 标段，港珠澳大桥管理局通过设定自动化评分标准和设定价格补偿等方式促进中标单位采用创新技术，弥补因创新活动而增加额外成本，又能督促其采取新技术。为了激励承包商深度嵌入整个项目中，还提供了招投标补助来激励相关参与方，保证了参与方能够较为准确地把控投标风险，更大程度地促进其整体嵌入深度，构建了良好的工程创新文化。

构建"伙伴关系"理念，通过非正式制度的治理促进参与方与港珠澳大桥管理局之间的互相信任。在面对承包商时，港珠澳大桥管理局除了以建立"伙伴关系"为指导，还通过严格合同管理来保障工程参建主体之间的紧密合作关系，通过非正式制度治理与正式制度治理两种模式相结合来激励和促进相关承包商提升自身的工程创新嵌入度。

要保证重大工程项目顺利实施，就必须采取创造性的技术、方法和管理手段来保障其特殊需求的实现。一方面，业主构建的创新文化可能会导致过度创新，从而开发一些超出工程预期需求的技术和设备，导致工程成本的快速增长；另一方面，过度管控会导致承包商创新动机降低，不利于服务工程需求，拖延工程项目进度，从而引发项目超支、超期等。合理的标段设计、锦标赛管理方式和海外第三方咨询在较好地促进承包商高效完成工程技术创新的同时，遏制了不符合业主需求的创新活动，有效实现了工程目标。针对复杂度较高的工程，港珠澳大桥采取设计施工总承包方式，保证设计与施工同步进行，发挥总承包联合体的全产业链优势，降低跨阶段的协作和集成成本，从而有效促进工程创新；针对界面较为复杂的交通子工程，采取 12 个子系统集成招标的方法，达到系统集成和综合平衡的效果。同时，针对复杂度较低的工程，同时采取分标段招标，通过市场化手段有效地控制工程成本。

在工程实践过程中，为了解决重大工程过程中的"过度创新"问题，港珠澳大桥管理局也引入"锦标赛"管理模式，在保证项目组织内部有足够竞争强度的情境下，调动承包商创新能动性，保障工程目标的实现。例如，港珠澳大桥管理

第4章 重大工程创新范式

局将桥梁工程划分为三个标段,引入三家承包商,通过合理的激励机制,最终三家承包商通过自主创新活动,针对桥梁埋置式承台施工难题,分别研发了钢圆筒方法安装、分离式柔性止水和双壁钢围堰三种不同的技术创新方案,高效地实现了装配化施工,有效地实现了工程的管理目标。

重大工程在创新设计方案和技术方案的同时,需要保障其技术可靠性,降低因为技术创新而导致的不确定性。因此,在全方位创新中,还强调引入第三方主体来监督相关承包商等直接利益相关者的创新行为,通过合理、有效地监管与约束来降低业主因为信息不对称而导致的成本上升。港珠澳大桥工程实施过程中,引入国外监理和咨询单位,有效地降低了利益关联所带来的监督效率低下和监督约束无效的情景。综上所述,合理的标段划分、引入第三方咨询、推行锦标赛管理能够有效管理承包商的创新活动,既能激励承包商创新,又能避免过度创新导致工程成本目标过度超标。

通过以上案例分析,港珠澳大桥工程全景式创新的治理逻辑主要表现为通过合理策略来实现创新主体间"竞争与合作"的动态平衡。促进内部竞争能够促使不同参与主体之间有强动力去参与技术研发,解决工程实践的技术难题,提高整体工程质量;加强主体内部合作关系能够有效解决多子系统之间的接口管理复杂性和阶段割裂引发的创新孤岛问题,从而实现重大工程创新的有效治理。重大工程全景式创新的理论模型见图4-2,典型证据示例如表4-2所示。

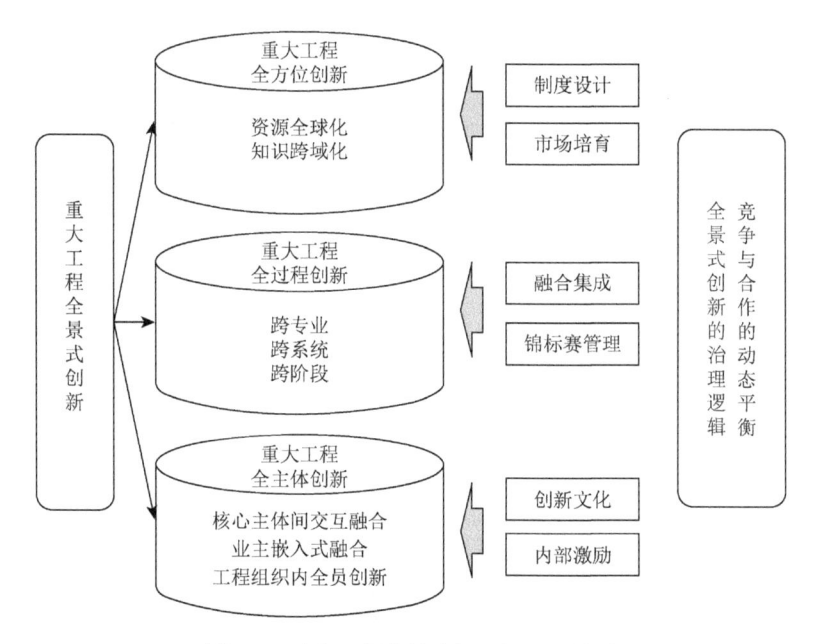

图4-2 重大工程全景式创新的理论模型

表 4-2　重大工程全景式创新和典型证据示例

全景式创新	典型证据示例	一级概念	二级编码
全方位创新	"在参观韩国釜山到巨济的巨加大桥时,安装的部分是荷兰人帮他们做的,设计有丹麦的团队,丹麦、荷兰、日本人都参与了,所以我们当时就认为港珠澳大桥也必须整合全球资源。"(FT05,中交工程师 A,2019.05)	整合全球资源,融入海外机构等	资源全球化
	"'借脑引智'——引进并吸收国外先进的技术起到关键作用。全自动液压模板设计及技术服务出自德国 PERI 公司,模板结构制造安装选择上海振华重工;大型砂桩船设计及技术服务出自日本三清公司,船舶建造选择国内企业;管节支撑与同步顶推设备采用瑞士 VSL 公司的设计及技术服务,主要千斤顶设备制造选择国内企业……" (NB02,中交联合体岛隧工程项目部,2011.11)	引进、消化并吸收海外先进技术	
	"我认为,我们对港珠澳大桥最大的贡献,就是分享了我们在其他项目上的经验,以及在之前大型跨海项目中所运用到的创新设计方法。"(NP01,荷兰 TEC 公司隧道专家 A,2016.07)	学习国内外大型工程项目的先进建造理念	
	"受内外大型桥梁施工监控体系启发,建立沉管隧道施工监控体系:形成了隧道基础施工质量监控、隧道结构及线形监控、管节舾装质量监控、隧道结构监测。"(NB02,中交联合体岛隧工程项目部,2017.08)	学习国内其他重大工程中的先进技术	知识跨域化
	"在工程管理要素中,在质量管理方面,我们借鉴了制造业的汽车生产管理方式;在职业健康安全管理这一方面,我们借鉴了石化行业的 HSE 体系;在信息系统方面,我们借鉴了核电行业的信息规划管理。"(FT04,管理局工程师 A,2019.05)	引进、消化和吸收其他行业的先进技术,衍生新的建造方式	
全过程创新	"中国交建与日本、挪威、法国、瑞士等供应商共同开发了无人沉放系统,包括锚泊定位系统、压载控制系统、数控拉合系统、深水测控系统和管内精调系统。"(NB02,中交工程师 B,2014.01)	技术供应商与重大工程承包商协同配合	全产业链协同集成
	"在港珠澳大桥施工海域通行的交通船、执法船,也有特殊要求……江龙船艇却找到了办法,研发出一种钢玻结构复合型船舶的技术。船体部分采用钢材料,上层建筑采用玻璃钢材料,实现了强度与重量的有效组合,这两种材料连接的强度和水密性能是业内公认的难题。"(NP01,南方日报,2017.07)	外部技术与内部建造体系集成创新	
	"利用钢圆筒成岛[的施工方案],面临一系列问题,比如设计、制造、设备、施工等等。……林鸣提出由国内最有实力的上海振华集团来负责钢圆筒的设计制造。……在船上安装能够多大了解海上气象的卫星系统,制定了轮船绕开 8 级以上大风运输的方案。……经过反复实验,最后确定由美国 APE 公司与中交股份旗下的上海振华重工密切配合,联合攻关制造了世界最大的 8 台联动振沉系统。"(NB01,中交工程师 H,2013.12)	工程机械与施工工法协同创新	
	"强调基础与结构协调的设计理念:沉管隧道的设计是一项系统工程,由多个分项工程有机组成,其中最重要的当属结构与基础之间的共同作用。在基础方案决策之初,我们就制定了'不以某一方案最佳为目的,而以寻求系统的最优方案为追求目标的设计理念'。"(NB01,中交工程师 C,2012.12)	工程设计与技术储备之间的协同创新	多系统多工程协同集成
	"在交通工程方面,贯彻"系统集成、综合平衡",采取十几个子系统集成招标,属于是最后一个工序,是神经系统。若采取单独各个子系统间的界面协调会出现很多问题,会影响后期的质量和服务素质。"(DM01,管理局工程师 B,2019.12)	不同子工程之间接口界面的系统集成与综合平衡	

第4章 重大工程创新范式

续表

全景式创新	典型证据示例	一级概念	二级编码
全过程创新	"业主给了我们一个很好的建设指导思想，另外设计施工总承包也使得我们可以很好地集合所有资源……同时港珠澳大桥作为备受国际关注的超级工程，也吸引了许多国际工程师（包括欧美的、日韩的）。我们也是倡导融合、开放、发展。"（FT05，中交工程师D，2019.05）	对技术复杂难度较高岛隧工程采取设计与施工一体化	跨阶段协同集成
	"因为超高的精度要求，'中国结'安装施工方案曾一度更改……CB03标反复研究设计图纸，多次探讨变更的科学性、可行性，与'中国结'焊接施工单位CB01标沟通商讨，提出相应的解决方案……"（NB01，中铁山桥工程师A，2015.06）	不同标段间的协同合作	
全主体创新	"林鸣带领建团队直面深海难题，联合国家海洋预报中心及中航304所，集成国家海洋及航天专业技术，经过4个月的攻关，成功研发'沉管对接窗口预报保障系统'和'运动姿态实时监测系统'，确保了深槽内沉管的顺利安装。"（NB01，中交工程师G，2015.06）	总承包商深度嵌入到工程项目中	核心主体间交互融合
	"[中铁山桥]集团公司在投标前就投入了大量的人力、物力，对钢箱梁制造机械自动化进行了研究，并结合山桥产业园的建设，设计了全新的板单元生产线，研制了处于世界领先水平的U形肋、板肋板单元自动组装、定位机床，……研制了反变形船位焊接机器人，大幅度提升了板单元制造设备的机械自动化水平。"（NB01，中铁山桥工程师B，2012.12）	钢结构制造商等针对港珠澳大桥需求研发新的生产线	
	"新材料、新技术的应用几乎贯穿了标段内工程的每一道工序。诸如钢管复合桩结构、环氧钢筋、硅烷防腐涂层、外海高精度打桩技术、超大体积墩台安装、分节式墩身干接缝匹配对接、大节段钢箱梁的吊装与精细调位等新技术等，均为国内筑桥人首次遇到。"（NB01，中交工程师E，2015.12）	供应链前端组织通过工程机械和建筑材料创新等提供支持	
	"在建设过程中，业主、设计、施工、监理之间是平等、和谐的伙伴关系，各司其职，力求使各方不会因不同的利益冲突而短视，也不会受合同的限制当面临共同的攻关难题时而相互推诿、消极懈怠。"（NB01，管理局工程师E，2017.02）	确定"伙伴式"管理文化，鼓励创新降低风险	业主嵌入式融合
	"早在2010年起，管理局就委托华南理工大学牵头，开展了港珠澳大桥主体桥梁工程钢桥面铺装方案的预研究。……2012年末，管理局高层敏锐地意识到这一动向……向设计单位提出了应以深港西部通道工程为基础，开展研究移植英国MA技术的可行性。"（NB01，管理局工程师F，2014.04）	业主总体负责，委托科研单位与设计单位协同攻关	
	"我们与中国科学院水生生物研究所、中山大学、交通运输部规划研究院合作，组建团队，300多次出海跟踪，拍摄30多万张照片，对海域内1000多头白海豚进行了标识，并摸清白海豚生活习性，在施工时采取针对性保护措施。"（NP01，人民日报，管理局工程师G，2018.01）	业主通过机制设定，积极参与到各个工程项目的技术方案中	
	"[管理局某副总工程师]致力于参与国家科技支撑计划'港珠澳大桥跨海集群工程建设关键技术研究与示范'的研究工作，取得的科技创新成果'港珠澳大桥装配化桥梁建设成套技术'达国际领先水平，入选交通运输部重大科技创新成果库。"（NP01，广东省交通运输厅，2020.04）	港珠澳大桥管理局的中高层积极参与各项科研项目攻关	全员创新
	"在桥梁工程CB03标墩台预制施工中，东莞预制场充分发挥职工群众的聪明智慧和创造力，开展以'小发明、小革新、小改造、小设计、小建议'为主要内容的经济技术创新活动，取得了扎实的效果，有力地促进了工程建设和产品质量的提升。"（NB01，中交工程师F，2014.04）	重大工程承包商基层员工在施工场景中的全员创新	

续表

全景式创新	典型证据示例	一级概念	二级编码
竞争与合作的动态平衡	"港珠澳大桥采用桥岛隧的组合方案，从当时的国内市场情况来看，能做这个项目的并不多，如果不做专门研究和专门设备的研发，可能他没法承担项目建设任务，所以对项目进行推介，与潜在承包人进行交流，让他们有所准备，也是通过市场培育和推介找到最好的队伍。"（DM01，管理局工程师B，2019.12）	通过市场培育保障有足够的参与者来参加到市场化竞争中	增强主体之间的竞争关系
	"港珠澳大桥桥梁工程钢结构制造、监理工作，共分为三个监理合同段，四个施工合同段（其中CB05-G1/G2为专业分包合同）。"（NB01，管理局工程师A等，2013.10）	通过标段设计来提升同类型标段的竞争性	
	"管理局牵头成立了由40多家参建单位组成的港珠澳大桥建设工程工会联合会，为在大桥各个标段、各个工区开展劳动竞赛搭建平台、提供组织保障……为各参建单位在工艺、工法优化提升方面提供了相互合作，相互切磋，相互竞赛的平台。"（NB01，管理局综合事务部，2017.12）	通过竞标赛管理方式来提升竞争程度	
	"伙伴关系理念是构建港珠澳大桥管理制度体系的基石……业主做好综合协调工作；承包人做好施工组织和技术攻关的工作……大家既要各司其职，又要分工协作……因此我们必须相信承包人、尊重承包人，在多种方案均可行的情况下，尽量照顾承包人的风险偏好，尊重承包人的方案选择。"（NB01，管理局工程师B，2018.04）	推行伙伴关系来保障合作之间的连续性	促进主体之间合作强度
	"为进一步提升管理局各项工作的管理水平，建立高标准、严要求的管理队伍，多次组织专业交流学习……一个'大桥讲堂'，汇聚了大桥工程建设相关的工程、管理、文化等多方知名学者与行业精英，共同探讨大桥建设中的问题与对策，开阔视野，启发思路。"（NB01，港珠澳大桥工程建设工会联合会，2013.03）	通过知识分享和信息沟通加强各自合作	
	"鼓励创新，优化设计，带案投标。每一家承包人的风险偏好、技术装备和管理水平都有差异，我们在确定功能需求和技术标准以后，具体的工法、工艺和实施方式由承包人自己确定。我们桥标要求必须把承台放置在海平面以下，一共三个承包人采取了三个不同的方案。"（DM01，管理局工程师B，2019.12）	通过推介会提前引入潜在投标者来提前参与到工程技术研发中	深化主体在工程的嵌入性
	"2012年初，港珠澳大桥设计单位DB01标委托华南理工大学，并联合香港安达臣公司、广东长大公司、同济大学等单位，共同开展研究工作……通过招标，广东省长大公路工程有限公司（CB07标）和重庆市智翔铺道技术有限公司（CB06标）为桥面铺装工程施工单位。"（NB01，管理局桥面铺装工程管理办公室，2014.08）	将部分工程研发任务指派给有承担合同的潜在中标单位	

4.4 结论与讨论

首先，构建了重大工程全景式创新的概念模型。现有研究对重大工程创新管理主要集中于如何在重大工程集成新技术（Davies et al.，2009），如何通过协调各个创新主体来实现工程目标（Lehtinen et al.，2019；Worsnop et al.，2016）等，缺乏系统地分析适用于重大工程创新范式。本章运用质性分析方法对港珠澳大桥工程的创新活动的内在逻辑展开分析，提出从全方位创新、全过程创新和全主体创新三个维度构建重大工程全景式创新范式模型：即重大工程创新资源需要全方位获取，重大工程创新活动需要全过程的协同合作与集成融合，以及重大工程创新全主体深入嵌入和全员参与。在重大工程创新过程中，需要通过全方位创新实现全方位地吸收引入重大工程技术知识等创新资源，达到聚四海之气与借八方之力，通过海内外优质资源来突破技术瓶颈；通过全过程创新，实现重大工程不同阶段与不同系统、不同专业之间的协同融合，打破传统重大工程中所形成的创新孤岛现象难题；通过全主体创新，发挥工程所有主体的创新动能，实现从高管到基层在创新活动的并行交互的创新足迹；这三类是构成全景式创新的基本要素模型。

其次，提出了重大工程全景式创新的治理逻辑。重大工程创新管理文献集中于探究工程项目内部之间的协同以及新技术应用集成等（Davies et al.，2009；Gil et al.，2012），重大工程治理文献则聚焦于通过何种治理机制以实现工程既定目标（Ahola et al.，2014；Qiu et al.，2019），对重大工程创新活动的治理逻辑研究仍存在不足。本章对港珠澳大桥案例进行深入分析，从业主视角剖析其治理重大工程创新过程关键策略，包括合理的制度设计、有效的市场培育、锦标赛管理、标段设计、创新文化培育等，提出重大工程创新治理逻辑是通过动态平衡"竞争与合作"的状态而实现工程既定目标。其中，业主在不同阶段的角色和作用对重大工程创新活动的效率提升具有显著作用，在工程初期，合理的制度设计和市场培育有效地平衡了竞争和合作之间的关系，避免过度创新和无效创新对工程目标的损害。在施工过程中，业主通过有效的治理策略，如推行伙伴关系模式、构建创新文化、推行锦标赛管理模式等，合理规避承包商因重大风险而产生的组织惰性。

最后，对我国重大工程管理理论体系的原创性思考的进一步探索。盛昭瀚等（2019）提出构建中国特色重大工程管理理论体系与话语体系，本章扎根于我国重大工程管理实践，通过对港珠澳大桥案例的回溯性分析，有效地展现了我国重大工程创新管理实践的理论表现。基于诠释主义的质性研究方法，本章提炼出适合我国重大工程创新的新范式，对突破重大工程技术创新瓶颈和提升创新主体可持续竞争力具有重要意义。基于重大工程全景式创新范式，匹配均衡的创新治理逻辑，能实现重大工程从工程材料、工程装备、生产方式、工艺工法、建造标准等全方位突破。

本章对于治理重大工程创新活动具有重要的实践意义。一方面，重大工程的技术复杂性导致采取设计施工总承包能更好地削弱因阶段割裂导致的创新孤岛问题，但同时也容易出现过度创新问题。小标段划分容易导致设计方和承包商之间存在信息知识沟通不畅，出现了工程创新惰性等问题。因此，合理地平衡竞争和合作之间的组织状态是业主需要构建的重点，通过锦标赛管理或市场培育来提高竞争强度，通过伙伴关系或第三方咨询来增强合作和加强监督等，通过伙伴关系能够有效地提高组织内部的协同合作，这些策略都能够很好地解决创新此类创新困境。

同时，随着社会经济发展水平的不断提升，重大工程目标和标准的不断提升也能够有效地促进和带动工程技术发展进步。通过重大工程全景式创新，不仅能够满足实现工程目标，还能够促进创新主体创新能力提升，从而带动产业链的转型和升级，对相关行业的政策制定者也具有一定启示。

4.5 本章小结

基于港珠澳大桥工程，探寻重大工程全景式创新范式的核心要素对促进重大工程创新，推动工程目标的顺利实现和提升工程创新效率具有重要意义。本章通过聚焦港珠澳大桥的创新活动，从重大工程创新资源、创新过程和创新主体三个维度，提出了重大工程全景式创新的核心要素——全方位创新、全过程创新和全主体创新。研究结果填补了现有文献中对重大工程创新范式等研究问题的空白，明晰了重大工程创新范式与企业创新范式的典型差异，不仅深化和弥补了创新管理领域内关于重大工程创新管理的不足，而且推动了重大工程创新管理本土化理论的构建，对未来进一步系统提出重大工程的创新管理框架具有切实的指导意义。

本章通过对港珠澳大桥工程案例的分析提出重大工程全景式创新的理论模型，并基于此提出了相关创新活动的治理逻辑。但是，单案例研究难以厘清创新范式的环境适应性，较难寻找适合全方位创新、全过程创新和全主体创新的权变条件。因此，未来研究可以通过多案例比较分析，提出适应于不同维度的创新环境。本章聚焦于厘清重大工程创新范式的要素与治理逻辑问题，未来可以聚焦于分析重大工程对全产业链的推动作用，凝练重大工程创新平台效应的典型特征，未来研究可基于二手数据，探究企业在参与重大工程前后的创新能力差异来识别重大工程创新平台效应。

下篇 重大工程创新生态系统协同体系

尽管近年来更多的学者认识到重大工程创新管理研究的重要性和紧迫性，但相关研究尚处于起步阶段，研究内容仍然较为分散、零碎，尚未形成统一整体的理论体系或研究框架。统一体系或框架的缺失使得相关研究的设计很难从整体视角出发，而是主要基于还原论思想展开，因此无法触及重大工程创新活动中涌现出来的一些新问题。这类问题本质上属于复杂性问题，超出了简单可加逻辑的适用范畴，不宜也不能用还原论方法处理（盛昭瀚，2019a）。但这类问题恰恰是实践中最难以应对的，也是最可能贡献理论价值之处，若置之不理无疑将使该领域发展陷入停滞不前的境地，无法为相关实践提供真正的有力支撑和有效指导。

在此背景下，创新生态系统的视角被引入该研究领域。其较之一般的创新体系或创新系统，更加强调系统的多样性、适应性和交互性，且体现动态演化性与自主生长性，特别是将创新的过程视为组织或主体对环境变迁、扰动的应答与适应过程，这与重大工程创新活动的诸多本质特性颇为契合。重大工程创新生态系统的提出是将创新起因与活动过程、参与主体与生境要素、资源集聚与力场涌现纳入一个统一系统框架的尝试，为刻画解析重大工程创新情境提供了一个有益的崭新视角。但该系统的协同机理及效应仍未得到深入研究与论证。这恰恰是一个不能通过还原论方法充分认识的问题。借助创新生态系统框架将这个复杂性问题与系统的整体性问题统一起来，使得研究能够利用系统的结构和功能等作为抓手展开探析从而提升可行性；通过剖析这个问题也能使得系统形成与运作的内在机理更为明晰，有望提炼一条贯穿系统各阶段、各层次的逻辑主线。对其开展深入研究有助于深化对重大工程创新实践活动的科学认识，完善重大工程创新生态系统理论体系，为相关管理实践提供针对化与时代化的理论支撑，也有助于从新的视角讲好重大工程管理学术创新的"中国话"，对构建体现中国特色、中国风格、中国气派的重大工程管理理论话语体系具有积极意义。

重大工程创新生态系统内的各主体及组分相互作用、协作配合，使得系统呈现出个体层次所不具有的结构和功能。重大工程创新生态系统通过内部的协同来适应复杂的工程环境与技术需求，从而促成多重约束限制下的有效创新，推动重大工程建设的顺利进行。作为该系统结构和功能的统一内在逻辑，协同不仅仅是其系统性的集中体现，更是理解其复杂整体性的关键所在。那么，重大工程创新生态系统的协同建立在什么基础之上，是如何发挥作用的，又将衍生出哪些效应？对这一系列问题的解答将极大地丰富完善重大工程创新生态系统理论体系，为重大工程创新管理实践提供有效的理论支撑，亦对重大工程的可持续与高质量发展具有重要意义。

对于重大工程创新生态系统这样一种复杂系统，研究时无疑要秉持一种将还原论与整体论结合起来的科学态度，即既要还原到具体元素、认识低层次的精细结构，又要上升到系统整体、把握高层次的复杂特性。这种结合在本质上与系统层面同个体层面的映射关系具有一定的相似性，为下篇研究探寻具体切入点提供了启发。以此为基础，通过遵循原创性、完整性、系统性的原则，坚持理论前沿与实践需求相结合的思路，聚焦重大工程创新生态系统协同机理与效应方面的重要科学问题，下篇研究的主要内容设计如下。

1. 以主体关系逻辑为重点探究重大工程创新生态系统的协同基础

协同源自系统元素间的相互行为，理解协同首先要认识元素间的基本关系逻辑。生态系统之所以能够形成，很重要的一点在于系统中的各类主要元素彼此发生关系，进而形成一个联系紧密、交互演化的整体。在自然生态系统中，以食物链/食物网为表现形式的捕食关系在很大程度上促成了这种紧密联系，其承载了系统内主要的能量流动、物质循环和信息传递。那么在重大工程创新生态系统中，是一种怎样的种间关系发挥这类作用呢？对该问题的探索将有助揭示这一系统的微观基础和整体性根源，增进对其协同机理与运转规律的认识，为提升系统能效、开展科学治理进而保障重大工程顺利实施提供更多理论依据。

针对重大工程创新生态系统中各类创新主体紧密联结形成的主要关系，该部分研究将从这一关系的应有内涵与现实表征出发，在同"合作"等常见关系的对比中识别这一关系并给出基本定位；进而在自然生态规律的启发与社会实践活动的属性相结合的基础上，多角度发掘这一关系在重大工程创新生态系统参与主体交互过程中呈现出的深层次特征，揭示重大工程创新活动过程黑箱中交互关系方面的关键逻辑细节；最后参鉴项目治理理论和工程实践经验，提出与这一关系及其特征相对应的创新生态系统治理策略，为重大工程创新生态系统治理的系统化研究提供借鉴。

2. 以价值创造机理为核心探究重大工程创新生态系统的协同过程

价值创造是重大工程创新生态系统的核心功能，协同的效果或贡献自然应体现在重大工程创新生态系统最终创造的价值上。考虑到重大工程创新生态系统中多主体关联紧密、交互复杂，该情境下创新主体价值创造的过程机理很可能有别于一般的创新情境。特别地，创新主体在创新生态系统内开展各类活动时始终同生态系统伙伴（指承担相似任务、面临相近挑战的其他主体）维持着某些特定关系，其价值创造也势必受到生态系统伙伴及相互关系的影响。探析生态系统伙伴在焦点主体的价值创造中发挥的作用，发掘重大工程创新生态系统所创造价值的来源，不仅有助于揭示重大工程创新生态系统协同过程及机理，也能为如何更好地促进价值共创提供理论参考和实践启示。

鉴于创新导向型的价值创造活动有赖于知识，而其知识投入与产出质量间的关系并不明朗，该部分研究首先尝试明晰这对核心的投入产出关系，并厘清关系背后的潜在机理，以便理解重大工程创新活动中价值创造的产出差异。进而以此为抓手，考察生态系统伙伴的各类属性特征如何调节焦点主体价值创造活动中的投入产出关系，从而明确生态系统伙伴在焦点主体价值创造中所发挥的作用，分析重大工程创新生态系统中价值流动的方向和形式，由此也可增进对重大工程创新生态系统内部交互机理和价值创造过程的认识。

3. 以技术能力演进为典型探究重大工程创新生态系统的协同效应

协同带来的增益不仅体现在应对技术挑战的系统有效解决方案上，还可能使系统衍生出作用于其他方面的多种效应，其应该被重视并加以利用。特别地，重大工程创新生态系统被认为是能给参与主体带来技术创新与能力发展的潜在机会的平台，但少有研究细致地分析哪些主体更有可能利用这种机会获益，或者如何能够更好地获益。从过程视角来看，每个参与主体在进入重大工程创新生态系统时具有不同的基础水平或条件，在其中又可能采取不同的行为策略，因而可能实现不同程度的技术能力发展或演进。开展研究分析这种差异并解析其背后的逻辑，不仅有助于揭示参与主体为系统创造价值的同时实现自身成长的有效路径，也能促进对重大工程创新生态系统协同效应多角度、多层次的认识。

技术能力反映了一个组织应用不同技术的能力，技术能力的拓展则可理解为组织涉足新的技术门类开展生产经营等相关活动。技术能力拓展不仅有利于组织扩展运作范围、发掘新的利益增长点，还有可能促进不同知识间的融合创新，催生出 1+1＞2 的效果。该部分研究将以技术能力拓展绩效为具体结果对象，尝试厘清重大工程创新生态系统促进参与主体能力演进的基本过程逻辑，考察参与主体不同行为策略与其基础条件结合的适配效果，发掘参与主体实现技术能力显著拓展的前因组态，从而实现对重大工程创新生态系统技术平台效应差异化表达的溯因解释。

4. 以生态系统领导者为对象探究重大工程创新生态系统的协同推手

重大工程创新生态系统植根于工程实体系统，经由管理主体的顶层设计和参与主体的自组织、自适应而来。特别地，参与主体的自组织更多集中于系统的发展期与成熟期，有赖于管理主体在系统萌芽初期为其准备条件。从这个角度而言，管理主体所扮演的角色不容忽视。在创新生态系统相关文献中，这类管理主体也称为生态系统领导者（ecosystem captain），其被认为在塑造和管理生态系统的形成和发展中发挥着重要作用。那么对于重大工程创新生态系统的协同，生态系统领导者意味着什么、可能发挥哪些方面的作用？通过深入研究探寻这一问题的答案不仅能够增进对重大工程创新生态系统协同机理的全方位认识，也有助于加深对重大工程创新生态系统形成与演进过程的理解，为更好地促进系统协同、推进良性运转提供更加全面而细致的理论依据。

简言之，下篇研究将从典型案例和经典理论出发，尝试识别重大工程创新生态系统中各类主体紧密联结形成的主要关系、探析生态系统伙伴在焦点主体价值创造过程中发挥的作用机理、发掘重大工程创新生态系统参与主体技术能力显著拓展的前因条件、厘清生态系统领导者在重大工程创新生态系统生命周期的多重作用，从而基本揭示这一系统协同的内在机理与潜在影响。

这样一种总体设计（通过元素考察系统、透过行为洞悉机理、穿过结果探析过程）使得内容具体而非模糊笼统、实操可行而非无从下手、认识整体而非零碎分散，从而实现了理论研究复杂性的降解，为针对复杂系统管理的研究发展提供了新的思路。协同是重大工程创新生态系统整体性与系统性的体现，但直接从整体观视角对之开展研究很容易陷入无从下手或笼统推理的困境，也就无法建构深入翔实、科学有据的理论。对此，将还原论与整体论有机结合起来被证明是一种有效方案。这种结合并不是一般意义上的分解与总和相结合，而是充分利用系统属性特征往往映射于个体活动实例这一特点，一方面归纳研判个体活动所呈现的共性规律，另一方面逆向推演系统所涌现特征的底层逻辑，将"由下而上"和"由上而下"的分析结合起来用于剖析发掘协同机理。

第 5 章 重大工程创新生态系统的演化特征

不同于一般工程创新和企业创新，重大工程技术创新以需求为导向，是基于"目标锁定"的技术创新活动。重大工程创新生态系统的完备构建与有效运转对于重大工程的顺利实施和创新主体的价值共创具有重要意义。本章解构重大工程创新生态系统的创新主体构成，揭示重大工程创新生态系统的动态演化规律（主要表现为多主体共生竞合、多阶段交互演化、跨项目动态迁移），探讨创新场对于创新力提升的影响机理。基于港珠澳大桥工程的典型专利数据，分析其创新生态系统的要素构成和动态演化，发现对于创新生态位专一和创新生态势较低的创新主体，创新生态网络对于其竞争力提升的效应更加明显。

5.1 概 述

重大工程是投资规模巨大、实施周期长、不确定因素复杂、内外部利益相关者众多、对外部自然环境和社会环境的潜在影响深远的基础设施工程，具有项目一次性和独特性、参与主体多样性和生命周期动态性的特征（Lin et al., 2016; O'Connor et al., 2015; Ozorhon et al., 2016; Qiu, 2007; Zeng et al., 2015）。随着社会经济发展水平的不断提升，对重大基础设施工程建造标准越来越高，涉及越来越多的技术难题和建造困境，需要重大工程参与方积极参与到创新活动中。

重大工程创新生态系统是指在重大工程创新活动过程中，与工程技术紧密关联的多创新主体（如业主、设计方、施工方、咨询机构、科研机构和政府等）在外部创新环境下（如科技环境和制度文化环境），为重大工程提供整体创新性的解决方案的多主体共生竞合和联合演进的生态系统。重大工程创新生态系统往往由多层次、多功能、多结构的不同创新要素组成，需要有不同的创新种群和群落，通过生态链联系在一起，在重大工程全生命周期不同阶段耦合成不同的动态结构，完成重大工程创新实践。

不同于一般工程，由于重大工程面临更为复杂技术难题，不仅具有工期、质量、成本、环境等多维度刚性约束（Priemus et al., 2008），建设方式也突破了传统的现场施工而融入预制化或工业化生产方式（Buswell et al., 2007; Larsson et al., 2014），相关产业从建筑扩展到建材、装备制造、节能环保及金融业等；对原有技术的改良或整合难以满足需求，往往需要跨组织、跨部门、跨行业协同创新（Kale and Arditi，2010；Keast and Hampson，2007）。因此，重大工程往往面临更高维度的技术复杂性、创新主体多样性更显著和全生命周期动态性增强，容易导致重大工程创新生态系统要素的生态位缺失、位移和耦合脱节，重大工程创新群落更易形成重大工程创新孤岛，割裂重大工程创新生态系统的演化，阻滞重大工程创新实践。

现有研究鲜有从重大工程创新生态系统视角出发，分析重大工程创新孤岛形成机理，目前重大工程学术界和产业界亟须解决重大工程创新孤岛消融问题。本章探究重大工程创新生态系统的结构和生态要素分析，探究重大工程创新群落的创新孤岛的形成机理，实现重大工程竞争力和创新能力跃迁。

5.2 重大工程创新生态系统解构

重大工程创新生态系统的建立和成长往往受到组织冲突与资源约束的影响，但这些往往可以通过生态系统领导人通过有效的生态系统治理策略来解决。现有研究解决了项目治理问题，但并未从生态系统领导力的角度明确考虑这些问题。

5.2.1 重大工程创新生态系统的创新要素

根据重大工程创新生态系统创新组织参与创新活动的复杂性和重要性，可以将创新要素分为三类，即核心生态要素、扩展生态要素和完全生态要素。核心生态要素是指在重大工程创新生态系统中参与创新活动中的主要创新实体，包括政府、设计方、承包方、监理方、科研机构、大学等，他们是密切地参与到重大工程创新活动中的多组织集合；扩展生态要素是指核心生态要素和其他创新活动参与方构成的要素集合，包括咨询机构、金融机构、非政府组织、公众、其他组织等；完全生态要素是指核心生态要素和其他外部创新环境，包含人文环境要素、自然环境要素和政策环境要素等。

在重大工程不同阶段，重大工程创新要素之间呈现出不同的关系，主要表现为共生关系、竞争关系和合作关系三种模式。共生关系是指重大工程创新要素之间，主要表现为互相共同依存，共同依赖，为解决重大工程技术和管理难题共同努力，实现技术突破。竞争关系是指重大工程创新要素之间相互竞争，在竞争环境下，通过自身比较优势完成重大工程创新，实现重大工程创新实践和技术创新。合作关系是指重大工程创新要素之间合作联盟，实现创新要素之间的知识交换、知识转移和知识共享，通过不同知识流通方式完成重大工程技术创新，为重大工程提供整体解决方案。

以港珠澳大桥工程为例，在其深海人工岛的建造防护结构技术难题中，项目团队获得了来自日本企业和中方企业的联合技术方案（两者均是创新生态系统中的创新要素），前者提出了传统的钢板桩方案，后者提出了大规模钢圆筒施工技术，最终港珠澳大桥工程采用中国交建提出的钢圆筒方案建岛技术。两者（日本企业和中方企业）在港珠澳大桥的创新生态系统中则表现出竞争关系，即均为解决重大工程技术问题提供技术方案而努力，实现了重大工程的技术突破。在沉管隧道安装过程中，卫星通信行业企业和中国交建则是合作关系，通过知识贡献和交换，实现沉管隧道安装过程的技术创新，解决安装过程的流沙问题等。中铁山桥集团的技术创新则依赖于港珠澳大桥工程实践，港珠澳大桥的难题则依赖于中铁山桥集团在桥梁生产方面的技术创新，两者呈现共生关系。

5.2.2 重大工程创新生态系统的创新种群

重大工程创新生态系统中，不同类型的创新组织（创新要素）构成创新集合，形成创新种群，主要表现为同质性的创新活动或同质性创新特征。虽然同一个创新种群内部表现出较为一致的创新功能或创新活动，但是创新组织之间仍然存在差异，主要表现为创新能力差异、创新网络结构差异、创新生态系统中生态差异等。位于不同种群之间创新组织虽然同处于生态系统中，但由于彼此之间功能和能力差异，表现出较强的异质性。

在重大工程创新生态系统中，根据创新要素各自本身性质和特质，可以分为重大工程的监督管理种群、咨询指导种群、研究支持种群、技术研发种群、技术应用种群、社会生态种群等。监督管理种群主要由政府或相关行业或职能部门构成，协调和管理不同创新要素之间的创新活动；咨询指导种群主要由国内外高层次专家构成，为重大工程决策等提供建议和咨询；研究支持种群主要由国内外大学、科研院所、专业机构构成，为重大工程技术难题提供咨询或研发等中介服务；技术研发种群和技术应用种群主要由设计、施工单位构成，承担大部分的创新活动任务，包括开发不同的建造工法和建造技术等；社会生态种群主要由位于重大工程外部的利益相关者和自然环境构成，如公众、社区、自然环境。

由于重大工程创新生态系统是系统层面的生态结构，需要不同创新群落之间发挥其各自不同的技术职能，通过彼此构建紧密的关系网络，实现知识传递和资源共享，保证重大工程创新生态系统的正常运转。例如，在港珠澳大桥工程中，监督管理群落主要是指港珠澳大桥前期工作协调小组办公室、港珠澳大桥三地委员会、港珠澳大桥管理局等政府相关部门，他们在项目不同阶段承担不同的决策和监督管理职能，协调各个创新要素之间的创新活动；咨询指导种群主要是指专家指导小组，来自国内大学和科研机构，负责在港珠澳大桥前中后期的各项事务中参与决策行为。研究支持种群是指港珠澳大桥在设计建造阶段，遇到实际问题时，开展具体研究工作的大学、科研机构或专业研发团队等；技术研发应用团队主要包含北京中路安交通科技有限公司、中交公路规划设计院有限公司等设计单位和中国交建、振华重工等建造团队。

创新种群内部的创新要素之间的联系是如何构成的？创新种群之间的关系是如何构建的？不同创新种群之间存在何种关系？在整个港珠澳大桥的创新系统中，港珠澳大桥管理局在创新活动中往往扮演着管理和协调的任务，也适当参与到研发项目中。可以看出，重大工程创新主体虽然属于某一个创新种群，但其所承担任务或职责并非单一的，即表现出创新主体在创新生态系统中可以承担多样性创新职责，实现种群之间的联系。如何构建种群之间的联系？从港珠澳大桥的案例可以看出，重大工程创新种群之间的联系可以通过属于某一创新种群中的创新要素参与到多重创新任务中，建立与本种群之外的联系，形成生态链，这些创新活动可以是研发、管理、咨询等。类似于创新要素之间的关系，创新种群之间也存在共生、竞争和合作关系。

5.2.3　重大工程创新生态系统的创新群落

重大工程创新生态系统的创新群落是指在特定时空下，由来自不同创新种群的创新组织通过自组织的形式形成了创新活动集合体，他们彼此关系决定了创新群落的创新活动、创新组织形式和创新组织结构，创新群落的网络联系强度保证了彼此之间的信息传递的有效性，创新群落的多样性保证了创新活动的突破性，创新群落的生态位保证了其获取外部资源和吸引外来创新组织的力度。

通常来说，重大工程创新生态系统有大量的创新群落，他们依靠彼此的正式和非正式的网络构建彼此联系，自组织的形式保证了彼此联系的紧密度，不同创新群落有其各自的结构和功能。例如，以中交一航局为代表的承包商、以中交四航院为代表的设计方、以港珠澳大桥管理局为代表的政府部门、以中山大学为代表的大学科研组织等共同组成的创新群落，共同承担了"珠澳大桥沉管隧道基床回淤监测及预警预报系统研发与应用"项目，实现了技术创新突破。可以看出来自不同创新种群的创新组织通过自组织方式形成了创新群落，通过信息交流和知识传递，完成了创新活动。

创新群落形成，特别是创新群落之间互动的活跃度，能够保证知识之间流动，提高重大工程创新活动的突破性和可靠性，实现价值创造。同时由于重大工程的复杂性，单一组织知识很难满足创新活动需要，创新群落的形成能够保证知识互补，实现创新知识溢出。核心创新生态系统要素往往占据重要生态位，在创新活动中往往起主导作用，但是缺乏外部扩展生态要素也很难满足或实现重大工程创新任务。联通创新要素，形成活跃的创新群落，能提高重大工程创新绩效。

5.3 重大工程创新生态系统的复杂性分析

5.3.1 重大工程创新生态系统的复杂性特征

基于"目标锁定"的重大工程技术创新具有前所未有的挑战性（Brockmann et al.，2016；Chen et al.，2018），关注创新要素的静态组合与线性结构、适于一般工程项目的技术创新体系难以满足重大工程创新需求（Cooke et al.，1997；Nelson，1993）。因而，对于重大工程而言，需要从一般技术创新体系向创新生态系统演化。在重大工程创新生态系统中，创新主体不断涌现并在全生命周期不同阶段以自组织、自调节和自适应的方式，通过资源和要素的有机整合，形成不同创新群落并不断耦合、演化以提升创新能力（Adner and Kapoor，2010）。

1. 重大工程创新生态系统的生态势和生态位

现有组织生态学文献认为组织生态位是指组织在生态系统中通过自身资源及其生产能力所获得的在生态系统中的空间位置，用于表征其在生态系统中提供产品或市场的范围（Baum and Singh，1994；Hannan and Freeman，1977）。基于此，本章认为在重大工程创新生态系统中，创新生态位是指创新主体通过自身努力所获得与其他创新主体之间在创新生态系统的位置关系，用于表征其技术创新领域跨度和范围（Podolny et al.，1996；Stuart and Podolny，1996）。创新生态势是指创新主体在创新生态系统中的创新势能，强调其创新力。重大工程创新主体的生态势越高，其创新能力越强，其在创新生态系统中的重要性越突出。

2. 重大工程创新生态系统的社会经济属性

在重大工程创新生态系统中，除了重大工程创新种群（Hannan and Freeman，1977）、创新群落（Moore，1993）和创新生态网络（Carayannis et al.，2018）等基本构成要素，环境要素的正常运行也是至关重要的保障，包括合理的创新制度、创新文化和创新政策等。创新主体的多样性是保障创新生态系统基本功能的必要条件，此外，任何创新要素的缺失都会导致生态位空置，容易形成创新孤岛（Chen et al.，2018；Iansiti and Levien，2004）。

创新生态系统中的生态网络是知识交换和信息传递的基本通道，是技术创新能力提升的基本路径，也是创新资源有效配置的通路（Carayannis et al.，2018）。同时，创新主体的涌现性及协同性是重大工程创新生态系统的重要特征（Iansiti and Levien，2004）。因此，重大工程创新生态系统需要创新主体多样、创新网络健全、创新要素完备。

5.3.2 重大工程创新生态系统的动态性

重大工程创新生态系统具有多主体共生竞合、多阶段交互演化和跨项目动态迁移的特征。

1. 多主体共生竞合

在重大工程创新生态系统中，单一创新主体难以完成重大工程创新活动，需要与其他创新主体合作，并相互依赖，强调创新过程的系统性，从单一的合作关系转变为系统协作和开放集成的创新范式，完成重大工程的创新过程从"线性范式"向"系统范式"转变。在健康的创新生态系统中，创新主体间联系更加紧密，生态系统内部结构更加完整，能够完成信息的完全交流与创新资源的高效互通，技术创新的整体性和可靠性更强。

在重大工程创新生态系统中，创新群落之间表现为共生关系、竞争关系和合作关系三种模式（Baum and Singh，1994；Hannan and Freeman，1977；Sergeeva and Zanello，2018）。共生关系是指重大工程创新主体之间互相依赖，为解决重大工程技术难题或瓶颈共同努力，实现技术突破。竞争关系是指不同创新主体之间相互竞争，通过自身比较优势完成重大工程技术创新。合作关系是指不同创新主体之间通过合作联盟或项目合作等方式，实现技术交换、知识转移和信息共享，完成重大工程技术创新。

随着技术挑战日益显著和新兴技术不断涌现，重大工程对于不同新技术融合的需要大大增加（Rose and Manley，2012；盛昭瀚等，2009），如ICT（information communications technology，信息通信技术）促进工程智能化建造和运营维护，建筑新材料引领工程设计创新，机器人技术推动重大工程构建工厂化、智能化建造，跨行业跨群落的新技术涌现与融合也是重大工程创新生态系统的特点（Gann and Salter，2000；Rose and Manley，2012）。

以港珠澳大桥工程为例，在其人工岛工程的建造防护结构技术难题中，项目团队获得了来自日方企业和中方企业的技术方案（两者均可被认为是创新生态系统中的核心创新主体），前者提出了传统的钢板桩方案，后者提出大规模钢圆筒施工方案，最终港珠澳大桥采用了钢圆筒方案。两者在港珠澳大桥的创新生态系统中表现出竞争关系；在沉管隧道安装过程中，卫星通信行业企业和中国交建则是合作共生关系，通过彼此间的知识交换和共享，实现沉管隧道安装过程的技术创新，解决安装过程的流沙问题等；中铁山桥集团的技术创新则依赖于港珠澳大桥项目供给，港珠澳大桥的高标准则依赖于中铁山桥集团在钢箱梁生产方面的技术创新，两者呈现共生关系，如图5-1所示。

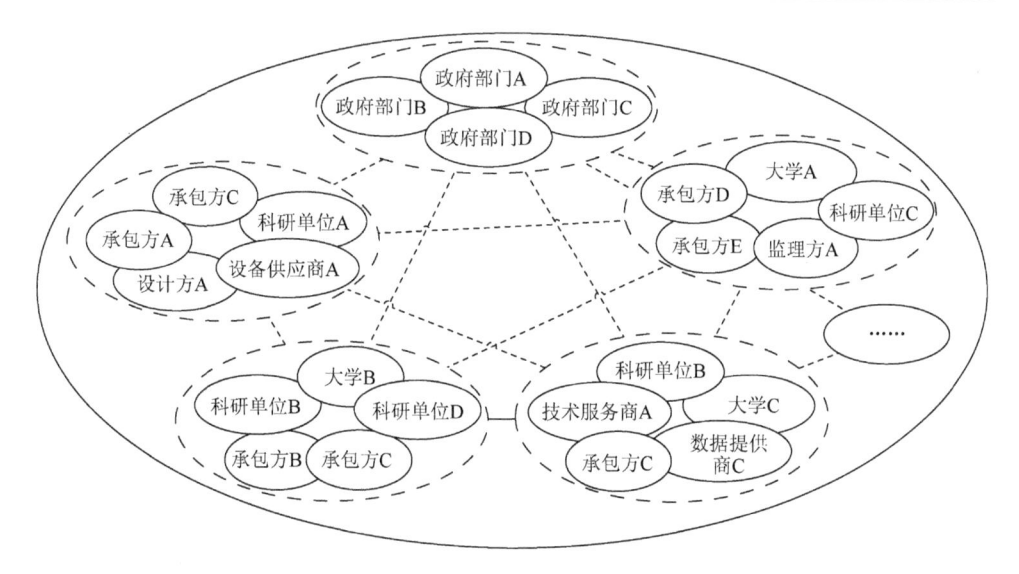

图 5-1　重大工程多阶段生态系统跨群落共生竞合关系

2. 多阶段交互演化

在健康的创新生态系统中，不同创新主体之间通过某种关系形成群落，创新群落之间的紧密联系保证了创新生态系统的交互演化，让原本简单线性系统向系统协同和共生演化转变。在创新生态系统中，强调各创新主体之间通过自身资源和初始生态位，与其他创新主体关联互动，通过创新网络和联系节点，实现与内部创新主体的互动联系，同时吸引外部创新主体，保证创新生态系统的健康发展，实现创新主体共同进化。

重大工程具有工程特有的属性，即相较于其他行业而言，工程师在设计建造过程中更加强调工程精确、技术可靠和有效性，新技术往往存在不确定性，工程可靠性文化会阻碍重大工程创新知识流动（Barlow and Köberle-Gaiser，2009；Keegan and Turner，2002）。现有重大工程项目管理的知识体系导致工期、质量和安全等约束的制度化，使重大工程行业呈现出创新惰性（Keegan and Turner，2002）。工程知识的黏滞性，导致建立和维持此类工程创新网络会耗费成本，降低创新知识在重大工程创新主体间流动与吸收（Dodgson et al.，2007；von Hippel，1994）。

重大工程涵盖庞大创新主体，需要构建良好创新网络促进多元创新主体间的知识流动和信息转移，克服工程知识黏滞性的抑制作用，促进创新主体在生态系统中的自由流动，保证创新主体在多阶段交互演化，促进生态系统正常运转。不同于一般企业，重大工程往往存在多阶段生命周期，在不同阶段，创新主体在生态系统中呈现自由流动的状态，急需重大工程突破现有创新主体，吸收融入更多外部创新资源，形成开放的创新生态系统。多元创新主体在自组织的形式下通过多重创新范式以满足重大工程创新需求（Davies et al.，2009；Dodgson et al.，2007），与其他创新主体保持共生合作关系，实现创新生态系统的共生演化。

创新生态系统的交互演化的主要特点是重大工程创新主体在不同阶段的生态势的动态演化。在重大工程不同阶段，创新主体在重大工程创新生态系统中的重要性和所提供的创新动力不断变化，表现出创新主体生态势的动态演化。同时，由于生态势的动态变化，创新主体之间的逻辑关系也不断演化，创新主体可以从基础技术知识提供者演变为技术集成的新技术倡导者，由此形成了创新生态系统动态演化过程。例如，在重大工程创新生态系统中，在决策阶段，政府部门和科研机构扮演最重要的创新管理作用；在设计阶段，设计方和科研机构扮演更为重要的创新主体，而政府的创新生态势趋于下降，创新主体的生态势交互演化示意图如图 5-2 所示。

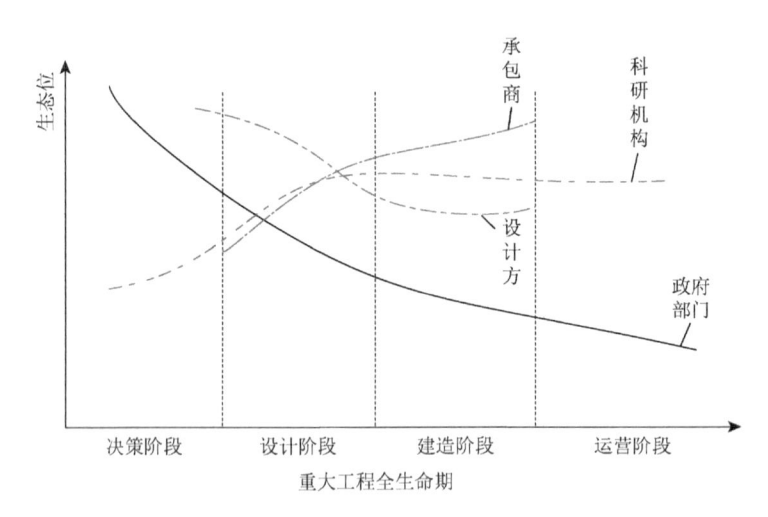

图 5-2　重大工程创新生态系统创新主体多阶段交互演化

3. 跨项目动态迁移

在不同的重大工程项目中，由于项目特性和技术难度的差异，创新主体构成明显不同（Chen et al.，2018；Engwall，2003）。即使同一创新主体在不同的创新生态系统中，其创新活动和创新职能存在差异，其生态位和生态势亦表现出异质性，如图 5-3 所示。

不同于一般企业创新生态系统，重大工程创新生态系统强调不同创新主体在不同工程项目中的创新势能，因此，重大工程创新生态系统还存在创新势能的溢出效应，即表现为某一技术创新成果可以通过创新生态系统转移到另一重大工程系统中，通过扩散、转化促进该创新生态系统的发育和进化。

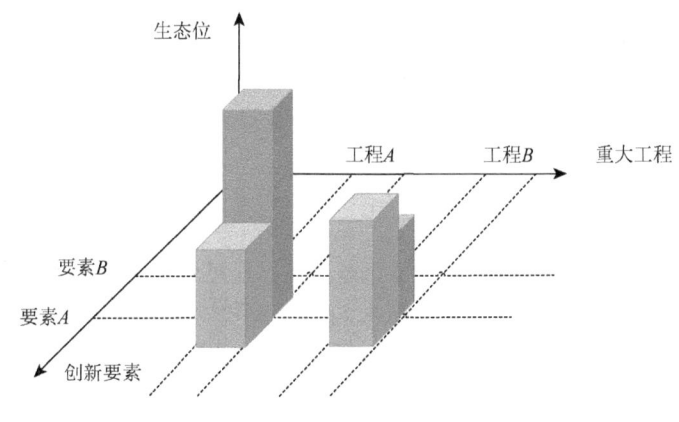

图 5-3 重大工程跨项目动态位移

5.3.3 重大工程创新生态系统与创新力提升

具有不同生态位和生态势的创新主体通过自组织与自适应过程完成创新生态系统构建，形成有机、有序、动态平衡的创新场，创新场是从创新要素集聚到创新力聚变的基本涌现（丁荣余，2018），也是重大工程创新力跃迁的重要保障。

在重大工程创新生态系统中，具有不同生态位和生态势的创新主体通过资源互补与交叉互动的方式连接成不同结构的创新生态网络（de Vasconcelos Gomes et al., 2018；Iansiti and Levien，2004）。不同创新主体根据其创新生态势和生态位形成具有场吸附能力和场扩散能力的创新场，从而在创新场域内实现创新资源的叠加共振，并在知识融合和功能协同的作用下，实现创新主体的创新力提升。

重大工程创新场是基于创新主体生态位和生态势的场域映射，重大工程创新场的创新推动力来自创新主体的有机融合、动态协同和互动演化。具有不同生态位和生态势的创新主体通过开发、共生、演化等自组织行为形成创新场，对外形成创新资源吸附能力，对内形成创新要素整合能力。创新场的吸附能力促进创新主体的有机融合，保证其创新主体的自我更替和不断涌现的有序调控；创新场的扩散能力促进创新主体动态协同，实现创新主体在创新功能和组织学习方面的协同；同时，创新场的吸附和扩散能力的交互作用，促进创新主体的自我进化以实现创新能力的跃迁。

因此，具有宽生态位和高生态势的创新主体融入重大工程创新生态系统中，形成高能的创新场，产生创新场域内叠加共振，引发创新生态系统重构，实现创新资源从线性积累到曲线跃升，提升整体创新生态系统的创新力。

5.4 实 证 分 析

5.4.1 数据来源

港珠澳大桥是我国目前建成长度最长、技术难度最大的跨海大桥，横跨香港、珠海和澳门三地，表现出高度复杂技术创新要求和安全质量标准。港珠澳大桥从设计阶段到建造完成，产出了一系列创新成果，包括创新工法、创新软件、创新装备、创新产品、申请专利等。创新专利可以刻画创新生态系统中创新主体的技术创新绩效，专利申请单位的网络关系图可以刻画在重大工程技术创新主体之间网络关系的逻辑演化。

本章采用港珠澳大桥从设计到建造阶段的全部专利授予或申请数据，通过构建专利申请的逻辑关系网络图，分析港珠澳大桥重大工程创新生态系统的演化逻辑，探究不同创新主体的耦合关系及其演化路径。本章数据来自 Incopat 专利数据库和 SIPO（State Intellectual Property Office，中国国家知识产权局）专利数据库，剔除不相关的技术创新，最终一共获得 390 项专利数据。为了保证数据可靠性，本章同时检索 SIPO 专利数据库，专利数据与 Incopat 的检索结果一致。

5.4.2 创新生态系统的主体构成分析

基于专利申请人类别数据，港珠澳大桥的创新生态系统包含了核心创新主体，如政府部门、设计方、承包方、监理方、科研机构、大学，还涵盖了航空航天行业企业、装备制造企业、新材料研发企业等创新主体，具体如图 5-4 所示。

从技术演化趋势来看，在工程项目初期，创新主体主要围绕施工技术创新展开，如水利基础、道路桥梁等，这些活动在项目中期阶段达到高峰。除了围绕施工技术开展创新活动，创新主体还开展其他方面的创新活动，包括新材料研发和建造设备研发等。具体演化趋势如图 5-5 所示，表示可视化创新技术类型的演化趋势，选取前 8 类 IPC（international patent classification，国际专利分类）大类。E02（水利工程；基础；疏浚）；E01（道路、铁路或桥梁的建筑）；G01（测量；测试）；G06（计算；推算；计数）；E21（土层或岩石的钻进；采矿）；B28（加工水泥、黏土或石料）；C08（有机高分子化合物；其制备或化学加工；以其为基料的组合物）；E04（建筑物）。

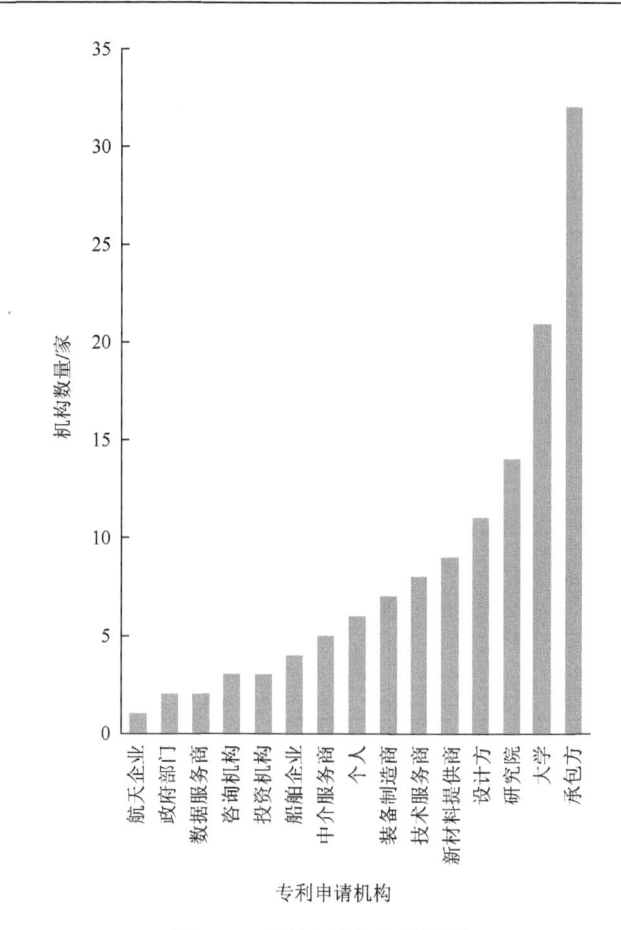

图 5-4 专利申请机构类别图

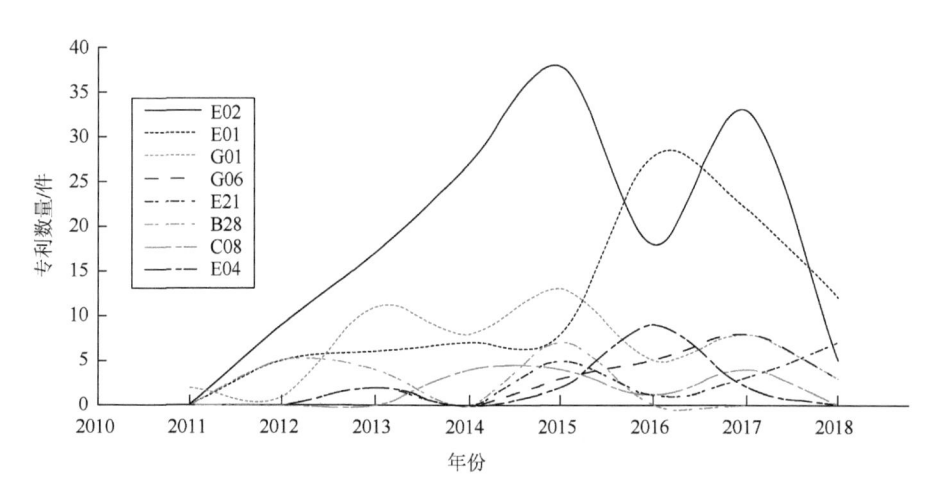

图 5-5 港珠澳大桥专利技术申请趋势图

从行业分布特征来看，专利申请行业除涉及传统土木工程建筑业，还分布在仪器仪表制造业、专用设备制造业等，反映了重大工程创新生态系统需要融入不同行业的创新主体，实现多主体共生竞合，突破创新瓶颈，港珠澳大桥专利申请隶属行业前十分布如表5-1所示。

表5-1 港珠澳大桥专利申请隶属行业（前十大类行业）

国民经济行业分类	专利数量/件
E48（土木工程建筑业）	224
C40（仪器仪表制造业）	48
C35（专用设备制造业）	34
C34（通用设备制造业）	18
C39（计算机、通信和其他电子设备制造业）	16
C30（非金属矿物制品业）	15
C26（化学原料和化学制品制造业）	14
C33（金属制品业）	7
C37（铁路、船舶、航空航天和其他运输设备制造业）	5
C25（石油加工、炼焦和核燃料加工业）	2

5.4.3 创新生态系统的创新模式分析

港珠澳大桥的创新范式主要表现为协同创新、集成创新和开放创新三种。首先，港珠澳大桥具有创新主体多样性的特点，全生命周期不同阶段创新主体承担不同创新活动，单一的承包商或设计方难以满足其技术创新的需求（Brockmann et al.，2016；Kale and Arditi，2010；Keast and Hampson，2007），在重大工程创新生态系统的不断演化中，创新群落构成也更加复杂，需要不同创新主体之间相互协调、共生合作推动重大工程技术创新。例如，港珠澳大桥主要承建方和主管部门都积极采用协作范式将不同创新主体集聚融合和协调互动，实现了港珠澳大桥技术创新成果的突破。

由于重大工程的技术可靠性要求高及其全生命周期动态性高，重大工程创新面临更严格的创新约束，需要重大工程创新主体通过集成创新突破技术壁垒。从重大工程的技术创新维度来看，创新资源涵盖了来自其他行业的创新主体（Chung et al.，2009；Larsson et al.，2014），通过集成创新以实现技术突破。以中铁山桥集团为例，其在港珠澳大桥钢箱梁建造过程中，将机器人技术与桥梁生产技术相结合，实现集成创新。

同时，重大工程技术复杂性导致仅对现有技术改进升级难以解决工程需求，需要通过开放式创新，吸引外部创新主体形成开放创新生态系统，以满足重大工程实践需求。在港珠澳大桥工程中，除了传统的承包商和设计方，还吸引了来自海外咨询机构、航空航天机构、装备制造企业等非传统创新主体。开放创新生态系统不仅能够促使重大工程创新主体提高其创新动力，还能够在新技术出现时，积极吸纳外部创新资源，通过加强多创新主体之间的合作，更好地掌握和采用新技术，提高重大工程创新能力。

5.4.4 创新生态系统的动态演化分析

根据专利申请人的连锁关系，可生成港珠澳大桥的创新专利生态网络图谱（图 5-6），刻画不同年度的创新主体演化关系。

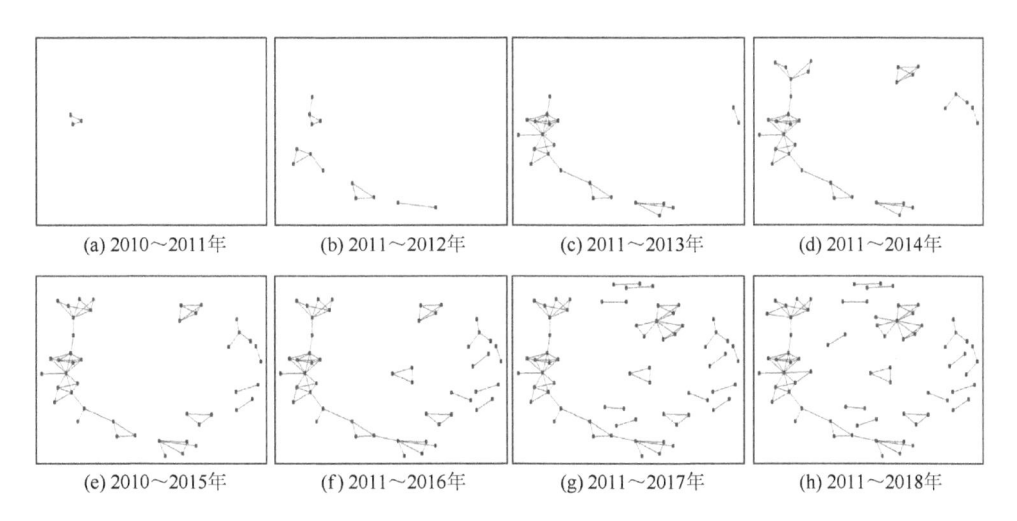

(a) 2010～2011年　　(b) 2011～2012年　　(c) 2011～2013年　　(d) 2011～2014年

(e) 2010～2015年　　(f) 2011～2016年　　(g) 2011～2017年　　(h) 2011～2018年

图 5-6　港珠澳大桥专利关系网络演化图

在项目建设前期，创新生态系统中覆盖较少的创新主体，以承包商和政府部门为主。随着工程建设逐步深入，通过形成开放创新生态系统，越来越多创新主体加入到创新生态网络中，包括高等院校、科研机构等。

从创新群落视角来看，在项目建设前期，产出的创新成果和创新活动呈现出明显的孤岛现象（Sheffer and Levitt，2012），该阶段创新群落表现出明显的割裂状态。因此，创新资源和技术知识难以实现高效利用，阻碍创新生态系统内部的组织学习，生态系统的知识互补和创新耦合难以发挥，创新主体的共同进化难以实现。随着工程建设的不断进行，创新群落之间联系越来越频繁，通过项目合作等创新方式消融原来存在的创新孤岛，保证创新生态系统内部的知识共享和创新资源流动。

图 5-7 进一步表明，重大工程创新网络复杂度更高，动态性更强，创新多样性和创新网络异质性更加明显，需要来自不同部门、不同行业和不同地区的创新主体参与到创新活动中，创新生态系统随着工程建设的不断推进，其创新主体的合作关系越来越紧密，创新孤岛现象得以逐渐消除。

图 5-7 港珠澳大桥专利关系网络图

从图 5-7 可以看出，主管部门（港珠澳大桥管理局）在创新生态网络中的网络节点较大，表明其参与到众多研发活动中，一方面凸显其管理和协调能力，另一方面凸显主管部门专家在重大工程创新生态系统中的创新能力。节点大小表明其在创新生态网络中连接其他创新要素的数量，即创新网络中心度。

创新生态势是指创新主体通过其创新能力所获得在创新生态系统中的作用，表现为其在创新生态系统中的创新势能。创新生态位是指创新主体在创新生态系统中的技术创新领域跨度和范围。本章通过计算各单位申请专利的领域类型总和

第 5 章 重大工程创新生态系统的演化特征

来刻画其创新生态位（Baum and Singh，1994）；通过计算创新主体在重大工程创新生态系统中申请的专利价值总和，来刻画其创新生态势。

创新生态势可以按照创新主体的专利战略价值和专利保护价值两个维度来测算专利价值度（Wang and Hsieh，2015）。

$$\text{Patent Value} = \sum_{i=1}^{5} \alpha_i S_i + \sum_{i=1}^{5} \beta_i P_i \tag{5-1}$$

基于式（5-1），S_i 为专利战略价值指标：专利类型、同族专利引用数量、专利涵盖 IPC 子领域数量、是否发生许可或转让、研发申请人员数量（Fischer and Leidinger，2014；Harhoff et al.，2003；Lerner，1994）。P_i 为专利保护价值的指标：权利要求数量、是否有诉讼行为、是否有质押保全、是否提出复审请求、是否被宣告无效（Gittelman and Kogut，2003；Wang and Hsieh，2015）。

本章选取了在港珠澳大桥创新生态系统中申请专利数量排名前九位的创新主体，绘制创新生态位和创新生态势动态演化图，如图 5-8 和图 5-9 所示。可以看出，承包商仍然承担最主要的创新职能，其次是科研机构和设备提供商；不同创新主体在创新生态系统中呈现出不同的演化特征，一部分创新主体的生态势和生态位在前期缓慢上升，另一部分创新主体在后期保持平稳状态。

随着创新生态系统中创新主体的不断交互演化，其创新能力不断增强。在创新生态势的变化过程中，积极参与创新的主体随着创新生态系统的演化而不断成长，两者均表现出显著的相关性。

为检验创新生态系统中网络结构对于创新主体创新力的影响，本章计算创新生态网络中创新主体的中心度和创新主体的平均专利价值度。

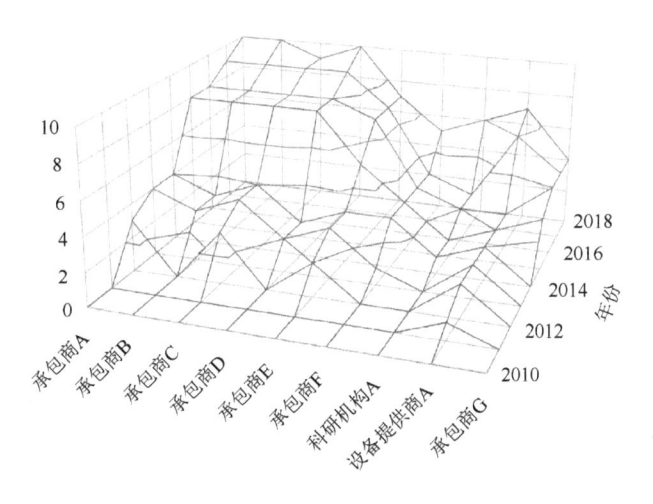

图 5-8 重大工程创新生态位动态演化趋势图

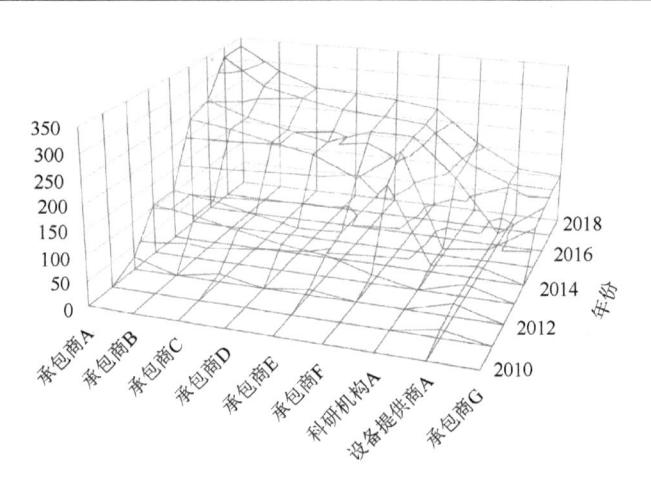

图 5-9 重大工程创新生态势动态演化趋势图

由于重大工程创新主体间的异质性，本章剔除科研院所及大学、政府部门等单位，仅聚焦于重大工程创新生态系统中的企业，剔除缺失数据后共获得 404 个样本。根据公式（5-1），以 3 年为周期，计算出每家企业平均专利价值度。其次，基于创新生态网络计算创新网络中心度，测量方法如公式（5-2）所示：

$$C_D(N_i) = \sum_{j=1}^{g} x_{ij}, \quad i \neq j \tag{5-2}$$

式中，$C_D(N_i)$ 为创新主体的中心度，x_{ij} 为创新主体 i 与创新主体 j 共同申请专利数。

为控制企业层面和区域层面的其他要素对于企业创新力的影响，控制变量选取企业年龄、企业规模、区域发展水平、是否隶属于商业集团、是否是高科技企业、年度和行业的固定效应。现有文献发现专利被引频次与专利价值和创新质量有显著的正相关关系（Fischer and Leidinger，2014；Gittelman and Kogut，2003），本章还计算专利的平均被引频次来进行稳定性检验。考虑到专利价值度和专利平均被引次数的偏态性，对其取对数之后再进行分析。描述性统计分析如表 5-2 所示。中心度与生态势的关系如表 5-3 所示。

表 5-2 描述性统计分析

序号	控制变量	均值	方差	1	2	3	4	5	6	7
1	专利价值	3.121	3.863	1.000						
2	中心度	1.403	2.603	0.676*	1.000					
3	年龄	17.374	8.833	0.215*	0.230*	1.000				
4	资产	9.838	2.216	0.018	0.032	0.328*	1.000			

续表

序号	控制变量	均值	方差	1	2	3	4	5	6	7
5	人均GDP	6.821	2.459	0.245*	0.166*	0.180*	−0.164*	1.000		
6	商业集团	0.488	0.500	0.225*	0.367*	0.348*	0.043	0.041	1.000	
7	高科技企业	0.564	0.496	0.023	0.002	0.113*	−0.005	0.335*	0.028	1.000

*$p<0.1$, **$p<0.05$, ***$p<0.01$

表 5-3 中心度与生态势的关系

	模型（1）	模型（2）	模型（3）	模型（4）	模型（5）	模型（6）
	全样本	全样本	高生态势创新主体	低生态势创新主体	高生态位创新主体	低生态位创新主体
	因变量：专利平均价值度					
年龄	0.293**	0.263**	0.035	0.325**	0.123	0.553***
	(0.119)	(0.110)	(0.033)	(0.129)	(0.108)	(0.173)
资产	1.260**	1.275**	0.034	1.532***	1.052**	1.234*
	(0.536)	(0.496)	(0.200)	(0.570)	(0.507)	(0.732)
人均GDP	0.549	0.453	−0.198	0.552	0.164	0.019
	(0.439)	(0.409)	(0.150)	(0.485)	(0.359)	(0.759)
商业集团	−0.229	−1.190	−1.113	−0.309	0.348	−9.449***
	(2.062)	(1.925)	(1.148)	(2.196)	(1.933)	(3.185)
高科技企业	0.754	0.888	1.431**	1.755	−0.262	6.734**
	(2.023)	(1.874)	(0.689)	(2.153)	(1.651)	(3.010)
中心度（Log）		0.434***	0.186*	0.616***	0.192*	1.018***
		(0.112)	(0.096)	(0.134)	(0.114)	(0.210)
年份固定	Included	Included	Included	Included	Included	Included
行业固定	Included	Included	Included	Included	Included	Included
Constant	−28.185***	−20.417**	−1.109	−24.600**	−14.108**	−22.680*
	(9.415)	(8.940)	(2.936)	(10.048)	(6.590)	(13.769)
Number of observations	404	404	110	325	266	138
Chi-squared	122.275	148.134	50.494	147.612	43.402	180.622
P-value	0.000	0.000	0.000	0.000	0.000	0.000

注：括号内为稳健性标准误，因变量是测量每一个创新主体每一年专利申请价值度的平均值，意即其每申请单个专利后的专利价值度，表征其创新能力。

*$p<0.1$, **$p<0.05$, ***$p<0.01$

基于广义估计方程估计模型，发现创新主体中心度可正向影响创新主体的专利平均价值度（$b=0.434$, $p<0.001$），即创新主体在生态系统中的中心度越高，

其创新能力越强。同时，为比较具有不同创新生态位和生态势的创新主体在创新生态系统中的创新力提升的差异效应，本章将其分为高生态势和低生态势、高生态位和低生态位四组样本。基于 Chow 检验，创新生态势不同的创新主体在该效应方面存在显著差异（$p<0.001$），结果表明创新生态势越低的创新主体，创新生态网络中心度对于其创新价值度正向效应越明显；同理，创新生态位不同的创新主体在此效应方面存在显著差异（$p<0.001$），结果表明创新生态位越专一的创新主体，创新生态系统中心度对于其创新价值度的正向效应越明显。上述结果表明，在重大工程创新生态系统中，创新主体通过提高其在创新生态系统的活跃度，可以有效地促进其创新力提升。

为保证模型稳健性，本章采用专利的平均被引频次来测算其创新质量（Gittelman and Kogut，2003），结果如表 5-4 所示。分析结果与前面所述一致（$b=0.449$，$p<0.001$），即创新主体的创新生态系统中心度越高，其创新能力亦越强。同时通过 Chow 检验来验证分样本的差异性，研究结果与前面一致（高低生态势样本：$p<0.001$；高低生态位样本：$p<0.001$），即创新生态势较低和创新生态位较专一的创新主体，其中心度越高，其专利被引频次越高。该结论也印证了创新生态系统的扩散效应，即当创新主体位于中心度较高的生态系统中时，其创新场越强，活跃度越高，与其他创新主体的互动越多，技术创新成果越容易扩散到其他创新主体，因而其专利被引用频次也会增多。

表 5-4　创新生态系统中心度与专利被引频次的关系

	模型（1）	模型（2）	模型（3）	模型（4）	模型（5）	模型（6）
	全样本	全样本	高生态势创新主体	低生态势创新主体	高生态位创新主体	低生态位创新主体
			因变量：专利平均被引用次数			
年龄	0.277**	0.246**	0.012	0.309**	0.092	0.544***
	(0.122)	(0.113)	(0.029)	(0.130)	(0.121)	(0.166)
资产	1.504***	1.521***	0.119	1.822***	1.439**	1.340*
	(0.552)	(0.510)	(0.178)	(0.579)	(0.567)	(0.708)
人均GDP	0.472	0.382	−0.354***	0.447	0.025	−0.063
	(0.446)	(0.415)	(0.133)	(0.486)	(0.398)	(0.727)
商业集团	−0.299	−1.296	−1.015	−0.672	0.767	−10.311***
	(2.121)	(1.973)	(1.019)	(2.227)	(2.167)	(3.069)
高科技企业	1.316	1.444	2.497***	2.353	0.312	7.053**
	(2.080)	(1.923)	(0.605)	(2.179)	(1.853)	(2.903)
中心度（Log）		0.449***	0.203**	0.610***	0.245**	0.938***
		(0.102)	(0.091)	(0.119)	(0.106)	(0.189)

续表

	模型（1）	模型（2）	模型（3）	模型（4）	模型（5）	模型（6）
	全样本	全样本	高生态势创新主体	低生态势创新主体	高生态位创新主体	低生态位创新主体
	因变量：专利平均被引用次数						
年份固定	Included	Included	Included	Included	Included	Included
行业固定	Included	Included	Included	Included	Included	Included
Constant	−31.542***	−23.572***	−2.944	−28.228***	−18.458**	−24.967*
	(9.674)	(9.119)	(2.671)	(10.178)	(7.274)	(13.133)
N	404	404	110	325	266	138
Chi-squared	107.721	138.515	91.058	142.779	43.426	176.199
P-value	0.000	0.000	0.000	0.000	0.000	0.000

*$p<0.1$，**$p<0.05$，***$p<0.01$

5.5 结论与讨论

由于重大工程技术难度大、参与主体多、创新群落关系动态变化，重大工程技术创新管理面临一系列挑战。构建健康完备的创新生态系统，对实现重大工程创新能力全面跃迁具有重要意义。

重大工程创新生态系统是以工程需求为导向，基于工程技术关联而形成共存共生、共同进化的全要素创新生态系统，全要素包括全主体、全过程和全方位，其总体目标是致力于提供一整套的重大工程技术解决方案。

从全主体看，健康的创新生态系统必须保证多样化的创新主体，即需要来自不同行业、不同地域和不同部门的创新主体积极参与到创新活动中，为实现技术难题提供解决方案，构建全要素创新生态系统。从全过程视角看，稳定有效的重大工程创新生态系统必须保证各创新主体在重大工程建设全过程的动态交互和紧密联系，实现创新知识共享，并通过创新资源的合理分配和利用，实现不同创新主体的价值共创。从全方位视角看，重大工程创新生态系统的创新种群和创新群落日益复杂，因此，构建开放、协调的创新生态系统对于提高重大工程创新能力，实现技术链突破、产业链升级和价值链跃迁具有重要意义。

研究表明，在重大工程建设初期，创新孤岛现象显现，创新孤岛可以从纵向、横向和项目三个维度形成创新孤岛。纵向维度的创新孤岛是由于重大工程建造全生命周期不同阶段所导致的创新资源割裂，由于不同阶段的创新资源分散于不同创新主体，因此创新群落之间联系出现断裂，形成了重大工程创新的创新孤岛（Chen et al.，2018；Sheffer and Levitt，2012）。特别是当设计和建造分阶段施工时，创新孤岛效应更加明显（Eriksson，2013；Larsson et al.，2014）。同时，重大工程在初期阶段跨度长[①]，呈现出"前端模糊化"的特征，工程技术的不确定因素等造成工程创新难度增加，阻碍重大工程创新（Barlow，2000；Barlow and Köberle-Gaiser，2009）。由于现有重大工程创新主体呈现出高度竞争性，需要不同专业化主体间承担重大工程的不同项目，而不同专业之间难以分享其资源和知识，从而形成横向维度的创新孤岛（Barlow，2000；Chen et al.，2018；Sheffer and Levitt，2012）。项目维度的创新孤岛来源于不同临时性的项目组所引发的孤岛化特征，包括由工程项目组织的一次性和动态性所引发的工程知识传递不连续、项目经验传递断层断裂等（Barlow，2000；Engwall，2003；Sheffer and Levitt，2012）。

如何突破创新孤岛限制？首先，需要进行模式创新，如采用设计施工总承包模式，让设计方和承包商更早融入重大工程中，而不是彼此分别承担设计和施工任务，有利于消除创新孤岛现象。其次，创新生态系统必须以开放视角，积极吸引外部创新主体，可以通过不同合作模式提高与外部创新主体的联系紧密度，通过扩大创新网络范围和联系紧密度来实现创新孤岛的消融。在开放创新生态系统中，创新主体提高自组织的学习能力，通过创新生态系统的自身演化，联通创新生态系统内部的创新主体，并加强创新网络节点强度，实现孤岛联通。最后，位于创新生态势较高的创新主体应积极发挥引领作用，通过提升信息交流度和知识共享度来寻找外部创新主体，实现不同创新群落之间的联通。

5.6 本章小结

本章揭示了重大工程创新生态系统的构成和演化特征，基于港珠澳大桥工程案例，探究了其创新主体构成、创新模式和动态演化特征，分析了现有重大工程创新生态系统所面临的考验（主要表现为创新孤岛显现、全主体创新生态系统不健全等）。基于此，本章提出了相应的孤岛消融策略，通过模糊阶段、组织学习、开放视角、主动搜寻、技术扩散等实现创新孤岛的消融，从而为重大工程竞争力的提升提供支撑。现有研究将"三重螺旋"结构（大学/科研机构—产业—政府模型）应用于创新生态系统中，但鉴于重大工程不同于一般企业，其创新生态系统具有显著差异性，因此，本章认为今后的研究必须将社会经济环境和自然生态环境融入创新生态系统中，为重大工程可持续发展奠定基础。

---

① 大部分的重大基础设施工程的前期概念到初步立项的前期准备工作跨越 10 年以上。

第6章　重大工程创新生态系统协同基础

协同源自系统元素间的相互行为，理解协同首先要认识元素间的基本关系逻辑。本章聚焦于重大工程创新生态系统中不同类别创新主体间的主要关系，尝试识别这一关系并给出基本定位、发掘这一关系的深层次特征，进而提出与之对应的重大工程创新生态系统治理策略。这将在一定程度上揭示协同的微观关系基础和系统整体性的根源，明晰协同发生的基本环境，为开展科学治理、促进协同增效提供理论依据。

6.1 概　　述

系统科学界对协同的各种定义都绕不开"之间""相互"等词组或类似表述。这无疑表明一个整体框架下的跨主体关联是协同内涵的重要组成部分。换言之，这一高层次的系统涌现建立于低层次的主体关联之上，由此演化成为贯穿系统结构和功能的统一内在逻辑。其实，主体间的关系在创新管理领域已颇受关注，这是因为创新大都涉及要素的重新组合（Kaplan and Vakili，2015；Schumpeter，1912），各种不同的创新要素往往需要从其他主体处获取（Dahlander and Gann，2010；Laursen and Salter，2006），或在与其他主体交互的过程中产生（Hargadon，2003；Vakili and Zhang，2018）。越来越多的组织开始注重与伙伴一起开展创新活动，以促进学习，实现互补，分担复杂性和不确定性带来的风险（de Faria et al.，2010；Dodgson，2014）。在此背景下，创新管理领域的诸多研究热点也都基于"关系"视角，如创新网络（Freeman，1991）、开放式创新（Chesbrough，2003）、协同创新（Gloor，2006）等。然而，对既有文献的梳理总结表明，重大工程创新管理领域的研究相对集中在创新战略与个别要素上，主体间关系问题在该领域尚未得到足够重视和直接关注。考虑到重大工程创新活动的特殊性，加之创新主体的主导逻辑多样性、交互关联紧密性、阶段动态演化性等，有必要专门探究这一复杂情境中的关系问题，深化对实践活动的科学认识，给出时代化的理论回应。

创新主体间的关系植根于其所处的情境系统，其研究自然不能脱离这一情境系统。当前，有学者提出以重大工程创新生态系统为框架探究重大工程创新活动的基本规律，进而形成重大工程创新管理的理论体系。重大工程创新生态系统是基于技术关联的多创新主体围绕重大工程面临的挑战寻求系统有效解决方案而形成的一种社会生态系统，它将创新起因与活动过程、参与主体与生境要素、资源集聚与力场涌现纳入一个统一的系统框架，具有克服单一、线性、静态、封闭等研究缺陷的发展潜力。这为刻画解析重大工程创新情境提供了一个有益的崭新视角，而其框架之内仍有诸多关键细节尚待探讨，其中之一便是种间关系问题。基于前面的文献综述可知，创新主体的种间关系问题既关乎创新生态系统的构成与演化，又关联创新生态系统的特征及效应，其理论重要性和研究必要性不言而喻。

生态系统之所以能够形成，很重要的一点是系统中的各类主要元素彼此发生关系，形成一个联系紧密、交互演化的整体（Adner，2017；Teece，2016）。在自然生态系统中，以食物链/食物网为表现形式的捕食关系在很大程度上促成了这种紧密联系，承载了系统内主要的能量流动、物质循环和信息传递（Molles，2015）。那么在重大工程创新生态系统中，是一种怎样的种间关系发挥这类作用呢？对该问题的探索将有助于揭示这一系统的微观关系基础和整体性根源，增进对其形成机理与运转规律的认识，为提升系统能效、开展科学治理进而保障重大工程顺利实施提供更多理论依据。

结合实践趋势和理论启发，研究问题明确为：如何认识理解重大工程创新生态系统中各类创新主体紧密联结形成的主要关系？具体来讲，研究旨在：①识别这一关系并给出基本定位；②发掘这一关系的深层次特征；③提出与之对应的重大工程创新生态系统治理策略。

6.2 研究方法

6.2.1 方法选择与案例选取

选用案例研究方法来探究重大工程创新生态系统中各类创新主体间的主要关系及其特征，主要是出于以下考虑：①重大工程创新生态系统的研究相对有限，现有文献尚未形成针对性的完备理论体系，探索性、归纳式的案例研究策略能够从质性数据中提炼规律，加深对实践活动的理解，适于新兴领域的理论建构（Gioia et al.，2013）；②核心研究问题具有解释性特征，且侧重对创新主体交互过程的深入分析，案例研究适合剖析多阶段复杂过程和多主体互动关系，可以发掘繁杂现象背后的理论逻辑，能够获得定量分析难以得出的重要发现（Yin，2014）；③已有文献突出了利用质性方法研究重大工程创新的重要性（Davies et al.，2014；Dodgson et al.，2015；Sergeeva and Zanello，2018），通过该类方法能够从数据资料中获得丰富、细致、深入的认识，较好地保证所得结果的理论贡献和实践意义。

选取港珠澳大桥主体工程作为案例研究对象，主要是考虑到其在技术需求、参与主体、创新产出等方面都可作为重大工程创新领域的典型代表。具体而言：①港珠澳大桥作为集桥、岛、隧为一体的超大型跨海通道，是中国交通建设史上技术最复杂、施工难度最大、建设要求及标准最高的工程之一。仅就其面临的复杂限制条件而言，至少包括外海复杂的水文气象环境及相应的耐久要求，珠江口海域行洪、纳潮、防淤的严格要求，对该区域频繁密集航运、航空活动正常进行的保障，对珍稀动物中华白海豚的有效保护等。目标的实现、标准的满足、条件的约束等都对技术提出了更高的要求，从而使其呈现出复杂多样的创新需求。②为满足这些需求，不同地域、不同行业、不同组织的各方创新主体参与进来，各类创新资源也被调集进来，共同为该工程的技术挑战寻求系统有效的解决方案。以国际合作情况为例，据不完全统计，主要参与境外企业超过 20 家，技术人员近 100 人。③从结果来看，该工程涉及的诸多世界级难题最终得以克服，参与主体也产出了一系列创新成果，包括数量众多的创新工法、创新软件、创新装备、创新产品和专利等，并取得广泛国际认可，如岛隧项目获得国际隧道协会（International Tunnelling Association，ITA）2018 年重大工程奖、英国 NCE（new civil engineer，新土木工程师）2018 年度隧道工程奖、美国 ENR（engineering news-record，工程新闻记录）全球最佳桥隧项目等奖项（林鸣，2020）。从创新生态系统视角来看，该系统内环境要素丰富完备、交织效果显著，创新主体繁多活跃、交互关联紧密，各类主体组织协同、适应环境的过程中创新力场逐步建立，形成了一个建构完善、运转良好的创新生态系统。因此，港珠澳大桥工程是探究前述研究问题的理想选择。需要说明的是，鉴于其配套工程（包括两个口岸人工岛和三条连接线，由粤港澳三地各自建设）的相对独立性，本书重点关注港珠澳大桥的主体工程（包括 22.9km 长的桥梁段和 6.7km 长的岛隧工程，是创新活动最集中的部分），而不涉及配套工程，后面出现的"港珠澳大桥"如非特殊说明均指港珠澳大桥主体工程。

6.2.2 数据搜集与分析

研究遵循三角测量法的思路，通过多种来源搜集多种形式的数据资料（汇总信息见表 6-1），包括实地调研得到的一手访谈资料、从相关单位获取的内部档案资料以及网络检索获得的外部公开资料（涉及研究者视角、被研究者视角和第三方视角），以减小信息偏差，保证数据的真实性和准确性。

表 6-1 数据来源

类别	来源	来源代码	数量
访谈	港珠澳大桥管理局	IBA	6 人次
	中交联合体港珠澳大桥岛隧工程项目总经理部	ICC	4 人次
内部资料	港珠澳大桥杂志	BAM	44 期
	中交岛隧工程专用设备建造简报	CCR	11 期
公开资料	专访报道（新闻媒体）	NPR	29 篇
	期刊论文	JPP	30 篇

2015~2019年，研究团队成员多次到港珠澳大桥进行实地调研，并与各方人员（覆盖业主、设计方、施工方、监理方、供货方等）沟通交流。其中开展的深入访谈主要有：于2017年6月、2019年5月在港珠澳大桥管理局对4人（6人次，包括总工程师、工程总监等）进行的半结构化访谈；于2019年5月在中交联合体港珠澳大桥岛隧工程项目总经理部对4人（包括总经理兼总工程师、副总经理等）进行的半结构化访谈。每次访谈都旨在了解受访者在港珠澳大桥工程中所参与或经历的创新活动中与其他各方的交互行为及关系定位。指导性的问题有：①比较典型的创新活动有哪些？②每项活动涉及哪些参与方？③这些参与方扮演的角色是什么？④不同参与方建立起了怎样的交互关系？每次访谈确保有两位以上研究人员参与，访谈结束后研究人员及时对访谈录音和笔记进行整理并交叉核对，同时探讨所搜集数据的不足和欠缺之处，以便通过后续资料搜集过程加以补充、修正。

除此之外，一方面从港珠澳大桥管理局和中交联合体港珠澳大桥岛隧工程项目总经理部获取了其部分档案资料，以获得更为翔实的创新活动记录；另一方面从公开资料中检索出新闻媒体对港珠澳大桥管理者、工程师的专访报道及他们发表的非技术类论文，筛选出其中涉及创新事宜的作为事实采集的补充材料。这些多层次多数据源的资料不仅相互交叉验证，还可对访谈资料的回溯偏差进行一定的控制，保证了案例数据的可靠性。

数据分析遵循典型的定性分析策略并以归纳方式进行。借助MAXQDA 18软件将所有上述材料分门别类导入数据库，以便快速进行标记或编码，并查询或可视化这些代码之间的关系。然后按以下两个阶段展开分析：第一阶段旨在识别不同类别创新主体间的主要关系。首先阅读访谈资料和档案文件，标记出各项创新活动的参与方，概括出参与方间的交互行为；然后对这些交互行为所体现出的关系进行研判，依据管理学和生态学理论给出重大工程创新生态系统中种间关系的合理定位。第二阶段通过比对上述标记内容，识别其在关系与交互方面的异同，形成初阶编码，进而从多个维度归纳聚合，抽象出具有理论内涵的高阶编码，来揭示不同类别创新主体间关系的深层特征。

这一数据分析过程并非线性推进的，而是循环反复、迭代进行的（图6-1）。高阶编码抽象凝练的过程亦是对案例资料深化认识、多维剖析的过程，它包含对初阶编码的合理性检验与针对性调整，同时涉及对理论框架结构体系的扩展与聚合，从而更好地保障数据分析的扎实性和理论发现的整体性。在写作呈现时采用了一种"从后向前"（Yin，2014）、"夹叙夹议"（毛基业和苏芳，2016）的方式，即先描绘出总体的理论框架，再逐步展示其分支和相应的代表性实证资料。这是考虑到：一方面，港珠澳大桥工程创新生态系统包含的创新主体有近十类、数十个，所涉及的创新活动也至少有上百项，它们彼此间有隐蔽的关联但不具有明确的线索，因而不便将其作为写作中的先导或主线；另一方面，本章是对一种系统级属性的探索性研究，从案例中对共性规律的理论归纳结果而非过程更宜于作为呈现时的基本框架，如此有助于更加清晰地提出"论点"并有序地展示"论据"。

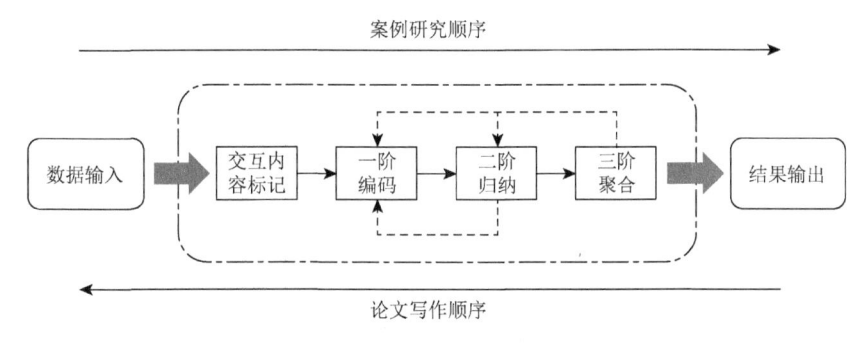

图 6-1 案例研究步骤与论文写作顺序

6.3 共生关系及其特征

6.3.1 种间关系的定位

不同主体相互配合，共同努力促成一个对各方都有利的结果，是现代社会最为常见的活动图景（黄少安和韦倩，2011），亦毫不例外地频繁出现在重大工程建设过程与创新活动中。纵览港珠澳大桥工程建设的各个阶段，罕有几项创新活动是由单一创新主体完成的，它们大都有两个或多个不同类别的创新主体共同参与。以港珠澳大桥管理局公示的奖项/工法申报项目为例，其中仅有8%由一家单位独自申报，超过70%的项目由两类或多类参与主体联合申报。合作，俨然已成为重大工程创新主体的普遍行为。这是因为不同类别的创新主体彼此结合，发挥各自专长，有助于更快更优地实现创新（de Faria et al.，2010；Seo et al.，2017）；在时间紧、任务重、预算受限的重大工程创新情境下，合作的必要性更加突出，其优势也更为明显。但要注意到，合作可能只是重大工程创新活动的一类表层共性，其未能为创新生态系统的整体性提供有力解释。

细观港珠澳大桥工程诸多创新活动中的主体行为与交互过程，不同类别参与主体间的相互依赖普遍存在。这种依赖体现在多个方面：一是在重大工程技术需求高度复杂的背景下，单一主体所掌握的技术可能无法满足解决现实问题的需要，需要依赖能够提供相应专业化技术服务的其他主体来共同开展创造性活动；二是在工程进展各环节紧密相连的任务链与产业链情境中，单一主体开展创新活动时往往需要依赖任务链中前后环节的协调配合及产业链中上下游的同步创新作为支撑；三是在分工细致、权责明确的重大工程复杂系统中，单一主体的创新活动受到多方的影响和监督，需要依赖各方有效的支持配合、评测审议等方能形成合理有效的创新方案进而落实到工程实践中。这种彼此间的不可缺少性促进了合作，但也意味着"合作"自身所蕴含的内涵不足以充分描述不同类别创新主体间的关系。

受生态系统理论启发，研究视野扩展至描述不同物种间彼此互利共存关系的"共生"。经过评判，它被认为既充分反映了不同主体在创新活动中的相互依赖性，又包含了不同主体共同努力促成彼此有利局面的内涵，亦为重大工程中各类创新主体何以能联结成为一个紧密整体给出了合理解释，从而部分揭示了重大工程创新生态系统的存在基础，因此可以作为重大工程创新生态系统不同类别主体间主要关系的基本定位。

重大工程创新生态系统中的"共生"是两个不同类别参与主体互为对方提供其贡献于重大工程创新解决方案所需条件而形成的种间关系。按照动机-机会-能力（motivation-opportunity-ability，MOA）框架（Blumberg and Pringle，1982；张光曦，2013），共生关系的形成需要关系主体有依赖对方的动机、值得对方依赖的能力和发生交互的时空情境。本书通过实现适当的创新保证工程的顺利完成以获取某种形式的利益是关系体的基本动机；能力是关系形成前各类主体所拥有的某一方面的专业素养和潜质，依角色/职能/分工有所不同；重大工程这一平台提供了交互情境。可以说，重大工程创新生态系统中的共生关系起于各类主体的能力差异，源于重大工程的创新需求，成于创新生态系统的构建过程。

6.3.2 共生关系的特征

"共生"关系在重大工程创新过程中有哪些深层次的表征与内涵呢？考虑到创新生态系统受生态学启发而出现，但其作为一种社会生态系统又具有一些显著的社会属性，从而有别于自然生态系统（Teece，2016），因此在分析重大工程创新生态系统中的共生关系时，不仅要考察其与自然"共生"的共性特征，也要兼顾人类丰富实践活动所赋予的社会特性，以促进自然生态的启发和社会规律的发展在其间交织呼应。基于这一理念，研究通过对港珠澳大桥工程这一典型案例进行深入分析（数据结构如图 6-2 所示，代表性数据示例见表 6-2），总结形成了相对概化的四点特征。

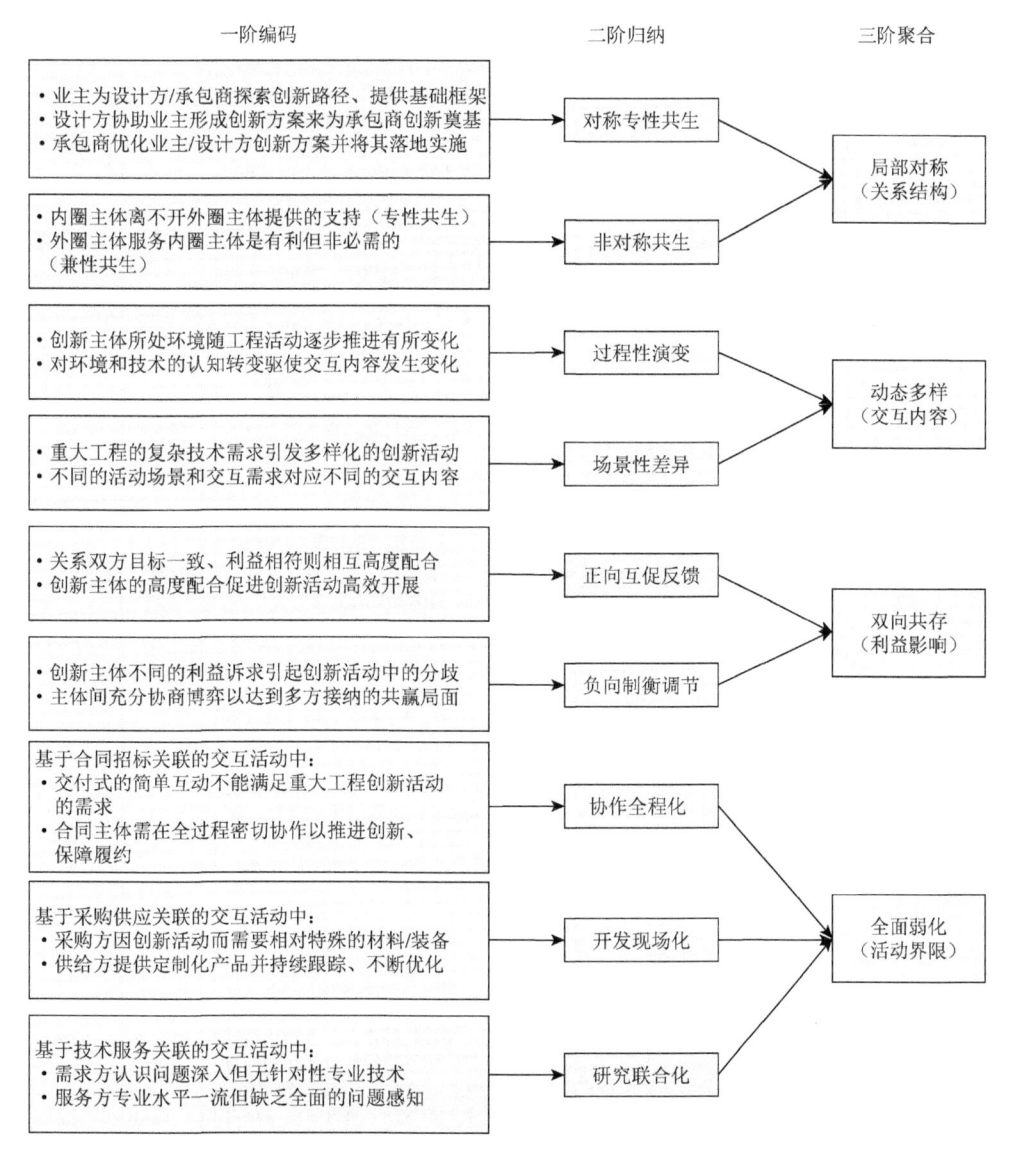

一阶编码	二阶归纳	三阶聚合
• 业主为设计方/承包商探索创新路径、提供基础框架 • 设计方协助业主形成创新方案来为承包商创新奠基 • 承包商优化业主/设计方创新方案并将其落地实施	对称专性共生	局部对称（关系结构）
• 内圈主体离不开外圈主体提供的支持（专性共生） • 外圈主体服务内圈主体是有利但非必需的（兼性共生）	非对称共生	
• 创新主体所处环境随工程活动逐步推进有所变化 • 对环境和技术的认知转变驱使交互内容发生变化	过程性演变	动态多样（交互内容）
• 重大工程的复杂技术需求引发多样化的创新活动 • 不同的活动场景和交互需求对应不同的交互内容	场景性差异	
• 关系双方目标一致、利益相符则相互高度配合 • 创新主体的高度配合促进创新活动高效开展	正向互促反馈	双向共存（利益影响）
• 创新主体不同的利益诉求引起创新活动中的分歧 • 主体间充分协商博弈以达到多方接纳的共赢局面	负向制衡调节	
基于合同招标关联的交互活动中： • 交付式的简单互动不能满足重大工程创新活动的需求 • 合同主体需在全过程密切协作以推进创新、保障履约	协作全程化	全面弱化（活动界限）
基于采购供应关联的交互活动中： • 采购方因创新活动而需要相对特殊的材料/装备 • 供给方提供定制化产品并持续跟踪、不断优化	开发现场化	
基于技术服务关联的交互活动中： • 需求方认识问题深入但无针对性专业技术 • 服务方专业水平一流但缺乏全面的问题感知	研究联合化	

图 6-2 特征分析的数据结构

表 6-2 典型数据示例

维度	主题	编码	典型引用 相关引文	主体类别	数据来源
关系结构	对称专性共生	• 业主为设计方/承包商探索创新路径、提供基础框架 • 设计方协助业主形成创新方案来为承包商创新奠基 • 承包商优化业主/设计方创新方案并将其落地实施	"港珠澳大桥主体工程的产品形成过程，须遵循港珠澳大桥专用标准体系，该体系涵盖工程、设计、建造和营运全寿命周期……"（港珠澳大桥管理局，2011.12）	A-D-C	BAM
			"但是可以告诉他们大概的目标是什么样，也许做成不一定完全一样的，但是路是可以走的。"（港珠澳大桥管理局工程师 A，2019.5）	A-C	IBA
			"试桩工程临近结束之际，管理局开始考虑下部结构墩台的足尺模型试验……按计划完成了试验单位招标，选择了中交二航局承担研究任务……没有他们的摸索，就不会有现在 CB04 标优化后的分离式柔性止水胶囊方案，也不会有 CB03 标的大圆筒围堰干法施工，更不会有 CB05 标浅埋钢套箱干法施工。"（港珠澳大桥管理局工程师 B，2015.2）	A-C	BAM
			"为保障海上通航能力及……综合工程风险、经济、环保等因素，公规院提出了这一国内史无前例的桥岛隧集群方案，并立即得到各方的肯定。"（《中国交通报》，2018.10）	D-A-C	NPR
			"基于管理局提出的制造理念，积极组织技术和管理人员进行充分的调研、探索，结合项目特点，以需求为导向，与专业设备厂家联合研发，研制了智能化的板单元组装和焊接机器人系统，推行了工厂化钢结构拼装、打砂和涂装等。"（港珠澳大桥管理局工程师 C，2013.10）	C-A	BAM
	非对称共生	• 内圈主体离不开外圈主体提供的支持（专性共生） • 外圈主体服务内圈主体是有利但非必需的（兼性共生）	"还组织开展了模型试验，努力从原理上验证'半刚性'结构，邀请了国内外 6 家专业研究机构平行开展分析计算。这三个方面的研究成果进一步证明了'半刚性'是从结构上解决沉管深埋的科学方法，并且最终得到了……"（中交联合体岛隧项目部工程师 A，2016.1）	D-R	NPR
			"针对建设经验缺乏等方面，则采取专项聘请国际技术专家，提供技术支持。如聘请日本大成建设公司的技术专家对岛隧工程沉管安装施工作业的细节进行针对性的技术指导。"（港珠澳大桥管理局工程师 D，2019.5）	C-E	JPP
			"也赴北京专程拜访中航工业计量所，一番交流后，大桥建设面临的技术挑战也让中航工业计量所感到意外。随后，一个由副所长牵头、骨干成员组成的港珠澳大桥专项研究小组成立了。"（中交联合体岛隧项目部工程师 B，2014.8）	C-R	BAM
交互内容	过程性演变	• 创新主体所处环境随工程活动逐步推进有所变化 • 对环境和技术的认知转变驱使交互内容发生变化	"E10 管节安装之后，项目部意识到，海流对安装有意料之外的影响……一组测量数据显示，沉管安装基槽里的海流流速大于正常流速……这一奇特的现象突破了专家的传统认知……在项目部的坚持下，2014 年 6 月，国家海洋环境预报中心再次成立专项组，中心领导牵头，涉及几乎所有的业务部门，全力展开工作，所用计算机 1 秒钟的计算能力达到了 60 万亿次……模型确定后，13 套深槽海流观测仪器由浙江杭州由专车运至观测现场，展开管节基槽内测流工作，为提高对接窗口预报精度。"（中交联合体岛隧项目部工程师 B，2014.8）	C-R	BAM

第6章 重大工程创新生态系统协同基础

续表

维度	主题	编码	典型引用		主体类别	数据来源
			相关引文			
交互内容	过程性演变	● 创新主体所处环境随工程活动逐步推进有所变化 ● 对环境和技术的认知转变驱使交互内容发生变化	"2010年，港珠澳大桥管理局委托华南理工大学牵头开展钢桥面铺装方案预研究，经过两年系统综合的比选论证，课题组提出了两点指导性意见……以此为基础，在又一个两年中，科研团队坚克难，先后平行开展了MA、GMA及GA三种技术方案的研究……基于此成果，设计单位DB01标最终提出了采用4cm厚SMA+3cm厚浇筑式沥青混凝土组合铺装结构体系的钢桥面铺装设计方案。"（港珠澳大桥管理局工程师E，2017.8）		A-R	BAM
	场景性差异	● 重大工程的复杂技术需求引发多样化的创新活动 ● 不同的活动场景和交互需求对应不同的交互内容	"我记得当时交通运输部的专家组组长、时任交通部副部长冯正霖说过：'我们没做过的事情，没经验的事情，希望是试验先行。'我的理解是，如果我们没有把握更谈不上经验，一定先要通过试验研究清楚再实施。"（中交联合体岛隧项目部工程师D，2016.7）		C-G	NPR
			"会议期间，专家们听取了岛隧总承包工程施工图勘察设计阶段总体设计、隧道基础方案及相关试验研究、国家科技支撑计划有关科研成果等方面的工作情况汇报，围绕隧道基础方案这一关键性技术问题展开深入咨询、讨论，在技术方案必选及进一步完善设计方案上都给出了中肯、全面的咨询意见……"（港珠澳大桥管理局工程师F，2011.12）		C-G	BAM
			"E15沉管碎石基床12日刚刚铺设完成，13日通过监理验收，15日上午又进行了实地探摸，也只是发现了少量回淤。然而，在此后短短的时间内，回淤增大且回淤物形态发生了变化，这些直径约为0.026mm的泥沙从何而来……在交通运输部的协调下，国内25位对珠江口泥沙、潮汐和气象方面最有研究的专家集结于此，成立了技术攻关'国家队'，开展基槽回淤专题研究。"（中交联合体岛隧项目部工程师C，2015.4）		C-G	BAM
利益影响	正向互促反馈	● 关系双方目标一致、利益相符，则相互高度配合 ● 创新主体的高度配合促进创新活动高效开展	"不只是管理局，所有参建单位，每个参建人员都是想把港珠澳大桥建好的，没有单位愿意在港珠澳大桥上砸牌子，也没有人愿意成为世界桥梁史上的反面教材而被钉在历史的耻辱柱上，大家的大目标是高度一致的。"（港珠澳大桥管理局工程师G，2013.2）		ZZ	BAM
			"在双方的紧密配合下，《沉管安装期间槽内海流实时监测方案》初步确定，各种监测设备陆续进场，各种试验相继展开。初步形成了从流态观测、信息传输到信息评估、施工决策及作业指挥一整套监控系统，可以对沉管沉放对接区域进行立体化精确监测，精选对接时机，保证隧道建设精度。"（中交联合体岛隧项目部工程师C，2014.8）		C-R	BAM
			"有一家认为我们提的新的技术方案是有价值的。之前国家科技支撑计划已经做了一个方案出来，这家照这个方案继续研究，这时候业主也分析了下这个方案优势最大，就帮他找学校，配上科研队伍，终于做成了，开始比另外两家慢，最后完成还比另外两家快，还省了钱。"（港珠澳大桥管理局工程师A，2019.5）		A-C	IBA

续表

维度	主题	编码	典型引用		
			相关引文	主体类别	数据来源
利益影响	负向制衡调节	● 创新主体不同的利益诉求引起创新活动中的分歧 ● 主体间充分协商博弈以达到多方接纳的共赢局面	"业主、设计、施工、监理等参建单位承担着不同的法定职责,在某些具体事项上,大家有不同的目标和利益诉求,甚至出现激烈的冲突,这是正常的。"(港珠澳大桥管理局工程师 G, 2013.2)	ZZ	BAM
			"任何一个承包人和供应商都有追求利益最大化的本能……有时难免处理不好这些矛盾关系。"(港珠澳大桥管理局工程师 G, 2015.2)	A-C-S	BAM
			"各创新主体之间存在博弈,各方都先达到自己的目标,追求自己的利益最大化,再兼顾整个项目。"(港珠澳大桥管理局工程师 A, 2019.5)	ZZ	IBA
			"尽管岛隧项目部开始对管理局的要求不理解,有抵触情绪,但在管理局的坚持下,岛隧项目部没有意气用事,而是认真分析偏差产生的原因,积极寻找解决方案……创新性地提出'对接窗口'概念……攻克了这一困扰我们 4 个月的技术难关。"(港珠澳大桥管理局工程师 G, 2015.2)	A-C	BAM
			"工程活动中的摩擦、博弈、协调和权衡……正是在工程实践中懂得坚持和妥协,港珠澳大桥岛隧工程才产生了沉管管节'半刚性结构'的概念,提出了'复合地基组合基床方案'……"(港珠澳大桥管理局工程师 H, 2017.6)	ZZ	BAM
活动界限	协作全程化	● 交付式的简单互动不能满足重大工程创新活动的需求	"如何在紧张的工期内完成繁重的钢结构制造任务,并保证质量稳定可靠……当时尚无国际钢桥制造经验、还没走向国际市场的武船重工,各项准备工作严重滞后,其'旧习惯'和项目法人的'新思维'发生了激烈的碰撞,各方矛盾一触即发……"(港珠澳大桥管理局工程师 C, 2017.4)	A-C	JPP
			"这种互相矛盾的需求就决定了钢桥面铺装工程技术的复杂性……面对如此巨量工程、如此铺装技术之现状、如此敏感的工程,港珠澳大桥铺装工程何去何从……在我接手这项工作之前,钢桥面铺装专题研究已开展前两年时间,或许大家关注重点在主体工程设计上,却鲜有人关注其研究进展。直到 2012 年底,管理局才发现课题研究方向似乎有点偏……"(港珠澳大桥管理局工程师 B, 2015.2)	A-D-R	BAM
			"2009 年 6 月,以上海市政总院为主办方的咨询联合体与港珠澳大桥前期工作协调小组办公室正式签订了咨询合同……鉴于项目技术难度及全过程咨询周期长等特点,为确保咨询工作质量长期稳定,咨询联合体在珠海设立了现场咨询项目部,并结合咨询各阶段的工作特点形成相应的组织架构……"(上海市政工程设计研究总院,2019.1)	E-A-D-C	JPP
		● 合同主体需在全过程密切协作以推进创新、保障履约	"在清楚问题根本症结所在之后,开始靠前策划指挥,有计划、有步骤地组织参建各方……在明确提出开工的四大前提,引导了开工方向、明确了开工条件基础上,项目法人采取了更有力部署,增派钢办副主任和质量管理顾问同赴武船重工板单元生产基地驻厂督促调试工作,主动提供帮助。"(港珠澳大桥管理局工程师 C, 2017.4)	A-C	JPP
			"在铺装工程招标领导小组统领下,设计单位联手专题单位一起克服了技术、设备、气候、资金、人力等诸多困难,先后平行开展了三种技术方案的研究……值得一提的是,2013 年管理局为了加强浇筑式沥青技术的全面了解,先有计划地组织了 3 次较大规模的国内外专项调研和考察……"(港珠澳大桥管理局工程师 B, 2014.4)	A-D-R	BAM

续表

维度	主题	编码	典型引用 相关引文	主体类别	数据来源
活动界限	协作全程化	● 合同主体需在全过程密切协作以推进创新、保障履约	"至第一阶段咨询工作完成，共计参加各类技术会议70次，提交咨询报告108份。在第二阶段咨询工作中，联合体共计参加各类技术会议713次，提交咨询报告542份……在诸如埋置式承台设计施工、预制墩身设计施工、钢索塔吊装施工、青州航道桥结形撑施工、深埋沉管隧道设计施工等重大设计及施工方案中，都及时、准确地提供了咨询意见……"（上海市政工程设计研究总院，2019.1）	E-A-D-C	JPP
活动界限	开发现场化	● 采购方因创新活动而需要相对特殊的材料/装备	"用钢圆筒成岛目前仅仅只是一个理论设想，没有实践的案例……面临一系列问题，比如设计、制造、设备、施工等等……最后一关，就是钢圆筒的振沉。超大型钢圆筒振沉需要世界顶级振动锤……经过反复实验，最后确定由美国APE公司与中交旗下的上海振华重工密切配合，联合攻关制造……"（中交联合体岛隧项目工程师A，2013.12）	C-S	BAM
活动界限	开发现场化	● 采购方因创新活动而需要相对特殊的材料/装备	"青州航道桥海域地质复杂……总体自上而下变粗，中下部夹有透镜体状的可塑状粉质黏土……面对这种不利局面，项目部以科技为引导，通过优化施工方案，大胆尝试先进施工工艺……几经折腾，最后委托广东力源液压机械有限公司……"（中交第二公路工程局工程师A，2013.4）	C-S	BAM
活动界限	开发现场化	● 供给方提供定制化产品并持续跟踪、不断优化	"'大型墩台的起吊和运输'从一开始就列入了项目部技术创新规划，吊具的设计则是这项规划中最核心的一环。耗时6个月，设计草案24个，和生产厂商沟通了无数遍……"（中交第一航务工程局工程师A，2013.8）	C-S	BAM
活动界限	开发现场化	● 供给方提供定制化产品并持续跟踪、不断优化	"在工厂法预制的时候，我们跟中交一起联合开发了支撑系统和顶推系统……这套系统的开发，也是跟中交一起讨论很长时间……"（VSL公司技术总监A，2017.2）	S-C	JPP
活动界限	开发现场化	● 供给方提供定制化产品并持续跟踪、不断优化	"为了做好顶推工作，与VSL技术人员日夜坚守现场，对顶推作业的每个步骤都进行认真沟通、精心调试、细心操作。"（中交联合体岛隧项目部工程师E，2012.12）	S-C	BAM
活动界限	研究联合化	● 需求方认识问题深入但无针对性专业技术	"沉管体积庞大，振动的幅度很小，振动又非常缓慢，术语叫低频长周期振动。摆动一次可能要100多秒，一共就摆动了10cm，很难精确测量……但是联系了多家科研机构都说干不了。"（中交联合体岛隧项目部工程师B，2014.8）	C-R	BAM
活动界限	研究联合化	● 需求方认识问题深入但无针对性专业技术	"实施深水深槽管节运动姿态监控，在国内是一项技术应用空白，管节振动频率极低，相关的实际工程经验接近于零。"（中交联合体岛隧项目部工程师C，2014.8）	C-R	BAM
活动界限	研究联合化	● 服务方专业水平一流但缺乏全面的问题感知	"新问题的出现对预测提出了更高的要求，是一个小范围精确预报，这对预报工程来讲难度很大……对预报中心来讲也是个全新的任务；好让一个锻铸刀剑的铁匠制造一根绣花针。"（中交联合体岛隧项目部工程师B，2014.8）	R-C	BAM
活动界限	研究联合化	● 服务方专业水平一流但缺乏全面的问题感知	"不过邵新慧觉得心里没底，十余年的工作经验，都是在做天上的传感测量，从来没有在深水里做过振动测量，更何况这次是水下40m。几番思索后，邵新慧决定迎接挑战。"（中交联合体岛隧项目部工程师B，2014.8）	R-C	BAM

注："主体类别"一列内字母A、D、C、S、R、G、E分别指代业主、设计方、承包商、供应商、大学/科研机构、政府部门、外部专家/咨询机构，ZZ指同时涉及多类主体

1. **关系结构：局部对称**

在自然生态系统中，有的共生生物需要借助共生关系来维系生命，这属于专性共生（如榕树与榕小蜂）；有的共生关系只是提高了共生生物的生存概率，但并不是必需的，这属于兼性共生（如益螨与植物）。特别地，共生关系有时是不对称的，很可能出现一种生物是专性共生而另一种生物是兼性共生的现象。与之类似，重大工程创新中的共生关系也存在这类特性，从而使得其创新生态系统的关系结构表现为局部对称。

如图 6-3 所示，位于内圈的业主、设计方、承包商作为重大工程创新的核心责任主体（Brockmann et al., 2016; Chen et al., 2021; Ozorhon, 2013），其相互依存度非常高。业主确立建设目标、开展前期研究、形成招标文件、制定技术标准等各类活动为设计方和承包商的创新指明了方向路径、提供了基础框架；设计方通过开展专题研究、创新设计方案、编制技术文件、提供咨询服务来协助业主细化创新方案并将其提供给承包商作为其创新的基石；承包商在进行技术优化的同时也不断同业主和设计方协商交流，最终形成适于工程实践的创新方案并将其落地。可以判断，他们都无法脱离彼此独立形成一个最终有效的技术创新解决方案，因而呈现出较为对等的专性共生关系。当然，这种关系结构是工程建设流程与技术合同契约的必然产物。

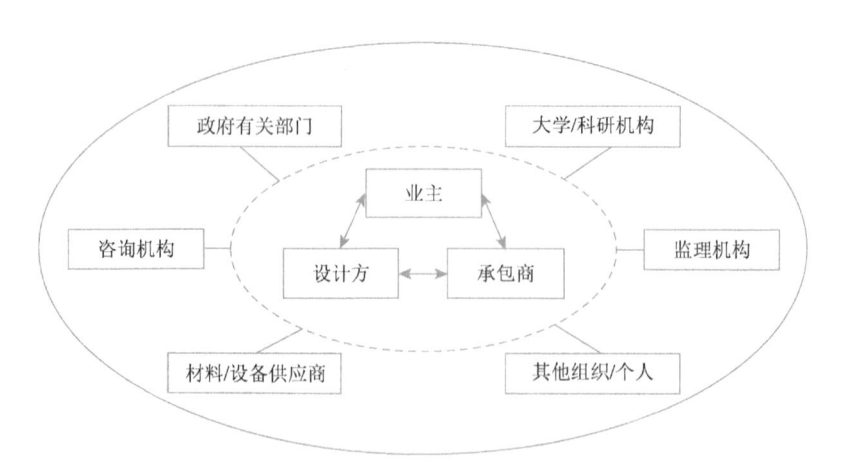

图 6-3 重大工程创新生态系统中的不同类别参与主体

大学/科研机构、材料/设备供应商、咨询机构、监理机构、政府有关部门、其他组织/个人等外圈创新主体与内圈主体形成了一种非对称的共生关系。对于内圈主体而言，大学/科研机构提供的专业技术支持，供应商针对创新方案提供的专门装备、材料及新思路，咨询机构提供的技术咨询与专业评审服务，监理机构发挥的评估审查作用，政府有关部门提供的创新资源、给出的创新指导，以及其他组织/个人的专业知识与创新想法都是必不可少的。离开了这些创新支撑主体，内圈主体几乎不可能完成重大的技术攻关，更不可能形成一整套行之有效的系统创新方案，因此从他们的角度来说这类共生关系是专性的。对外圈主体而言，参与到重大工程创新活动中，为内圈主体提供创新所需要素，也可以使自己的创新经验得到积累，创新能力得到提升，但对于其自身发展与运作却非十分必需，因此这类共生关系是兼性的。特别地，在港珠澳大桥案例中，有部分外圈主体因为超级工程的吸引力主动参与进来，希望在其中有所贡献有所成长，也有部分是收到内圈主体邀请后参与进来的，这种不同可能使得其形成的共生关系兼性程度呈现出一定的差异。

2. 交互内容：动态多样

在多数理论模型（如供应链或价值链）中，各类参与主体所发挥的职能大都是比较单一的，通常不会出现改变或增加，其中的种间关系链路上所呈现的交互内容也几乎不发生变化。但重大工程创新生态系统中共生关系链路上的交互内容往往不是一成不变的，而随活动环境或需求发生适应性变化。

（1）过程性演变。对重大工程而言，由前期研究到设计再到施工这一开展阶段的转变，不仅仅是工程实体从无到有的变化，亦包含了对所处环境和所需技术从浅到深的认知转变。在这种转变过程中，共生关系链路上的交互内容往往也会随其演变，以确保交互的互利有效、推动创新的成形成熟。图 6-4 以港珠澳大桥钢桥面铺装创新过程中大桥管理局分别与重庆市智翔铺道技术工程有限公司和华南理工大学进行交互的内容为例进行了简析。进一步，各个阶段也发生着类似的

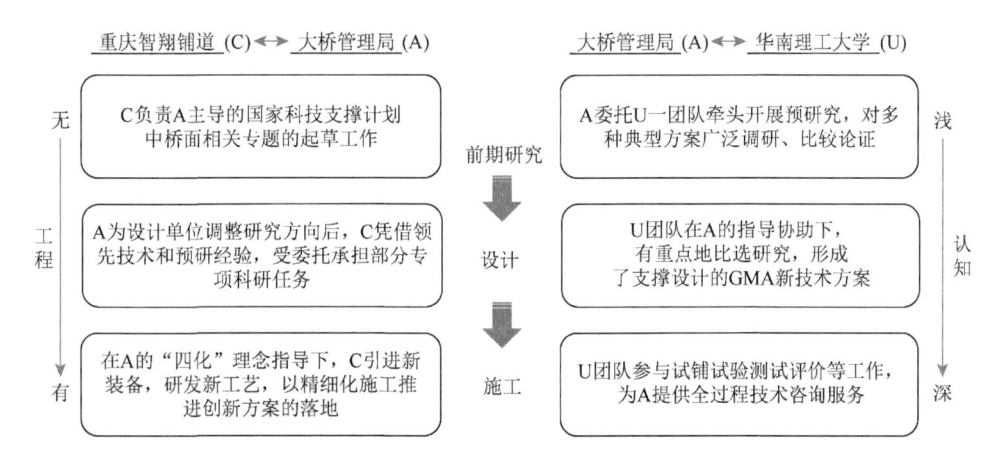

图 6-4 港珠澳大桥钢桥面铺装创新过程中部分主体间交互内容的演变

过程性变化。例如，岛隧工程沉管安装施工中，国家海洋环境预报中心派出专项组进驻现场，保障了前十节沉管的顺利安装对接；随着安装水深超过 40m，槽底大流速现象凸显，在岛隧工程项目部的请求下，预报中心又投入更多业务资源，增设新的保障团队，以实现更高精度的监测预报，进一步降低安装风险。

（2）场景性差异。重大工程的复杂性使其技术需求体现出高度多样性，即使在同一时期，创新活动的目标、约束、路径、影响等属性也可能有所不同。共生关系双方往往参与多个创新活动，涉及多种交互场景，存在不同的交互需求，关系链路上的交互内容也相应有所差异。以港珠澳大桥的政府主管部门（交通运输部）和岛隧工程总承包商中交联合体的共生交互为例，在中交联合体的部分创新活动中，交通运输部只是在创新氛围（既鼓励放手大胆搞研究又强调科学理性不冒进）与创新规范（"试验先行"）上做一些原则性的指导和把控；在一些关键性创新活动中，交通运输部牵头组织成立的技术专家组会进行技术评审、方案论证并提供咨询建议；在另外一些技术难题前，交通运输部则出面协调集结外部创新资源来帮助承包商开展技术攻关（如在 E15 沉管首次安装因淤泥问题失利返航后，交通运输部协调集结国内 25 位顶级专家开展基槽回淤专题研究）。

3. 利益影响：双向共存

从结果上看，重大工程创新中的共生关系均属互利共生，这是因为创新生态系统中的主体具有主观能动性，不符合自身利益的共生关系难以形成。但"互利"绝非意味着各方利益均达最优。各主体发挥自身优势共同促成创新的过程，大都包含有其基于自身利益相互制衡的环节，因而共生交互中通常同时存在着正向反馈与负向调节。

在一个良性运转的重大工程创新生态系统中，正向反馈可谓无处不在。例如，在港珠澳大桥桥梁工程所用埋置式承台的技术攻关中，广东省长大公路工程有限公司选择采用前期研究预设的新方案，业主对此大力支持，帮助其联络大学及科研机构，集结有效的创新资源，最终使其成功创新运用了"分离式胶囊柔性止水工法"，实现了工期缩短和成本节约。再如，国家海洋环境预报中心为岛隧工程施工提供海洋气象与海流预报的过程中，成功帮助施工方确定了沉管浮运安装的最佳时段，有效保障了深水基槽沉管的顺利安装，同时也大大提升了自身的预报服务和技术攻关能力，所得成果填补了相关领域的多项空白。正向反馈往往建立在关系双方目标一致、诉求相通、利益相符的基础上，它促进创新活动高效开展、推动创新产出快速形成，是重大工程创新生态系统效应发挥的重要环节。

重大工程的各类参建单位承担着不同职责，在部分具体事项上有着不同的目标和利益诉求，建设过程中因而可能产生一些摩擦或矛盾。重大工程创新活动中同样不乏这种情况。例如，承包商提出的创新方案往往最大限度地体现了其自身意图和习惯，有利于最大化其自身利益，但业主方从经济成本、技术适用性与可靠性等角度评估其创新方案后若不认同，则会要求承包商对方案进行调整以满足一定的条件，承包商也可能会同业主就方案改进进一步磋商，直到双方找到一个都较满意的解决方案。这类博弈过程中体现的更多是负向调节，它使得最终运用到重大工程建设中的技术创新是一个相对合理可靠、多方基本认可的方案，也使得关系双方在一个都能接受的水平上达到共赢。这种反馈调节通常不会使某一方的根本利益受损，只是引起了创新增益的重新分配。对重大工程创新生态系统而言，负向调节不可或缺，它使得过度创新与不当创新在博弈中现出原形，保证了合理有效的创新运用到实际建设中。

当然，反馈调节的"正向"/"负向"只是依据交互内容接收方利益被影响情况进行的简单划分，它们通常不会单一地存在于某一项创新活动中，而是在共生关系的交互链路上交替出现，但其在不同活动中显现的程度有所差异，使得某些活动看起来以正向反馈为主，而某些活动中负向调节突出。

4. 活动界限：全面弱化

多元多样的创新主体参与到重大工程创新活动中，形成了跨组织、跨行业、跨地区的创新关联，并最终呈现为重大工程创新生态系统中的共生关系。受到创新活动特性（知识密集、信息密集）的影响，这种共生关系不仅体现在结果上，还渗透到了创新活动的全过程，从而使得基于共生关系的交互更为深入无间，主体间职能上或时空上的界限在这种情境中被进一步弱化了。以几种典型关联为基础建立的共生关系恰恰体现了这一转变。

（1）合同招标关联为基础的共生关系：合同通常是建设工程责任分工的具化与载体，核心责任主体通过合同明确职责边界并与其他主体建立起基本联系。这种关联往往是交付式的，一个主体完成其自身任务后移交给另一主体，而除监督管理活动外很少涉及过程中的深入交互。但在重大工程创新活动中，主体间的交互几乎是全阶段的，也是多方面的，它们融入了彼此的创新过程。例如，在港珠澳大桥钢桥面铺装创新方案的探寻过程中，设计单位联合体在研究初期出现了一定偏颇，大桥管理局适时予以指正，并特设铺装招标领导小组，指派专人负责协调推进研究工作，安排人员进驻试验现场，此外还三次组织设计专题单位人员到国内外进行调研考察，以加强对相关技术的全面了解，整个过程中体现出了深入互动、频繁交流、全程协作的态势。

（2）采购供应关联为基础的共生关系：不同于一般工程，重大工程对材料和装备有更高的要求，诸多创新方案的落地更是需要供应商的配合。传统的"一手交钱一手交货"的简单采购供应流程很难满足重大工程创新的需求，承包商与供应商必须通过多种途径深入沟通、反复协商、协同研究才能明晰实际需求、确定解决方案、形成适用产品。在这种穿越组织界限的交互过程中，承包商还能收获许多创新的灵感和思路，供应商也"被动"革新了自己的技术或产品。例如，在港珠澳大桥岛隧工程中发挥重要作用的管节支撑与同步顶推系统就是供应商瑞士威胜利工程有限公司与承包商联合开发的产物。瑞士威胜利工程有限公司项目总设计师、系统软件的首席程序员和专业电气工程师也是驻扎一线，与施工人员认真沟通、精心调试，保证工作顺利推进。

（3）技术服务关联为基础的共生关系：出于技术的专业性与保密性，技术服务方与被服务方间通常不会有过多的深入交互，只是在需求提出和成果交付的界面上有所互动。在重大工程创新的情境下，技术服务的需求复杂且不具有一般性，被服务方在相应技术问题上已有一定的初步研究，此时服务方与被服务方结成一种"虚拟"的研究联合体，共同针对现实需求量身打造解决方案更为高效可行。例如，面对深海沉管运动状态难以监测的难题，港珠澳大桥岛隧工程总承包商中交联合体在多方求教无果后联系到了中国航空工业集团公司北京长城计量测试技术研究所。鉴于国内相关技术应用空白，北京长城计量测试技术研究所设立了专项研究小组应对这一崭新的深海挑战，他们同岛隧工程项目部抽调出的水工领域专家一起，经过广泛调研、多方比选、细致试验，最终打造出了量身定制的沉管运动姿态实时监测系统，有效保障了深水深槽条件下沉管管节的精确安装与对接。

6.4 面向共生关系的治理

重大工程创新生态系统的良好运转是重大工程顺利实施及其创新主体协同发展的重要保障，对这一创新生态系统进行适当有效的治理具有重要意义。前面所揭示的共生关系及其深层特征增进了对重大工程创新生态系统的认识，也为重大工程创新生态系统治理设计提供了更多科学依据。因此，本节尝试以此为基础，参鉴既有理论并结合实践经验，提出面向共生关系的创新生态系统治理策略（概括为图6-5所示），以扩展理论发现的实践价值，也为重大工程创新生态系统治理的系统化研究提供借鉴。

1. 目标确立——指明共生方向，促进愿景共启

重大工程创新生态系统强调各参与主体为重大工程的技术挑战共同寻求系统有效解决方案，这就要求不同参与方就创造性活动的基本方向达成一致，以使各自的努力不仅能够应对眼下自身所面临的问题，而且能获得其他不同角色的接受和认可，从而与工程系统其他部分的创新有机耦合。共生关系进一步强调了这种方向一致的必要性，但其部分特性恰恰表明这种一致性并不容易自动形成。例如，

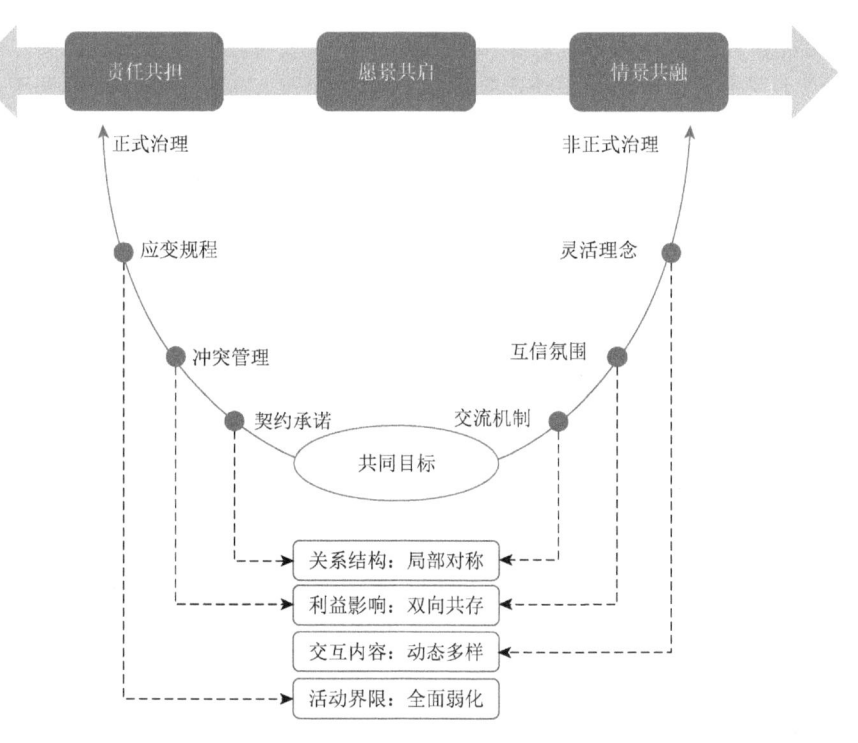

图 6-5 面向共生关系的重大工程创新生态系统治理策略框架

非对称性暗含了内圈主体与外圈主体在创新动机、追求等方面的固有差异,利益影响的双重性明显地体现了不一致的普遍存在性,这些因素增加了创新方向偏差或创新程度失当的可能。

对此,可能要在诸多方面(包括制度、组织、流程等)采取措施,但首要的是形成一个指导性的基本目标。这是因为,基本目标将是各方主体共识形成的核心引导,是差异应对中的协调基准,是后续治理措施的指向前提(Anvuur and Kumaraswamy,2007;Gulati et al.,2012)。这样一个指导性的基本目标一般具有以下特征:①由重大工程建设的某一核心主体提出,但在早期阶段经反复优化和广泛推介以确保潜在创新主体对其基本认可(或形成初步认识);②内容上直接指向重大工程本体,但隐含的过程体现对创新活动的方向性指引和核心性要求;③形式上类似于组织愿景,但是以高度凝练的表达描绘出各方主体共同创新所能达到的图景;④经过公开宣传为社会公众所知悉,从而形成使各主体趋于共同目标的社会压力,强化其行为方向的一致性。

2. 正式治理——巩固共生基础,促进责任共担

创新活动本身具有较高的风险和不确定性,创新生态系统中各主体的权利和

责任可能模糊不清，再加之共生关系的非对称、边界弱化等特性，创新主体可能会出现不利于关系维持和系统运转的机会主义行为。在此情况下，强调正式机制或规则的契约治理尤为必要。它通过具有法律约束力的书面协议来明确各方角色和职责，分配项目风险，抑制机会主义，在组织间关系的协调中扮演着重要角色（Ryall and Sampson, 2009; Schepker et al., 2014）。借鉴契约治理的基本要素—变化要素—治理要素的思维框架（Goo et al., 2009; Lu et al., 2015），面向共生关系的正式治理思路如下。

（1）在非对称共生交互中，应当明确必要的契约和适当的财务承诺，使得外圈参与主体在创新中有安全感，愿意为重大工程技术创新需求的实现真正投入。

（2）确定必要的规则和程序以应对可能出现的变化和例外情况，减小共同创新中不确定性的负面影响，从而控制交互风险，推进交互深入，促进边界弱化后的知识融合。

（3）设计适当的谈判机制，确保交互双方有可以用于解决冲突的正式协议，减少双方间无效低效的负向反馈，增强制衡机制的有效性和高效性。

3. 非正式治理——畅通共生链路，促进情景共融

契约往往只涉及对重大事项的规定或条款，且在起草时也不能预见所有可能的情况（Lu et al., 2015），同时缺乏对关键社会因素的关注（Heide and John, 1992），因此单纯的契约治理被认为是不充分的。在重大工程创新生态系统中，共生关系的多变多样性使得这种不充分性更加凸显。对此，允许灵活应对那些没有包含在契约中问题的关系治理不可缺少。作为一种非正式治理形式，关系治理着眼于社会维度，强调情感联系和义务性规则，更多依赖于各方的非正式结构和自我执行（Biesenthal and Wilden, 2014; Dyer and Singh, 1998）。借鉴关系治理（包括信任与关系规范）的主要框架（Cao and Lumineau, 2015; Heide and John, 1992），面向共生关系的非正式治理思路如下。

（1）充分理解各方的期望、观念和诉求，营造平等互信的交互氛围，促进超越传统组织边界的团队建立与融合，推动双重反馈调节的有效运转和高效循环。

（2）建立经常性的主动信息交流机制，确保彼此知会各方面的进展或变化，减少局部对称关系中可能产生的误解；适时形成多边交流机制，实现多组共生关系体的沟通同步化，促成互通共进的良好局面。

（3）树立起灵活性的理念，根据实际创新情境不断调整共生关系链路上的交互内容，充分发挥动态多样性的优点，增强交互适应性，以应对创新活动中的不确定性。

总体而言，共同目标设定了共生关系发展的基本方向，有助于共同愿景的建立与内化；正式治理明确了各主体的权责归属和行为规程，有助于意外和冲突的

共同应对；非正式治理增进了主体间的互信互补与动态融通，有助于创新活动场景中共同情感的形成与深化。三者各有重点，又彼此促进、共成一体，道出了重大工程创新生态系统运转的焦点、边界与常态，明晰了参与主体由共生到共同繁荣的实现路径和主要举措。

6.5 结论与讨论

基于港珠澳大桥工程的案例研究发现，共生关系是对重大工程创新生态系统种间关系的一种合理定位，它同时蕴含了主体间相互依赖性和共同努力促成创新的含义，为重大工程创新生态系统的整体性给出了合理解释。进一步地，研究归纳出了重大工程创新中共生关系的四点深层次特征：关系结构的局部对称（创新生态系统中对称专性共生与非对称共生兼而有之）；交互内容的动态多样（共生链路上的交互内容呈现过程性演变与场景性差异）；利益影响的双向共存（以互利为最终结果的交互过程中兼有正向与负向反馈调节）；活动界限的全面弱化（典型关联中主体间的活动界限因共生而进一步弱化）。在此基础上，依据项目治理理论和案例实践经验，提出了面向共生关系的重大工程创新生态系统治理策略框架。

重大工程创新生态系统的环境复杂程度与活动复杂程度非常高，具有鲜明的复杂整体性特征（盛昭瀚，2019a；盛昭瀚等，2019）。作为该系统中不同类别主体关联的主要逻辑，"共生"与这一逻辑体系中的多种要素彼此联系、交互作用、有机耦合。其特征既是重大工程创新生态系统部分典型属性的集合反映，又映射于系统内形式多样的创新交互活动。

重大工程创新生态系统的构建和共生关系的形成具有不可分割的内在统一性。重大工程创新生态系统植根于工程实体系统，经由管理主体的顶层设计和参与主体的自组织、自适应而来。这一复杂系统的技术创新功能涌现需要多样的主体、完备的资源与适当的环境，更离不开要素的有机组织与合理匹配，特别是主体要素间的联结交互。不同类别创新主体在面对重大工程的复杂技术需求时形成了相互依赖的动机，进而在创新生态系统的形成过程中完成了对环境的适应性改造和彼此间的嵌入式融合，最终建立起了共生关系并促成创新生态网络的连通。从这种意义上讲，创新生态系统构建的过程亦是为共生交互的开展准备条件的过程，而共生关系的形成又是创新生态系统构建过程中的关键一环，标志着该过程的阶段性完结。

重大工程创新生态系统的构成与特性参与塑造了共生关系的情境特征。例如，对重大工程面临的许多技术难题，囿于特定地域有限主体的既有资源开展创新是不现实或不经济的，因而重大工程创新生态系统往往从全球视角搭建平台、集聚要素、整合资源、促成创新，呈现出显著的多元开放性。参与其中的非本土主体［如港珠澳大桥工程中支撑桥梁钢结构设计创新的日本长大株式会社（Chodai）和英国合乐集团有限公司（Halcrow）、支撑岛隧工程沉管预制及施工创新的德国派利有限公司（PERI）］通常在其专业领域颇具优势，能够为重大工程创新生态系统提供相应方面的优质资源，在部分创新活动中发挥着不可或缺的重要作用。这些主体的特殊性使得其所处的共生关系体更多呈现非对称结构，主体间活动界限弱化的程度也在他们与本土主体融合的过程中表现得更为突出；而关系特征的局部差异又给创新生态系统的针对性治理提出了更高要求。这样一种传导链条亦是重大工程创新生态系统复杂整体性的典型体现。

重大工程创新生态系统的运转与演进过程亦是共生关系实例化的过程。在重大工程创新生态系统运转过程中，创新主体会基于特定的技术创新需求选择不同的创新模式开展不同深度的创新活动，共生关系通过映射于具体的创新交互实现实例化并支撑创新活动的顺利高效开展。由于不同创新活动的目标、约束、路径、影响等属性存在差异，相应参与主体间共生关系链路上的交互内容呈现出动态多样性，共生关系的部分典型特征也在这些实例中表现出程度差异。例如，在开创性创新的实现过程中，关系双方对活动界限弱化的要求往往更为强烈，其间利益影响方面的双向反馈也会更为频繁剧烈。从过程与演化视角来看，共生关系支撑着创新生态系统的有效运转，使其有序高效地配置创新资源、创造有利条件，保障创新活动的顺利开展，甚至孕育出颠覆性或开创性创新，创新的成功实现又会强化实例化后的共生关系，为新一轮活动中的创新交互奠定良好基础。这种螺旋渐进式的相互作用正是重大工程创新生态系统生命力与健康度的良好体现，也在一定程度上揭示了微观层面共生关系实例与宏观层面创新生态系统的演进同步性与互依性。

基于上述发现，本章从以下三个方面推动了相关研究发展。

其一，通过明晰创新主体种间关系及其内涵增进了对重大工程创新活动规律的理论认识。近年来，重大工程创新实践不断涌现且更加复杂，迫切呼唤具有针对性和时代性的管理理论（盛昭瀚，2019b），但该领域学术研究方才起步，尚未完成对实践现象的逻辑剖析和活动规律的理论建构，特别是部分典型的、新颖的重要特征未得到专门研究（Brunet and Forgues，2019；Sergeeva and Zanello，2018）。本书针对重大工程各方关联的紧密性和创新活动中主体交互的深入性，基于典型案例研判了不同类别创新主体间的主要关系，探究了这一关系在创新交互过程中的深层特征，从而揭示了重大工程创新活动过程黑箱中主体关系方面的关键细节。这为科学分析创新主体行为规律、合理设计创新力场诱发机制奠定了逻辑基础，对形成重大工程创新管理理论体系具有重要的积极意义。

其二，通过剖析重大工程情境下的创新活动过程丰富了创新管理领域的主体关系研究。创新主体关系研究的一般情境逻辑为：企业为谋求更多利益而开展创新活动，要实现高效有效的创新往往需要进行关系管理（Dodgson，2014；West et al.，2014；寿柯炎和魏江，2018）。在重大工程情境下，完成工程建设任务是主要参与者的第一目标，复杂多样主体关系是参与者面临的固有处境，服务于第一目标的创新活动进行于复杂关系背景下。换言之，前者强调关系管理的必要性，后者侧重复杂关系的先在性。两种情境逻辑出发点的不同引致了理论认识的差异，基于后者发掘的共生关系及其特征是对一般认识的积极补充，可为其他情境的关系认知提供有益借鉴。

其三，通过丰富重大工程创新生态系统的研究内容扩展了创新生态系统视角的研究与应用。比较多见的企业创新生态系统研究常常从单一主体出发，关注焦点企业与其他组织的关系及交互行为（Adner and Kapoor，2010；de Vasconcelos Gomes et al.，2018）。本书从整体视角出发，综合生态理论启发和社会活动特性，重点讨论了重大工程创新生态系统中不同类别参与主体间普遍存在的基本关系及其交互过程的共性特征，一定程度揭示了协同的微观关系基础和系统整体性的根源，为其协同机理与运转规律的系统理论建构迈出了重要一步。这一研究思路是将生态隐喻应用至社会生态系统的新尝试，也扩大了创新生态系统研究的内容范畴。

作为重大工程高质量发展的样板，港珠澳大桥工程在技术需求、参与主体、创新产出等方面皆具代表性和典型性。基于其发掘的学理逻辑与管理策略对涉及系统性创新需求、跨主体协作交互的各类重大工程都有积极的借鉴意义和参考价值。一方面，重大工程的创新主体可依据共生逻辑清晰辨识自身的关系处境，提前研判关系实例的演变趋势，适时调整创新过程中的交互行为，从而保障互利共赢的高效达成。另一方面，创新生态系统的管理主体可参照"以共同目标促进愿景共启、以正式治理促进责任共担、以非正式治理促进情景共融"的策略要点构建多维联动的治理体系，打造多方协同的治理格局，推动价值共创的工程共同体形成，更好地保障重大工程创新生态系统的良好运作和效应发挥。特别需要指出的是，尽管不同主体在治理过程中作用有异、贡献不同，但每个希望创新生态系统健康运转并使自己从中获利的主体都应积极参与到治理中来，更好地依靠共生关系促成协同发展的局面。

受限于重大工程的复杂性和数据资料的详尽度，本章仅是围绕重大工程创新生态系统种间关系的一项探索性研究，而不足以揭示该系统中复杂关系的全部内涵。未来的研究一方面可从关系研究的广度上扩展，考察创新联合体之间或者种群内部的交互关系，亦可考虑创新主体既属商业生态系统与重大工程创新生态系统交叉时的复合关系；另一方面可在共生逻辑的方向上深化，考虑进一步探究基于共生关系的价值分配问题与交互活动扩展，如借助共生关系链路进行的知识产权转移或交易行为。

6.6 本章小结

重大工程实践中多主体协作促成创新已成常态，但涉及其中交互关系的研究并不深入。本章依托创新生态系统视角，选取港珠澳大桥工程进行案例研究，以深化对重大工程不同类别创新主体间主要关系的理解。研究将重大工程创新生态系统种间关系定位为"共生"，发现其在创新主体交互过程中呈现出四项典型特征：关系结构的局部对称，交互内容的动态多样，利益影响的双向共存，活动界限的全面弱化。进而提出了"愿景共启—责任共担—情景共融"的针对性治理策略，以促进创新生态系统的良性运转和参与主体的协同发展。研究结果揭示了重大工程创新活动过程黑箱中交互关系方面的关键细节，使重大工程创新生态系统协同的关系基础和基本环境得到进一步明晰，为优化重大工程创新管理实践提供了关系视角的理论参考。

第 7 章　重大工程创新生态系统协同过程

价值创造是重大工程创新生态系统的核心功能，协同的效果无疑将体现在该系统最终创造的价值上，但尚不清楚协同在这一过程中有何体现、如何作用。鉴于知识在创新导向型价值创造活动中的不可或缺性，本章首先剖析价值创造知识基同产出质量间关系的内在机理，再以此为抓手探究生态系统伙伴在焦点主体价值创造过程中所发挥的作用，并考察机会主义对该过程的可能影响，从而验明协同存在的形式和意义，为更好地推进价值共创提供理论参考。

7.1　概　　述

重大工程被作为强调价值创造的多参与者和多技术的集合进行管理（Lehtinen et al.，2019；Zhai et al.，2009）。重大工程中的价值不仅限于经济价值，还包括各参与方认为有益的有形和无形的过程、解决方案和成果（Artto et al.，2016；Lehtinen et al.，2019；Merrow，2011）。其中一类表现为创新解决方案与成果（如专利、工法等）的价值受到越来越多的关注（Davies et al.，2014；Sergeeva and Zanello，2018），因为随着重大工程逐步向高质量、可持续发展转型（Lin et al.，2017；盛昭瀚，2020），创新在重大工程中的必要性日趋上升，相关实践不断涌现。在此背景下，对重大工程创新生态系统的研究开始起步。

重大工程创新生态系统是基于技术关联的多创新主体围绕重大工程面临的挑战寻求系统有效解决方案而形成的一种社会生态系统。参与主体在其中进行创新导向型价值创造活动时彼此产生联系、形成一定的关系结构，并在活动过程中与其他要素共同进化（Adner，2017；Autio and Thomas，2014；Davies and Mackenzie，2014）。因此重大工程创新生态系统可以认为是围绕价值创造的结构和过程的融合体。同时，它又代表着一类独特的创新情境——创新活动的目标需求刚性、约束限制多重、技术集成复杂、主体交互紧密（Brockmann et al.，2016；Chen et al.，2018；He et al.，2015；Ozorhon and Oral，2017）。对这一独特情境的研究探讨有助于校验既有理论的有效边界，推动相关理论在丰盈度和解释力上进一步发展（Ployhart and Bartunek，2019）。然而对该情境下价值创造活动的探究仍然相对空白，特别是缺乏基于过程视角和对情境因素的专门考量，这也使得相关的管理实践一直缺乏针对性的理论指导。

重大工程中创新导向的价值创造活动并不都是成功的，或者并非总能产出期望的结果（Chen et al., 2018; Davies et al., 2017）。这虽在意料之中，但可能给重大工程的顺利实施带来某种程度的不良影响，使得人们希望对其优化提升。众所周知，创新导向的价值创造活动离不开知识，知识是这类活动的原材料，并在很大程度上影响着产出质量（Donate and Canales, 2012; Grant, 1996; Khedhaouria and Jamal, 2015）。若要理解实践中价值创造的产出差异进而提供理论指引，首先就要明晰这对核心的投入产出关系，并厘清关系背后的潜在机理。与之相关的，知识管理领域的学者对知识重组和发明影响之间的关系进行过不少讨论，线性或者非线性的结果先后出现（Keijl et al., 2016; Rosenkopf and Nerkar, 2001; Schoenmakers and Duysters, 2010）。但严格来说，产出质量和影响力并不等同，特别是在探讨投入要素与他们间关系的内在逻辑时，因为影响力不仅同质量相关，还受到可接受度、易传播度等许多因素影响（Keijl et al., 2016; Kovács et al., 2021; Papazoglou and Spanos, 2018）。因此不能直接根据这些已有研究推断知识投入和产出质量的关系，需要对其间的作用机制进一步剖析。

与此同时，该灰箱中的情境因素并未得到足够重视，而它们很可能对因果效应有所调节，并为机制解释提供有力证据。在重大工程创新生态系统中，各主体并不是孤立地开展价值创造活动，而是同其他各类主体建立起了种种联系并进行着物质或信息的传递与循环（这也是生态系统这样一个有机整体得以形成的重要基础）（Adner, 2017; Chen et al., 2021; Molles, 2015）。其中一些与焦点主体承担相似任务、面临相近挑战（如承担同类标段的施工单位），称为生态系统伙伴（Adner and Kapoor, 2010; Parida et al., 2019）。生态系统伙伴与焦点主体的总体处境极为相似，之间往往存在着或被动或主动的联系。那么，生态系统伙伴的存在或者其价值创造活动的开展是否会对焦点主体的活动产生影响呢？这些影响将会如何反映在知识投入和产出质量间的关系逻辑上？又将如何引致两者关系的变动呢？对这类问题的探索不仅有利于厘清价值创造活动知识投入和产出质量间关系的潜在机制，也有助于揭示重大工程创新生态系统内部交互影响机理。特别地，这将使得互为生态系统伙伴的创新主体间协同是否存在、如何发生、有何效果等一系列问题得到明晰，是验证重大工程创新生态系统中协同存在形式和意义的首次尝试。

通过将用于一项价值创造活动的全部知识视为其知识基（Carnabuci and Operti, 2013; Rosiello and Maleki, 2021; Shafique, 2013），本章研究关注知识基规模（size of knowledge base，SKB）——知识基所含不同门类知识数量之和——如何影响价值创造产出质量，进而考察生态系统伙伴对这对关系的调节作用。本章提出，鉴于重大工程创新独特的情境（特别是价值创造主体所受到的资源限制和目标压力），价值创造活动的知识基规模与产出质量间会呈现一种明显的倒

U 形关系；背后的机制可以从知识基规模增大带来的创造潜力效应与整合难度效应的综合效果来阐释；生态系统伙伴的相对搜索广度和相对创造深度将分别调节这两类效应，从而使倒 U 形曲线发生形状或位置的改变。通过将专利视为价值创造活动的产物并有效利用其属性信息，本章研究采用实证数据检验了假设，发现了大部分支持性证据，并借助博弈模型对未获支持的假设进行了补充分析。研究所获发现不仅明晰了价值创造知识基与产出质量间关系及其潜在机制，还揭示了生态系统伙伴在焦点主体价值创造中的无形作用，为深入理解重大工程创新生态系统的协同过程和价值共创机理提供了新的视角与洞察。

7.2 研究假设

7.2.1 价值创造知识基规模与产出质量

创新导向的价值创造活动围绕知识展开，其至少包括两个基本过程：获取不同的知识；整合获得的知识（Seo et al.，2020；Singh et al.，2016）。它们对高质量的产出而言都是必要的。

技术是通过现有组件和原理组合而成的（Usher，1954），这样一个基本观念奠定了知识多样性在技术创新中的重要地位（Nemet and Johnson，2012）。关注重组的学者通常认为，对单个或少数领域的深入了解可能会使发明者锁定在一种思维方式中，从而阻碍他们实现突破性创新；要取得突破就要结合不同来源的知识（Kelley et al.，2013；Kaplan and Vakili，2015）。显然，当可用于重组的知识组件越多时，可能出现的组合数就越多（当然未必都是有效或有用组合），价值创造主体就越有可能从中找到应对技术挑战最有效的重组方案，从而实现高质量输出。因此价值创造知识基规模增大存在一种正向的创造潜力效应。

如果价值创造主体无法获得多样化的知识输入，那么他们很难产出高水平的创新。但如果他们不能有效地整合这些知识输入，即使拥有多样化的知识输入，他们的创新成果也可能很差。然而，这种整合并非没有成本（Martini et al.，2017；Teodoridis，2018），大量异质知识的整合对价值创造主体而言是一个极大的挑战。一方面，随着知识门类的增加，对其进行有效整合的客观难度将不成比例地增加。如果将知识整合视为知识网络的有效连接，每新纳入一个门类的知识，就要在其与既有知识基间建立联系，随着知识基的增大，这种连接将更加困难（Anderson and Parker，2013；Fleming，2001；Seo et al.，2020）。另一方面，价值创造主体在整合多元知识时将受到自身能力和相关条件的限制。随着知识基的多样化，甚至超出价值创造主体知识库范围时，其吸收整合能力将趋于饱和，并且随着接近能力瓶颈，吸收整合额外的知识会更为困难（Carnabuci and Operti，2013；Dong et al.，

2017）。吸收整合过程本身也需要时间和各类资源（Carlile，2004；Martini et al.，2017；Tzabbar et al.，2013），当下的价值创造情境并不一定能提供充足的时间和资源保障，特别是在本书所考虑的重大工程创新情境下，各种约束限制相对严苛，进一步增加了有效整合较大规模知识基的难度。因此预计这种整合难度效应随知识基规模增大呈非线性扩大趋势。

通过同时考虑价值创造知识基规模的创造潜力效应和整合难度效应，本书认为知识基规模和产出质量具有非线性关系。为了使逻辑更加清晰，本书采用 Haans 等（2016）的建议来可视化相应的潜在机制。如图 7-1 所示，两个相互抵消的机制驱动下呈现出一种倒 U 形关系。总体而言，知识基规模的增大为价值创造主体提供了更多的创造潜力，但在达到一定阈值后，其整合难度效应凸显出来并占据主导地位，使得产出质量受到负面影响。因此，本书提出以下假设。

假设 7-1：重大工程创新生态系统中价值创造知识基规模与高质量产出可能性间呈倒 U 形关系。

图 7-1　倒 U 形关系形成的潜在机理

CPE 为创造潜力效应（creation potential effect），IDE 为整合难度效应（integration difficulty effect），NE 为净效应（net effect，即高质量产出的可能性）

7.2.2　生态系统伙伴的调节作用

价值创造主体并非孤立地存在于重大工程创新生态系统之中，其在开展活动时与各类其他主体或生境要素有着各种各样的联系（Adner，2017；Lehtinen et al.，2019）。特别是其生态系统伙伴与之承担相似任务、面临相近挑战，两者之间更是存在着密切的联系、发生着多种形式的交互。大量关于个人或组织间同侪效应的研究表明，个体行为往往会受到相似群体的影响（Catalini，2018；Kelchtermans et al.，2020）。这种影响可能是多种原因驱动的，如相互竞争、社会学习等（Cao et al.，2019；Hasan and Koning，2019）。生态系统伙伴自身也在开展着价值创造活动，因此没有理由认为焦点主体的价值创造活动不会受到生态系统伙伴的影响。

本书关注两个侧重点有所不同的属性。首先一个是生态系统伙伴的相对搜索广度，其由知识广度演化而来。知识广度是面向组织的知识管理研究中最重要也是最常研究的维度之一（Leiponen and Helfat，2010；Zhang et al.，2007），是指组织拥有知识领域的范围（Russo et al.，2019；Xu，2015），通常以组织所运用的不同技术领域的数量来衡量（Farazi et al.，2019；Zhang，2016）。鉴于技术知识是搜索的结果（Dosi and Grazzi，2006；Moorthy and Polley，2010），本书又关注将生态系统伙伴相对于焦点主体的情况，所以引入相对搜索广度，旨在反映焦点主体当下创造活动的知识基中有多少知识已被用于生态系统伙伴的价值创造活动中。它是通过对比生态系统伙伴已利用的知识基与焦点主体当下创造活动的知识基而确定的，即将两者重合数除以后者规模得到的一个比值。如前所述，吸收整合较大规模的知识基对价值创造主体而言是困难的。当知识基的部分组件已经被生态系统伙伴吸收整合时，焦点主体自身吸收整合的挑战将会减弱。这是考虑到生态系统伙伴对知识组件的学习吸收成果可能通过正式/非正式渠道扩散出来、部分传递至焦点主体（Funk，2014；Miao et al.，2021），如面临较大技术难题时业主可能会统筹各单位协作互通、联合攻关（如在深中通道项目中，为应对钢壳混凝土沉管隧道施工关键技术难题，业主牵头组织"产学研用"各方共 20 余家单位协力攻关），焦点主体和生态系统伙伴的主要人员也可能存在着一些非正式交流（Bell，2005；Ozer and Zhang，2015），从而使得该过程中存在着某些形式的协同。生态系统伙伴的相对搜索广度较大也就意味着其吸收整合了更多当下创造活动所涉及的知识组件，从而在更大程度上减弱焦点主体面临的整合难度，也就使得前述负效应机制有所削弱（图 7-2）。鉴于相对搜索广度这一属性不会对创造潜力效应产生明显影响，可以预计焦点主体在较大知识基规模上实现高质量产出的可能随生态系统伙伴相对搜索广度的增大而获得提升，即倒 U 形关系随之趋于平缓。因此，给出如下假设。

假设 7-2：生态系统伙伴的相对搜索广度会调节知识基规模同高质量产出可能性之间的关系，使得倒 U 形关系随着相对搜索广度的增加而趋于平缓。

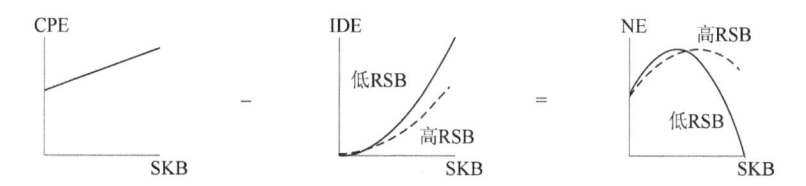

图 7-2　生态系统伙伴相对搜索广度的调节效应机理

RSB 为相对搜索广度（relative search breadth）

另外一个是生态系统伙伴的相对创造深度，其受知识深度的启发而来。源自在某些特定知识领域的重复使用和开发，知识深度是指组织重复利用其拥有知识的程度，反映了在相同知识元素上积累的经验（Caner and Tyler，2015；Russo et al.，2019；Zhang and Baden-Fuller，2010；陈培祯和曾德明，2019）。本书的相对创造深度旨在刻画生态系统伙伴在焦点主体当下创造活动产出对应的知识门类上已经积累了多少产出。它是通过对比焦点价值创造活动产出的知识归类与生态系统伙伴已有产出的知识归类而确定的，即后者在前者归类上的累计产出数量除以前者门类数量的比值。之所以关注这一属性，是因为其很可能影响焦点主体当下活动的创造空间或动机。前面提到，生态系统伙伴与焦点主体处于相似情境、面临相近挑战，这也就意味着对方的创新产出可能能够直接用于解决自身面临的难题。当生态系统伙伴在相近知识门类上已有较多产出时，焦点主体在同类问题上给出创造性解决方案的空间被压缩（这是考虑到创新的本质特性，焦点主体如要实现创新还须避开伙伴的方案），当然面临时间等多重限制的焦点主体也有可能直接学习借鉴伙伴的既有方案而减弱其进行高质量创新的驱动力（Cappelli et al.，2014；Ozorhon，2013；Shenkar，2010）。在这种情形下，焦点主体当下创造活动面临一种隐形的天花板，知识基增大带来的创造潜力效应相应减弱（图 7-3）。鉴于相对创造深度这一属性不会对整合难度效应产生明显影响，根据 Haans 等（2016）的数理分析预计，倒 U 形关系曲线的转折点会因生态系统伙伴相对创造深度的不同而左右移动。因此，给出如下假设。

假设 7-3：生态系统伙伴的相对创造深度会调节知识基规模同高质量产出可能性之间的关系，使得倒 U 形曲线的转折点随着相对创造深度的增加向左移动。

图 7-3　生态系统伙伴相对创造深度的调节效应机理

RCD 为相对创造深度（relative creation depth）

7.3　数据与方法

7.3.1　样本与数据

本书使用港珠澳大桥工程创新生态系统的相关数据来检验上述假设。这主要是考虑到其在技术需求、参与主体、创新产出等方面都可作为重大工程创新的典型代表：①港珠澳大桥作为集桥、岛、隧为一体的超大型跨海通道，是中国交通建设史上技术最复杂、施工难度最大、建设要求及标准最高的工程之一，体现出复杂多样的创新需求；②为满足这些需求，不同地域、不同行业、不同组织的各方创新主体参与进来，各类创新资源也被调集进来，共同为该工程的技术挑战寻求系统有效的解决方案；③结果表明，该工程涉及的诸多世界级难题最终得以克服，参与主体也产出了一系列创新成果，特别是包括数量众多的专利，因此本书能够相对量化地分析价值创造活动的知识基与产出情况（较之工法、技术标准等其他产物，专利在数量、代表性、易获取性、分析维度等方面具有显著优势）。从创新生态系统视角来看，该系统内环境要素丰富完备、交织效果显著，创新主体繁多活跃、交互关联紧密，各类主体协作配合、适应环境的过程中创新力场逐步建立，形成了一个建构完善、运转良好的创新生态系统。

首先，从港珠澳大桥管理局官方网站获取到其披露的中标公告和企业名录（共计 13 家核心参建企业，其中 1 家无专利产出），其中包含了各企业承担的标段信息（可依据标段的相近情况确定焦点主体的生态系统伙伴）。然后，根据企业名称在国家知识产权局（China National Intellectual Property Administration，CNIPA）专利检索及分析系统和 incoPat 全球专利文献数据库中检索他们在参建时期内所申请的发明专利（只有发明专利这一类型既公开了授权记录，也公开了申请但最终未获授权的记录，使得本书能够据此对发明申请进行划分，而实用新型专利与外观设计专利只公开了那些获得授权的申请；当然，在港珠澳大桥工程相关的所有专利申请中，发明专利的占比最大），再借助核心人物（视为发明人）信息和所承担标段相关技术信息确定那些确系与该工程有关的专利申请，从而得到了 12 家企业基于港珠澳大桥的发明专利申请详情（包括 IPC 号、发明人、所引证专利等信息），共计 352 条。在去除少部分仍然在审或者没有引证项的记录后，本书的数据集最后包括 300 条发明专利申请记录。同时，还从专利数据库中提取了这些企业在参与港珠澳大桥工程前的发明专利申请信息，以便为申请单位层面的控制变量提供数据。

7.3.2 变量与测度

1. 因变量

本书将专利视为价值创造的产物，因此需要对专利质量做出衡量。学界对其衡量方法并没有达成统一的标准，不同文献根据其具体研究情境采取了不同的测度方法，比较常见的如对专利被引频次进行计数（Savage et al.，2020；Sterzi，2013；宋艳等，2021）。但鉴于本书数据集包含的专利申请日期较新，许多专利并没有获得引用，因此选择了一种天然但有效的方法，即根据专利获得授权与否判定其质量高低（Guellec and van de la Potterie，2000；Kapoor et al.，2016；Kok et al.，2019）。同大多数国家和地区类似，中国发明专利在提交申请后会受到严格审查（图 7-4），只有其被认为具备足够的新颖性、创造性和实用性，才能最终获得授权（Liegsalz and Wagner，2013）。所以本书的因变量——高质量产出（high-quality output）是一个虚拟变量，依据相应专利申请获得授权与否进行赋值。

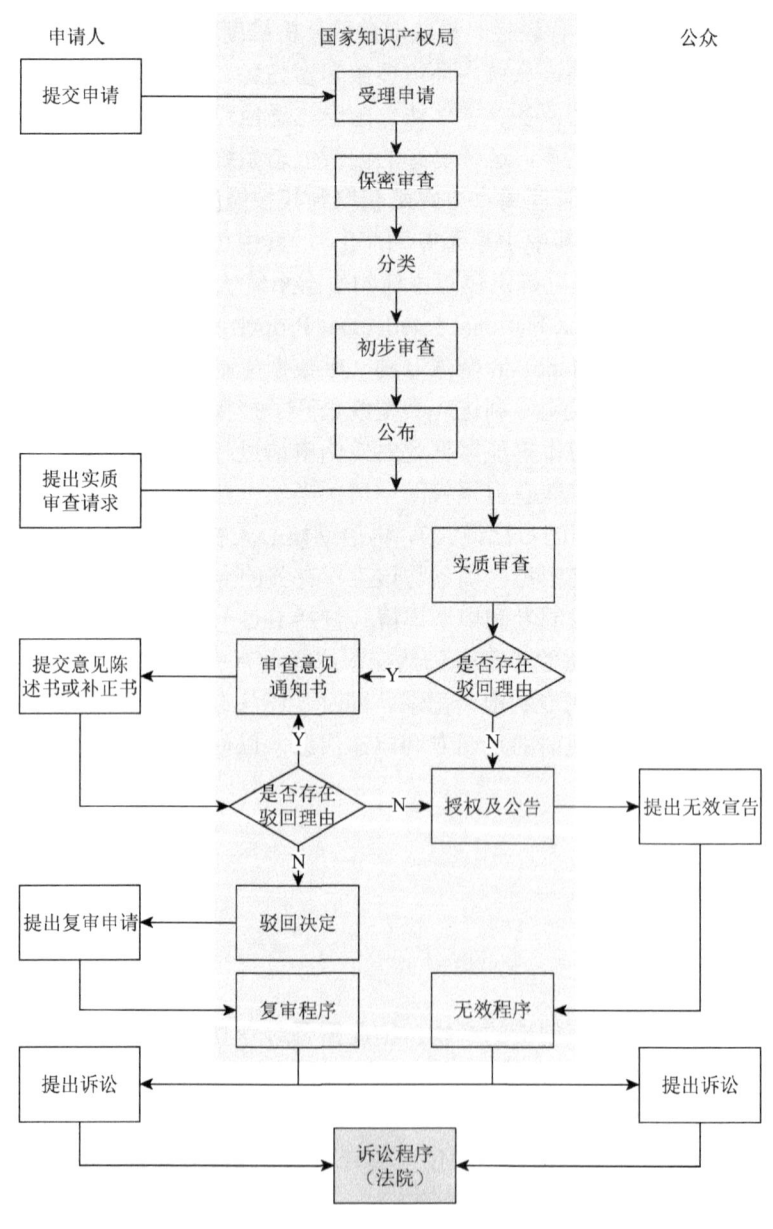

图 7-4　中国发明专利申请审批简明流程
资料来源：国家知识产权局

2. 自变量和调节变量

知识基规模。参鉴以往研究，本书研究依靠专利引用信息来确定所涉及知识的情况，并使用专利的 IPC 分类（示例见图 7-5）识别相应的知识领域（Nemet and Johnson，2012；Zhang and Tong，2021；徐欣等，2019）（本书研究采用大组层面的 IPC 分类号作为划分标准，因为数据集中所涉及专利的 IPC 在大类、小类上的相似度较高，不易进行有效区分）。具体而言，在确定焦点专利所引证的全部专利后，对这些引证专利的 IPC 分类号（精确到大组层面）进行非重复计数，将该数值作为自变量价值创造知识基的测度。

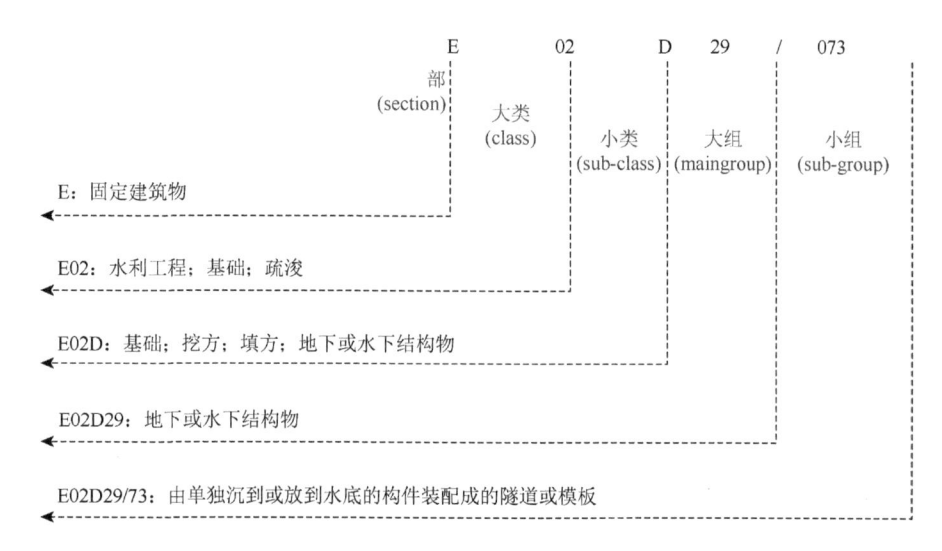

```
        E   02   D   29  / 073
        部   大类  小类  大组  小组
     (section)(class)(sub-class)(maingroup)(sub-group)
```

E：固定建筑物
E02：水利工程；基础；疏浚
E02D：基础；挖方；填方；地下或水下结构物
E02D29：地下或水下结构物
E02D29/73：由单独沉到或放到水底的构件装配成的隧道或模板

图 7-5　国际专利分类号结构说明示例

生态系统伙伴相对搜索广度（relative search breadth of ecosystem peers）。该变量由知识广度演化而来，而且常以专利归类的门类数来测度（Fallatah，2018；Zhang et al.，2007；李子彪等，2021），本书研究据此设计了该变量的测度方式。在价值创造知识基范围内，焦点专利申请主体相应生态系统伙伴依托港珠澳大桥工程已申请专利（即在焦点专利提交申请前已申请）的全部引证专利所涉及的 IPC 大组数占比，用于测度生态系统伙伴的相对搜索广度。例如，主体甲于时间 t 提交焦点专利申请，引证专利涵盖五个 IPC 门类（A，B，C，D，E）。相应伙伴乙在该时间之前依托这一工程累计提交过 n 个专利申请，其引证专利涉及了五个之中的三个（A，C，E），则该变量取值 0.6。

生态系统伙伴相对创造深度（relative creation depth of ecosystem peers）。本书研究通过遵循先前关于知识深度的研究（Russo et al.，2019；Xu，2015）来测度

该变量，其通常被测度为一个组织在各技术门类上的平均获批专利数。焦点专利申请主体相应生态系统伙伴依托港珠澳大桥工程已申请专利（即在焦点专利提交申请前已申请）中涉及焦点专利 IPC 大组的数量，除以焦点专利 IPC 大组数，所得数值用于测度生态系统伙伴的相对创造深度。例如，主体甲于时间 t 提交焦点专利申请，其 IPC 门类为[A，B]。相应伙伴乙在该时间之前依托这一工程申请过 1 个归类为 A 的专利、1 个归类为 B 的专利、1 个归类为[A，B]的专利，则该变量取值 1.5。

3. 控制变量

专利的一些属性被认为与其质量/价值有关，本书将其作为控制变量纳入了模型。首先是焦点专利的权利要求数量、首权字数、文献页数，它们有时被作为专利价值的代理指标（Barirani et al.，2015；Keijl et al.，2016）。其次是焦点专利的 IPC 门类数（以大组层面计）、引证项数，以及引证专利的中位时滞（焦点专利的申请年份减去引证专利的申请年份，取各引证项相应值的中位数），代表了引用的新旧，被认为会影响焦点专利价值（Keijl et al.，2016；Nemet and Johnson，2012）。然后是发明人数量、申请人数量，它们影响着该发明开发过程中所能利用资源的数量及多样性，从而影响发明质量（Kok et al.，2019；Singh and Fleming，2010）。最后，本书还纳入了第一申请人过去三年发明专利申请的授权率，该变量取值高意味着其在成功申请专利上积累了更多经验，这或对焦点专利的申请有积极意义。此外，时间会对专利指标产生各种影响，专利的总体授权率也可能随时间发生变化，因此本书引入专利申请年份（Schoenmakers and Duysters，2010；Nemet and Johnson，2012）来说明未测量的时间效应，这由年份虚拟变量表示。

如前所述，本书根据焦点企业所承担的标段来确定其在每个价值创造活动上的生态系统伙伴，但个别类型标段仅由一家企业完成且无相近标段，故在这类活动中这些企业没有相应的生态系统伙伴。这一情况涉及中国铁建电气化局集团有限公司承担的交通工程、中交广州航道局有限公司（简称中交广航局）承担的疏浚工程、中交一航局承担的隧道施工工程相应的专利产出，共计 87 条记录。进一步，鉴于工程开始的最初一段时间内的专利申请活动较少，不足以反映生态系统伙伴真实的相对搜索广度与相对创造深度，因此本书在检验调节效应时略去了那些前期产出，以免结果出现较大偏差。具体而言，本书将各企业自首个专利提交申请日起前两个年份的专利产出视为前期产出，这涉及 55 条专利记录。因此，检验调节效应的数据集最终包括 158 条记录。表 7-1 给出了研究变量的描述性统计值。

表 7-1 变量的描述性统计

变量	N	均值	标准差	最小值	最大值
高质量产出	300	0.72	0.45	0	1
知识基规模	300	5.38	2.85	1	18
生态系统伙伴相对搜索广度	158	0.52	0.35	0	1
生态系统伙伴相对创造深度	158	3.12	5.91	0	25
权利要求数量	300	6.99	2.62	1	18
首权字数	300	345.50	253.97	51	1857
文献页数	300	9.26	3.70	5	35
本专利 IPC 门类数	300	1.58	0.92	1	10
引证项数	300	5.35	1.82	1	11
引证专利时滞	300	4.67	3.82	0	28
发明人数量	300	9.25	3.37	1	23
申请人数量	300	2.30	1.18	1	5
过往三年发明申请授权率	300	0.68	0.24	0	1

7.3.3 分析策略

参鉴 Aiken 和 West（1991）、Haans 等（2016）的研究，本书估计回归模型（7-1），用以检验价值创造知识基的曲线效应和相应生态系统伙伴属性的调节效应：

$$Y = \beta_0 + \beta_1 X + \beta_2 X^2 + \beta_3 XZ + \beta_4 X^2 Z + \beta_5 Z + \gamma \text{Controls} + \varepsilon \quad (7\text{-}1)$$

其中，Y 为本书关注的结果虚拟变量高质量产出，X 为自变量知识基规模，Z 为与生态系统伙伴相关的两个调节变量，Controls 为本书的控制变量组，ε 为误差项；β_0、β_1、β_2、β_3、β_4、β_5 和 γ 均为待估参数。由于被解释变量为二值离散变量，因此在回归估计时采用 Logit 模型。

为检验假设 7-1，本书需要考察 β_1 和 β_2。假设 7-1 提出价值创造知识基规模同高质量产出可能性之间存在倒 U 形关系，这就要求 β_2 显著为负且 $-\beta_1/2\beta_2$ 位于自变量的取值范围内（Lind and Mehlum, 2010）。为检验假设 7-2，即倒 U 形关系变得平坦，这要考察是否满足 β_4 显著为正。为检验假设 7-3，即倒 U 形曲线的转折点发生变动，需要考察如下等式是否显著不为零及其取值正负（Haans et al., 2016），如公式（7-2）所示：

$$\frac{\delta X^*}{\delta Z} = \frac{\beta_1 \beta_4 - \beta_2 \beta_3}{2(\beta_2 + \beta_4 Z)^2} \quad (7\text{-}2)$$

7.4 实证结果

7.4.1 主效应

表 7-2 报告了针对主效应的回归结果。模型 1 是控制变量影响的基线分析，模型 2 加入了自变量的一次项，模型 3 在其基础上又加入了二次项。结果显示，自变量一次项的系数显著为正（$\beta = 0.429$，$p < 0.05$），二次项的系数显著为负（$\beta = -0.027$，$p < 0.05$），这初步表明价值创造知识基规模同高质量产出可能性之间存在二次关系。

表 7-2 主效应检验的回归结果

	因变量：高质量产出		
	模型 1	模型 2	模型 3
知识基规模^2			−0.027**
			(0.013)
知识基规模		0.040	0.429**
		(0.080)	(0.206)
引证项数	−0.049	−0.074	−0.121
	(0.105)	(0.114)	(0.115)
引证专利时滞	0.016	0.015	0.017
	(0.051)	(0.049)	(0.047)
本专利 IPC 门类数	−0.168	−0.191	−0.216
	(0.156)	(0.165)	(0.169)
权利要求数量	−0.066	−0.063	−0.065
	(0.080)	(0.080)	(0.082)
文献页数（ln）	0.117	0.090	0.092
	(0.681)	(0.685)	(0.706)
首权字数（ln）	2.843***	2.845***	2.939***
	(0.390)	(0.389)	(0.416)
发明人数量	−0.019	−0.022	−0.012
	(0.049)	(0.049)	(0.049)
申请人数量	0.159	0.148	0.121
	(0.161)	(0.158)	(0.162)

续表

	因变量：高质量产出		
	模型 1	模型 2	模型 3
过往三年发明申请授权率	1.707**	1.749**	1.709**
	(0.728)	(0.735)	(0.741)
Constant	−1.935	−1.950	−3.437
	(2.939)	(2.908)	(3.353)
Year dummies	Included	Included	Included
Observations	300	300	300
Pseudo R-squared	0.386	0.387	0.398

注：括号内为聚类稳健标准误。
$p<0.05$，*$p<0.01$

按照方法学家推荐的检验二次关系的程序（Haans et al.，2016；Lind and Mehlum，2010），本书首先检验了自变量数据范围两端的简单斜率的显著性和符号，然后检查转折点是否落在自变量取值范围内。表 7-3 的结果表明自变量下限的斜率显著为正（$\beta = 0.376$，$p<0.05$），上限的斜率显著为负（$\beta = -0.528$，$p<0.05$）。这意味着当知识基规模从低到高增加时，简单斜率的符号发生了变化，因此对倒 U 形存在的整体测试是显著的（$p<0.05$）。同时，二次关系检验表明，知识基规模的转折点和该转折点的 95%置信区间均在取值范围内。综上，假设 7-1 得到支持，价值创造知识基规模同高质量产出可能性呈倒 U 形关系。

表 7-3　倒 U 形关系检验

	因变量：高质量产出	
	下限	上限
知识基规模	1	18
Slope	0.376	−0.528
t 值	2.063	−1.956
p 值	0.020	0.026
Estimated turning point	8.072	
Confidence interval（Fieller method）	[5.263；12.124]	

7.4.2　调节效应

表 7-4 报告了加入调节变量及其与自变量的交互项后的回归结果。为验证假设 7-2，即确定倒 U 形关系的形状是否发生变化，需要考察生态系统伙伴相对搜

索广度与自变量二次项交乘项的系数。模型 5 的结果显示,该系数在统计上是显著的并且大于零($\beta = 0.265$,$p < 0.01$),这为假设 7-2 提供了初步的支持。

表 7-4 调节效应检验的回归结果

	因变量:高质量产出			
	模型 4	模型 5	模型 6	模型 7
知识基规模^2	−0.034*	−0.207***	−0.034**	−0.066**
	(0.018)	(0.066)	(0.017)	(0.028)
知识基规模	0.497*	3.267***	0.502*	1.000**
	(0.268)	(1.033)	(0.268)	(0.420)
伙伴相对搜索广度	−0.015	11.416***		
	(0.775)	(3.913)		
伙伴相对搜索广度*知识基规模^2		0.265***		
		(0.103)		
伙伴相对搜索广度*知识基规模		−4.060***		
		(1.327)		
伙伴相对创造深度			0.172	1.664**
			(0.315)	(0.833)
伙伴相对创造深度*知识基规模^2				0.042*
				(0.025)
伙伴相对创造深度*知识基规模				−0.571**
				(0.282)
引证项数	−0.106	−0.090	−0.094	−0.077
	(0.148)	(0.152)	(0.153)	(0.162)
引证专利时滞	0.004	0.018	0.014	0.035
	(0.079)	(0.086)	(0.089)	(0.098)
本专利 IPC 门类数	−0.280	−0.385**	−0.276	−0.341*
	(0.184)	(0.187)	(0.183)	(0.182)
权利要求数量	0.031	0.108	0.027	0.065
	(0.112)	(0.124)	(0.110)	(0.115)
文献页数(ln)	0.212	0.192	0.256	0.142
	(0.908)	(0.907)	(0.925)	(0.902)
首权字数(ln)	3.522***	4.173***	3.514***	3.721***
	(0.821)	(0.763)	(0.825)	(0.808)
发明人数量	−0.249**	−0.362**	−0.228*	−0.267**
	(0.124)	(0.159)	(0.123)	(0.134)

第 7 章　重大工程创新生态系统协同过程

续表

	因变量：高质量产出			
	模型 4	模型 5	模型 6	模型 7
申请人数量	0.048	0.231	0.007	0.062
	(0.283)	(0.315)	(0.296)	(0.306)
过往三年发明申请授权率	0.226	0.458	0.315	0.290
	(0.840)	(1.006)	(0.820)	(0.937)
Constant	−17.182***	−29.778***	−17.538***	−20.127***
	(4.528)	(5.757)	(4.599)	(4.677)
Year dummies	Included	Included	Included	Included
Observations	158	158	158	158
Pseudo R-squared	0.424	0.483	0.425	0.442

注：括号内为聚类稳健标准误。

*$p<0.1$，**$p<0.05$，***$p<0.01$

但对于非线性模型设定，如本书使用的 Logit 回归模型，Haans 等（2016）提出还要比对在调节变量取不同代表性数值时曲线斜率的变化以确定是否发生了显著变平或变陡。本书依照他们描述的步骤，对比了较高和较低的相对搜索广度下曲线上不同处边际效应的数值大小，并绘制出了相应预测边际值的图像（图 7-6），发现高搜索广度曲线上转折点以前各处的正边际效应弱于低搜索广度曲线上对应各点，转折点之后的负边际效应也弱于低搜索广度曲线，进而证实了价值创造知识基规模同高质量产出间的倒 U 形关系随着生态系统伙伴相对搜索广度的增加而趋于平缓。因此假设 7-2 得到支持。

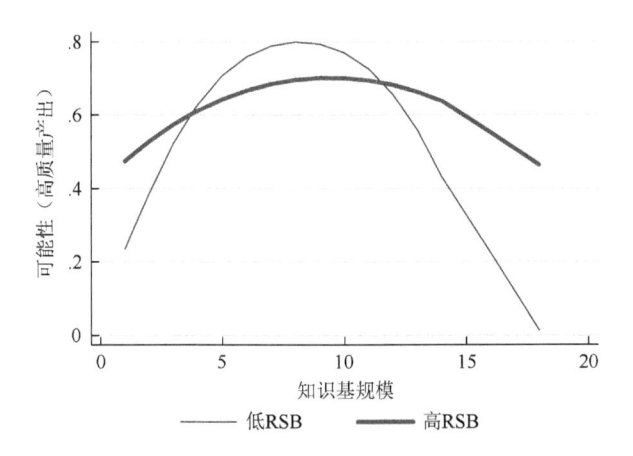

图 7-6　生态系统伙伴相对搜索广度的调节效应

RSB 的低值和高值对应于其第一三分位数、第二三分位数

为验证假设 7-3，即检查曲线转折点是否发生移动，本书基于模型 7 报告数值并使用 Haans 等（2016）推荐的 Stata 中的 nlcom 命令估计了式（7-2）。结果显示，当相对创造深度取其均值时，尽管式（7-2）的数值为正，但这一效应在统计上并不显著（$\beta = 1.137$, $p = 0.710$）。这意味着价值创造知识基规模同高质量产出间倒 U 形关系的转折点并没有随相对创造深度发生显著变化，假设 7-3 没有得到支持。

7.4.3 稳健性检验

本书还进行了额外的分析，以检查结果的稳健性。首先，根据 Haans 等（2016）所建议的，在基线模型中添加了自变量的三次项，发现其估计系数不显著（$\beta = -0.006$, $p = 0.227$），也没有带来模型拟合程度的改善，这为二次型关系提供了更强的支持。其次，为避免观测中的异常值带来结果偏差的可能性，从样本中排除各种异常值来重新计算上述模型。学者建议通过截尾（trimming）和缩尾（winsorizing）等技术来排除异常值的影响（Ghosh and Vogt, 2012），对 1%截尾和缩尾后的数据分析（表 7-5）显示出前述分析实质上相似的结果。此外，针对二值选择模型的估计也可考虑 Probit 模型，因而基于 Probit 模型重新进行了各项估计，所得结果与前述结果高度一致（为简洁起见，此处未报告结果，可应要求提供）。总体而言，本书的研究结果是稳健的。

表 7-5 基于截尾和缩尾数据的回归结果

	因变量：高质量产出			
	模型 8 （1%截尾）	模型 9 （1%缩尾）	模型 10 （1%截尾）	模型 11 （1%缩尾）
知识基规模^2	−0.207*** (0.066)	−0.211*** (0.065)	−0.066** (0.028)	−0.070*** (0.026)
知识基规模	3.267*** (1.033)	3.326*** (1.011)	0.997** (0.427)	1.046** (0.416)
伙伴相对搜索广度	11.415*** (3.913)	11.593*** (3.886)		
伙伴相对搜索广度*知识基规模^2	0.265*** (0.103)	0.269*** (0.102)		
伙伴相对搜索广度*知识基规模	−4.059*** (1.327)	−4.118*** (1.316)		
伙伴相对创造深度			1.661** (0.837)	1.715** (0.840)

续表

	因变量：高质量产出			
	模型 8 （1%截尾）	模型 9 （1%缩尾）	模型 10 （1%截尾）	模型 11 （1%缩尾）
伙伴相对创造深度*知识基规模^2			0.042* （0.026）	0.045* （0.025）
伙伴相对创造深度*知识基规模			−0.569** （0.284）	−0.595** （0.282）
Constant	−29.777*** （5.758）	−30.019*** （5.731）	−20.115*** （4.687）	−20.286*** （4.716）
Control variables	Included	Included	Included	Included
Observations	157	158	157	158
Pseudo R-squared	0.478	0.482	0.437	0.441

注：括号内为聚类稳健标准误。
$*p<0.1$，$**p<0.05$，$***p<0.01$

7.5 考虑机会主义影响的扩展研究

不同于相对搜索广度，生态系统伙伴的相对创造深度对前述倒 U 形关系的调节效应在统计上并不显著，假设 7-3 未得到支持。前面在发展这一假设时提出，生态系统伙伴在相近知识门类上的更多产出可能减弱焦点主体进行深度创新的动机，从而缓和知识基规模增大带来的潜力效应。这主要是考虑到面临时间等多重限制的焦点主体有可能借鉴模仿生态系统伙伴的方案而非专注于创新（即存在出现机会主义行为的可能）。

虽然该假设未得到实证结果的支持，但并不能据此判断机会主义行为有无发生。特别地，焦点主体与生态系统伙伴面临相同或相似技术难题的情形将在重大工程建设期间多次出现，其间的主体行为会直接影响各类交互活动的进行与演化，进而可能重塑主体间的关系结构，甚至改变整个生态系统的基本氛围。鉴于主体在创新与模仿间的策略选择不仅可能影响其所创造的价值，而且关乎整个创新生态系统的功能发挥与演化动向，有必要对其展开进一步的探究。为此，本节尝试基于博弈论对这一问题进行建模与仿真分析。

需要说明的是，本节研究所涉及的"创新"与"模仿"是对参与主体实际行为策略的一种抽象与简化表述。在应对重大工程建设中的技术难题时，参与主体可能选择积极投入各种资源与时间，尽自身努力围绕当下需求创造性地给出可行适用的解决方案，这是一类在创新强度和深度上较为显著的自主创新型行为策略；也可能尝试在创新生态系统中探寻潜在可用的相关方案（特别是参考借鉴生态系统伙伴对同类问题的解决方案），进而以此为基础进行适应性改造，从而满足当下需求，这是一类创新程度较弱的模仿跟随型行为策略。后一类策略也包含一定的创新努力，但其创新产物的原创性和新颖性可能不足，从本章视角，可理解为该价值创造活动的产出质量不高。对于上述两类不同的行为策略，本节以"创新"与"模仿"进行区别化标记，以便后面陈述与分析。

在重大工程创新生态系统中，追求自身利益最大化的参与主体难免具有机会主义行为（"搭便车"）倾向，特别是各主体所掌握的信息往往是不充分和不对称的，知识资源的公共物品属性和创新活动的高成本，使得他们有动机也有条件选择模仿策略。另外，他们对问题的分析判断和决策执行能力并不完美，不可能考虑到影响博弈结果的全部因素，也很难准确预判其他主体的策略选择，即普遍存在某些局限，因此可认为是"有限理性"的。重大工程建设过程中先后面临的诸多技术难题，恰恰提供了参与主体进行反复博弈的现实情境。有限理性的参与主体最初很难判断创新与模仿策略之中何为最优选择，他们在反复博弈中通过试错掌握更多信息，若某一策略取得较好收益，则复制该策略，反之则调整修正策略，从而逐步达到最优并实现均衡。这些特性和活动情形满足了演化博弈的基本设定。

演化博弈的思想起源于生物进化论，其强调的有限理性假设和演化稳定策略使其比传统博弈理论更加契合现实情境，为理解人类社会活动中的各类长期稳定关系与群体行为特征提供了更为有力的工具。本节通过建立和求解演化博弈模型，可依据博弈演化的均衡状态为上述问题提供学理解释；同时也能基于模型内各参数的影响路径为构建和治理重大工程创新生态系统提供些许理论参考。

7.5.1 博弈模型构建与求解

为进行一般性分析，本节基于对现实情境的抽象凝练做出以下基本假定。

（1）重大工程创新生态系统中的焦点主体 A 和生态系统伙伴 B 均是有限理性的，都以追求自身利益最大化为基本目标。受机会主义影响，其面对某一技术难题时均有两个策略可选择：创新、模仿。双方选择创新策略的概率分别为 x，y（$x,y \in [0,1]$）；相应的，选择模仿策略的概率为 $1-x$，$1-y$。

（2）解决该技术难题从而完成当前建设任务的完工收益为 E，进行创新可获得超额收益 R_A 或 R_B，但也要承担创新成本 C_o。若双方均选择创新策略，则由于生态系统内协同效应的存在，创新成本会出现一定比例（记为 β）的降低，此时双方收益分别为 $E+R_A-(1-\beta)C_o$，$E+R_B-(1-\beta)C_o$。其中，协同降本因子 $\beta \in (0,1)$。

（3）进行模仿也需要承担一定的成本 C_m（$C_m < C_o$）。若双方均选择模仿策略，则有一定概率（α）未能解决当下技术难题，此时双方收益均为 $(1-\alpha)E-C_m$。

其中，风险因子 $\alpha \in [0,1]$，αE 也可理解为因未能在创新生态系统内模仿到有效解决方案而通过其他途径（如购买、委托研发等）寻求解决方案所花费的成本。

（4）当一方选择创新策略而另一方选择模仿策略时，模仿方通过搭便车不再承担未能解决技术难题的风险，创新方则面临因被模仿而引致的损失 L。若焦点主体选择创新策略，而生态系统伙伴选择模仿策略，则双方收益分别为 $E+R_A-C_o-L$，$E-C_m$；反之，收益分别为 $E-C_m$，$E+R_B-C_o-L$。

博弈模型所涉及参数的符号和含义如表 7-6 所示。基于以上假定，可以得到焦点主体与生态系统伙伴选择不同策略时的收益矩阵，如表 7-7 所示。

表 7-6 参数符号及含义

参数符号	参数含义
E	解决当前技术难题从而完成建设任务的收益
R_A	焦点主体进行创新而获得的超额收益
R_B	生态系统伙伴进行创新而获得的超额收益
C_o	创新成本
C_m	模仿成本
L	创新方因被模仿而引致的损失
α	风险因子
β	协同降本因子
x	焦点主体采取创新策略的概率
y	生态系统伙伴采取创新策略的概率

表 7-7 博弈收益矩阵

		生态系统伙伴 B	
		创新	模仿
焦点主体 A	创新	$E+R_A-(1-\beta)C_o$，$E+R_B-(1-\beta)C_o$	$E+R_A-C_o-L$，$E-C_m$
	模仿	$E-C_m$，$E+R_B-C_o-L$	$(1-\alpha)E-C_m$，$(1-\alpha)E-C_m$

根据博弈收益矩阵，焦点主体选择创新策略的期望收益为

$$\pi_{A1} = y\left(E+R_A-(1-\beta)C_o\right)+(1-y)(E+R_A-C_o-L) \quad (7-3)$$

焦点主体选择模仿策略的期望收益为

$$\pi_{A2} = y(E-C_m)+(1-y)\left((1-\alpha)E-C_m\right) \quad (7-4)$$

则焦点主体的平均期望收益为

$$\overline{\pi_A} = x\pi_{A1} + (1-x)\pi_{A2} \tag{7-5}$$

从而可以得到焦点主体选择创新策略的复制动态方程为

$$F(x) = dx/dt = x\left(\pi_{A1} - \overline{\pi_A}\right) = x(1-x)\left(y(\beta C_o + L - \alpha E) + R_A - C_o - L + C_m + \alpha E\right) \tag{7-6}$$

同理,生态系统伙伴选择创新策略的期望收益为

$$\pi_{B1} = x\left(E + R_B - (1-\beta)C_o\right) + (1-x)(E + R_B - C_o - L) \tag{7-7}$$

生态系统伙伴选择模仿策略的期望收益为

$$\pi_{B2} = x(E - C_m) + (1-x)\left((1-\alpha)E - C_m\right) \tag{7-8}$$

则生态系统伙伴的平均期望收益为

$$\overline{\pi_B} = y\pi_{B1} + (1-y)\pi_{B2} \tag{7-9}$$

从而可以得到生态系统伙伴选择创新策略的复制动态方程为

$$F(y) = dy/dt = y\left(\pi_{B1} - \overline{\pi_B}\right) = y(1-y)\left(x(\beta C_o + L - \alpha E) + R_B - C_o - L + C_m + \alpha E\right) \tag{7-10}$$

在由式(7-6)和式(7-10)两个复制动态方程所构成的二维动态系统中,令 $F(x) = 0$ 且 $F(y) = 0$,在 $R = \{(x,y) | 0 \leq x \leq 1, 0 \leq y \leq 1\}$ 平面上可以得到该系统的五个局部均衡点,分别为 $O(0,0)$,$P_1(1,0)$,$P_2(0,1)$,$P_3(1,1)$,$Q(x^*, y^*)$。

其中,$x^* = 1 - \dfrac{R_B + C_m - (1-\beta)C_o}{\beta C_o + L - \alpha E}$,$y^* = 1 - \dfrac{R_A + C_m - (1-\beta)C_o}{\beta C_o + L - \alpha E}$。

根据弗里德曼(Friedman)的方法,演化博弈模型中的各局部均衡点是否为系统的演化稳定策略(evolutionary stable strategy,ESS)可依据雅可比矩阵进行判断。基于两个复制动态方程,该二维系统对应的雅可比矩阵为

$$J = \begin{bmatrix} (1-2x)\begin{bmatrix} y(\beta C_o + L - \alpha E) + R_A \\ -C_o - L + C_m + \alpha E \end{bmatrix} & x(1-x)(\beta C_o + L - \alpha E) \\ y(1-y)(\beta C_o + L - \alpha E) & (1-2y)\begin{bmatrix} x(\beta C_o + L - \alpha E) + R_B \\ -C_o - L + C_m + \alpha E \end{bmatrix} \end{bmatrix} \tag{7-11}$$

对于 x^*, y^* 均在 $R = \{(x,y) | 0 \leq x \leq 1, 0 \leq y \leq 1\}$ 平面上,即当 $\alpha E + R_i + C_m \leq C_o + L$(其中 $R_i = \max\{R_A, R_B\}$)满足时,依据雅可比矩阵的行列式和迹的符号可对五个局部均衡点的稳定性进行判断,具体如表7-8所示。对于 $\alpha E + R_A + C_m > C_o + L$ 或 $\alpha E + R_B + C_m > C_o + L$ 的情形,可判断博弈具有唯一均衡点(1,1),这里不做展开分析(此情形可理解为创新或完工收益显著大于各类成本,进行创新的期望收益显著高于进行模仿的期望收益,创新策略对博弈双方均是理智且最优的选择)。

表 7-8 局部均衡点的稳定性分析

均衡点	Det(J)	Tr(J)	稳定性
$O(0,0)$	>0	<0	ESS
$P_1(1,0)$	>0	>0	不稳定
$P_2(0,1)$	>0	>0	不稳定
$P_3(1,1)$	>0	<0	ESS
$Q(x^*,y^*)$	<0	0	鞍点

由表 7-8 可知，$O(0,0)$ 和 $P_3(1,1)$ 是双方反复博弈的演化均衡点，其对应策略组合分别为{模仿，模仿}和{创新，创新}；$P_1(1,0)$ 和 $P_2(0,1)$ 是不稳定点，其对应的策略组合（{创新，模仿}和{模仿，创新}）将在反复博弈中被逐渐放弃。双方的演化博弈相位图如图 7-7 所示，其中 P_1 点、P_2 点和 Q 点间的连线构成系统收敛于不同策略的分界线，当初始状态位于折线 P_1QP_2 左下方时系统向 O 点演化，双方策略选择趋稳于{模仿，模仿}；位于折线 P_1QP_2 右上方时则向 P_3 点演化，双方策略选择趋稳于{创新，创新}。

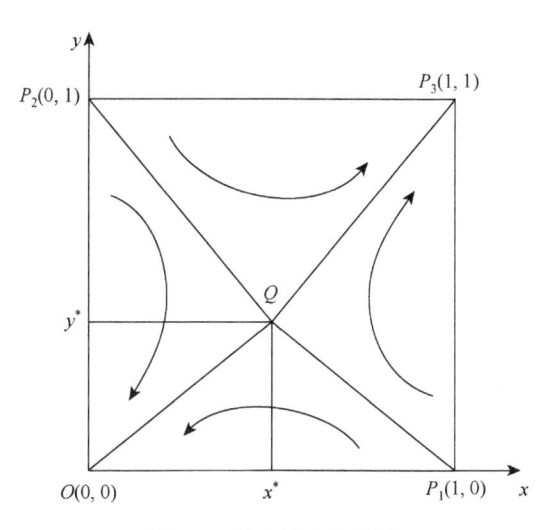

图 7-7 演化博弈相位图

对该模型演化稳定策略的分析表明，一方创新而另一方模仿的策略组合并非稳定状态，经过一段时间的博弈后双方的策略选择将稳定于均创新或均模仿。这意味着本节所描述的情形在重大工程创新生态系统中并不多见，即使一些主体受机会主义影响在博弈初期形成了这样的策略组合（{创新，模仿}或{模仿，创新}），随着他们根据所掌握的信息和其他主体的选择不断调整修正自身策略,将在此后的博弈中逐步趋稳于均创新或均模仿的状态(创新或完工收益显著较大的情况下则必然趋稳于均创新的状态)。这一结果部分解释了生态系统伙伴相对创造深度的调节效应不具有统计显著性的原因,即焦点主体创新动机因伙伴相对创造深度增大而减弱的情况在理论上是低概率的。

7.5.2 参数分析与数值模拟

根据图 7-7,有限理性的双方经过反复博弈,策略选择会向着 O 点或 P_3 点方向逐渐演化,而该系统演化的最终均衡与 OP_1QP_2 区域面积和 $P_1QP_2P_3$ 区域面积的相对大小有关。$P_1QP_2P_3$ 区域面积越大,演化更可能收敛于 P_3 点,反之则收敛于 O 点。由图 7-7 易知,$P_1QP_2P_3$ 区域面积可表示为

$$S_1 = 1 - \frac{1}{2}(x^* + y^*) = \frac{R_A/2 + R_B/2 + C_m - (1-\beta)C_o}{\beta C_o + L - \alpha E} \quad (7\text{-}12)$$

由此可分析各参数的变化对该面积的影响,从而推测系统演化方向。

对面积 S_1 求关于风险因子 α 的偏导可得

$$\frac{\partial S_1}{\partial \alpha} = \frac{E(R_A/2 + R_B/2 + C_m - (1-\beta)C_o)}{(\beta C_o + L - \alpha E)^2} \quad (7\text{-}13)$$

由于在定义域内该式恒大于零,故 S_1 是 α 的单调增函数。从图 7-7 可知,随着风险因子 α 的提高,鞍点 $Q(x^*,y^*)$ 逐渐向左下方移动,$P_1QP_2P_3$ 区域的面积不断增大,系统向 $P_3(1,1)$ 点演化的概率增加,博弈双方更可能稳定于{创新,创新}策略。对于难度较高或者需要以更大成本才能通过其他途径获得解决方案的技术难题,焦点主体及生态系统伙伴选择模仿策略时将有较大可能面临低收益,从而对创新策略表现出更大倾向。

对 S_1 求关于协同降本因子 β 的偏导可得

$$\frac{\partial S_1}{\partial \beta} = \frac{C_o(C_o + L - \alpha E - C_m - R_A/2 - R_B/2)}{(\beta C_o + L - \alpha E)^2} \quad (7\text{-}14)$$

对于 $x^*, y^* \in [0,1]$,该式大于零,故在定义域内 S_1 是 β 的增函数。同理,在图 7-7 中,随着协同降本因子 β 增大,鞍点 $Q(x^*,y^*)$ 逐渐向左下方移动,$P_1QP_2P_3$ 区域的面积扩大,系统向 $P_3(1,1)$ 点演化的概率增加,博弈双方更可能稳定于{创新,创新}策略。当重大工程创新生态系统内的协同作用更显著时,焦点主体及生态系统伙伴可以依靠系统内形式多样的价值流动更好地开展相关活动,其进行创新时需要承担的成本相应降低,从而削弱了对模仿策略的选择倾向。

对 S_1 求关于创新成本 C_o 的偏导可得

第7章 重大工程创新生态系统协同过程

$$\frac{\partial S_1}{\partial C_o} = \frac{(1-\beta)(\alpha E - L) - \beta(R_A/2 + R_B/2 + C_m)}{(\beta C_o + L - \alpha E)^2} \quad （7-15）$$

对于 $x^*, y^* \in [0,1]$，该式小于零，故在定义域内 S_1 是 C_o 的减函数。结合图 7-7 来看，随着创新成本 C_o 的增加，鞍点 $Q(x^*, y^*)$ 逐渐向右上方移动，$P_1QP_2P_3$ 区域的面积减小，系统向 $O(0,0)$ 点演化的概率增加，博弈双方更可能稳定于{模仿,模仿}策略。进行创新活动的成本不仅关乎焦点主体及生态系统伙伴选择创新策略的意愿，还影响着双方博弈演化的均衡状态，这要求在重大工程创新生态系统的构建过程中对其予以更多关注。

对 S_1 求关于完工收益 E 的偏导可得

$$\frac{\partial S_1}{\partial E} = \frac{\alpha \left(R_A/2 + R_B/2 + C_m - (1-\beta)C_o \right)}{(\beta C_o + L - \alpha E)^2} \quad （7-16）$$

对于 $x^*, y^* \in [0,1]$，该式大于零，故在定义域内 S_1 是 E 的增函数。结合图 7-7 来看，随着协同完工收益 E 增大，鞍点 $Q(x^*, y^*)$ 逐渐向左下方移动，$P_1QP_2P_3$ 区域的面积扩大，系统向 $P_3(1,1)$ 点演化的概率增加，博弈双方更可能稳定于{创新,创新}策略。当技术难题对于工程建设目标的完成更为重要（表现为完工收益更大）时，焦点主体及生态系统伙伴表现出更强的创新倾向。这也在一定程度上解释了重大工程为何比一般工程涌现出更多的创新努力及成果。

同理，可分析其他参数与 $P_1QP_2P_3$ 区域面积的关系及其对系统演化的影响，简明情况汇总如表 7-9 所示。

表 7-9 参数变化的影响分析

参数	鞍点移动方向	面积 S_1 变化	系统演化情况
$E \uparrow$	左下	增大	向 $P_3(1,1)$ 点演化概率增加
$R_A \uparrow$	下	增大	向 $P_3(1,1)$ 点演化概率增加
$R_B \uparrow$	左	增大	向 $P_3(1,1)$ 点演化概率增加
$C_o \uparrow$	右上	减小	向 $O(0,0)$ 点演化概率增加
$C_m \uparrow$	左下	增大	向 $P_3(1,1)$ 点演化概率增加
$L \uparrow$	右上	减小	向 $O(0,0)$ 点演化概率增加
$\alpha \uparrow$	左下	增大	向 $P_3(1,1)$ 点演化概率增加
$\beta \uparrow$	左下	增大	向 $P_3(1,1)$ 点演化概率增加

进一步，借助 MATLAB R2021a 软件进行仿真分析，以直观地验证博弈演化的进程和各参数对其产生的影响。参数赋值如表 7-10 所示，其中的数值表征相对

大小而不代表实际金额（以下结果所呈现的基本趋势并不依赖于当前数值，满足条件 $\alpha E + R_i + C_m \leqslant C_o + L$ 的数值设定均可获得趋势相同的结果）。

表 7-10 仿真参数赋值

参数	E	R_A	R_B	C_o	C_m	L	α	β
赋值	7	6	5	4	1	5	1/7	1/4

首先考察不同初始概率下系统演化的最终稳定状态。令初始概率 (x, y) 分别取定义域内的不同数值，焦点主体与生态系统伙伴策略选择的动态演化过程如图 7-8 所示。由图 7-8 可知，当初始值不同时，博弈系统会收敛于不同点位。在当前的数值设定下，可计算得鞍点位于 (0.4, 0.2) 处。结合图 7-7 来看，当初始值处于 OP_1QP_2 区域时，博弈系统会趋稳于 $O(0,0)$ 点，即博弈双方选择{模仿，模仿}策略；当初始值处于 $P_1QP_2P_3$ 区域时，博弈系统会趋稳于 $P_3(1,1)$ 点，即博弈双方选择{创新，创新}策略。这进一步印证了前述分析结果，突出了初始意愿对演化结果的重要性。

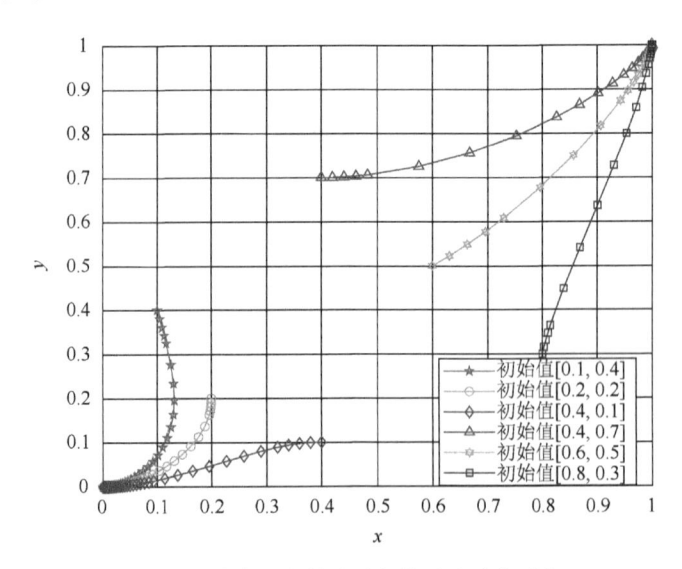

图 7-8 博弈双方策略选择的动态演化过程

进而分析模型中各参数的变化对博弈系统向着双方均采取创新策略的方向演化的影响效果（假定双方初始概率分别为 0.6 和 0.4）。

保持其他参数值不变，对风险因子 α 取其定义域内的不同数值，所得仿真结果如图 7-9 所示。由图 7-9 可知，随着风险因子的增大，博弈系统收敛的速度逐渐加快，博弈双方的策略选择会在更短的时间内趋于稳态。

第 7 章 重大工程创新生态系统协同过程

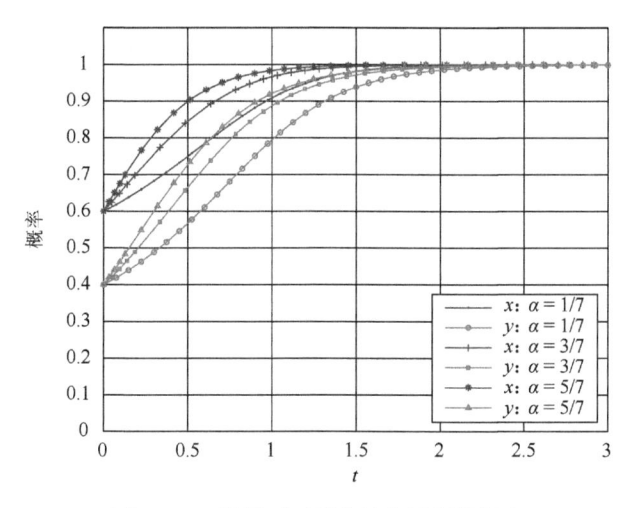

图 7-9 风险因子对博弈演化过程的影响

保持其他参数值不变，对协同降本因子 β 取其定义域内的不同数值，所得仿真结果如图 7-10 所示。类似地，随着协同降本因子的增大，博弈系统收敛的速度逐渐加快，博弈双方的策略选择会在更短的时间内趋于稳态。

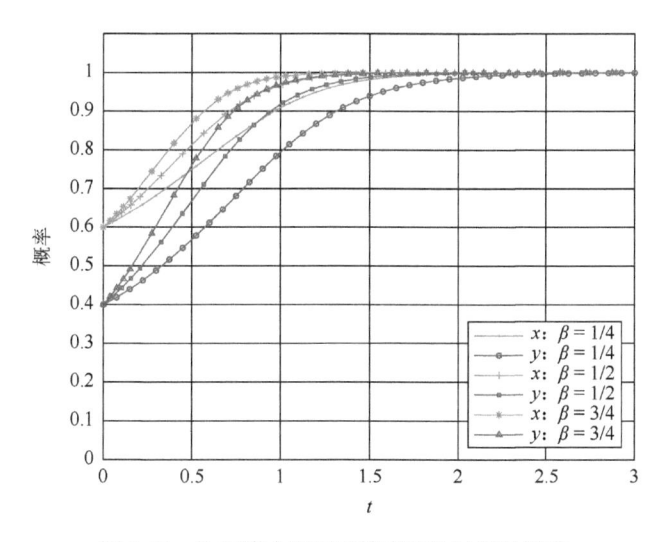

图 7-10 协同降本因子对博弈演化过程的影响

保持其他参数值不变，对创新成本 C_o 取其定义域内的不同数值，所得仿真结果如图 7-11 所示。由图 7-11 可知，随着创新成本的提高，博弈系统收敛至 (1,1) 点位的速度有所减缓；当创新成本超过某一阈值时，博弈系统转而向 (0,0) 点位收敛。结合图 7-7 来看，当创新成本较高时，鞍点更加靠近 $P_3(1,1)$ 点，OP_1QP_2 区域面积相对较大，这里设定的初始概率将位于OP_1QP_2区域内，从而博弈系统将向$O(0,0)$点演化。换言之，即使焦点主体与生态系统伙伴进行创新的初始意愿较强，较高的创新成本仍有可能使博弈双方放弃选择创新策略，而向着{模仿，模仿}均衡状态演化。

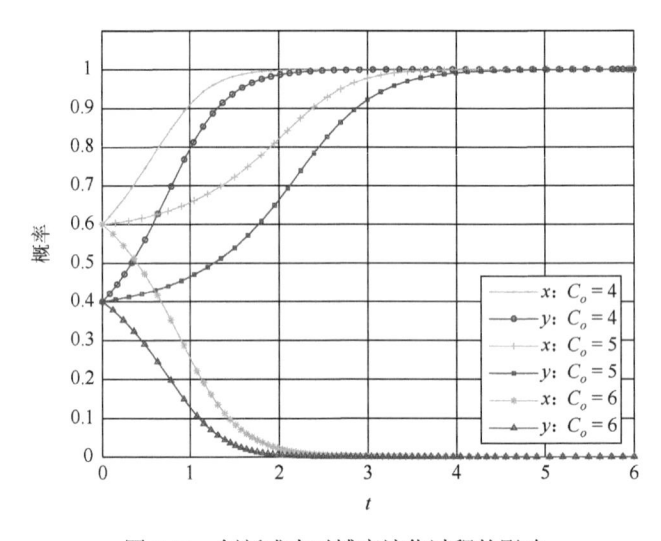

图 7-11　创新成本对博弈演化过程的影响

7.5.3　激励机制下的博弈分析

上述演化博弈能否以更大概率和更快速度向着双方均选择创新策略的方向收敛，对重大工程创新生态系统的良性运转和价值创造至关重要，也影响着重大工程建设的质量与进度。为此，重大工程创新生态系统领导者有较强的动机通过设定某些机制来引导博弈双方的策略选择，从而影响博弈演化的方向和速度。例如，港珠澳大桥管理局在项目实施前就将创新列为主体工程建设项目管理制度体系的六大核心要素之一，并逐步建立推动技术创新的平台和机制（张劲文和朱永灵，2012）。

鉴于惩罚机制的实施在现实情境中较为困难，本节重点讨论激励机制。在当前模型中，根据作用对象的不同可形成两类不同的激励机制。一类作用于创新成本，即生态系统领导者通过某些途径对创新主体进行补贴，从而减轻其成本负担。如港珠澳大桥管理局在正式施工前委托有关单位开展了桥梁埋置承台足尺模型工艺试验研究，探清了潜在问题并准备了后续创新所需的必要材料，这在很大程度上降低了施工单位解决相关问题的难度和成本，从而促成了分离式胶囊柔性止水方案、大直径钢圆筒围堰干法施工方案、双壁钢套箱围堰干法施工方案等创新方案的形成和应用。另一类作用于创新收益,即生态系统领导者通过给予额外奖励的方式进一步提升参与主体选择创新策略的预期收益。例如,港珠澳大桥管理局在知识产权归属问题上采取了相对宽松的态度,将相关权益部分让渡给了参与主体,这实质上使得参与主体选择创新策略的预期收益更高,从而达到了激励效果。

在成本补贴的情形下,假定参与主体的创新成本在一定比例(p)上为生态系统领导者所分担(博弈情境和参数设定与前一模型相同)。其中,成本补贴系数$p \in (0,1)$。此时双方博弈的收益矩阵如表7-11所示。

表 7-11 引入成本补贴机制后的博弈收益矩阵

		生态系统伙伴 B	
		创新	模仿
焦点主体 A	创新	$E + R_A - (1-\beta-p)C_o$, $E + R_B - (1-\beta-p)C_o$	$E + R_A - (1-p)C_o - L$, $E - C_m$
	模仿	$E - C_m$, $E + R_B - (1-p)C_o - L$	$(1-\alpha)E - C_m$, $(1-\alpha)E - C_m$

根据表 7-11 及前述演算思路,该情形下焦点主体与生态系统伙伴选择创新策略的复制动态方程分别为

$$\frac{\mathrm{d}x}{\mathrm{d}t} = x(1-x)\big(y(\beta C_o + L - \alpha E) + R_A - (1-p)C_o - L + C_m + \alpha E\big) \quad (7\text{-}17)$$

$$\frac{\mathrm{d}y}{\mathrm{d}t} = y(1-y)\big(x(\beta C_o + L - \alpha E) + R_B - (1-p)C_o - L + C_m + \alpha E\big) \quad (7\text{-}18)$$

基于前述分析思路可知,该模型的演化稳定策略与前一模型一致,博弈系统将向{创新,创新}或{模仿,模仿}收敛,演化博弈相位图可参考图7-7。借助图7-7,此时由(0,1)点、鞍点和(1,0)点所形成折线的右上区域面积可表示为

$$S_{1s} = \frac{R_A/2 + R_B/2 + C_m - (1-\beta-p)C_o}{\beta C_o + L - \alpha E} \quad (7\text{-}19)$$

由此易判断S_{1s}是p的增函数,即随着成本补贴系数增大,系统向(1,1)点演化的概率增加,博弈双方更可能稳定于{创新,创新}策略。采取表7-10所示的参数赋值进行仿真分析发现,成本补贴系数的增大会使博弈系统收敛的速度逐渐加快,双方的策略选择会在更短的时间内趋于稳态。

在收益奖励的情形下,假定参与主体的创新收益以一定比例(q)提升(博弈情境和参数设定与前一模型相同)。其中,收益奖励系数$q \geqslant 0$。此时双方博弈的收益矩阵如表7-12所示。

表 7-12　引入收益奖励机制后的博弈收益矩阵

焦点主体 A		生态系统伙伴 B	
		创新	模仿
焦点主体 A	创新	$E+(1+q)R_A-(1-\beta)C_o$, $E+(1+q)R_B-(1-\beta)C_o$	$E+(1+q)R_A-C_o-L$, $E-C_m$
	模仿	$E-C_m$, $E+(1+q)R_B-C_o-L$	$(1-\alpha)E-C_m$, $(1-\alpha)E-C_m$

根据表 7-12 及前述演算思路，该情形下焦点主体与生态系统伙伴选择创新策略的复制动态方程分别为

$$\frac{\mathrm{d}x}{\mathrm{d}t}=x(1-x)\bigl(y(\beta C_o+L-\alpha E)+(1+q)R_A-C_o-L+C_m+\alpha E\bigr) \quad (7\text{-}20)$$

$$\frac{\mathrm{d}y}{\mathrm{d}t}=y(1-y)\bigl(x(\beta C_o+L-\alpha E)+(1+q)R_B-C_o-L+C_m+\alpha E\bigr) \quad (7\text{-}21)$$

同理易知，该模型的演化稳定策略与前一模型一致，博弈系统将向{创新，创新}或{模仿，模仿}收敛。借助图 7-7，此时由 (0,1) 点、鞍点和 (1,0) 点所形成折线的右上区域面积可表示为

$$S_{1r}=\frac{(1+q)(R_A+R_B)/2+C_m-(1-\beta)C_o}{\beta C_o+L-\alpha E} \quad (7\text{-}22)$$

由此易判断 S_{1r} 是 q 的增函数，即随着收益奖励系数增大，系统向 (1,1) 点演化的概率增加，博弈双方更可能稳定于{创新，创新}策略。同样基于表 7-10 进行仿真分析发现，收益奖励系数的增大会加速系统收敛，使博弈双方的策略选择在更短的时间内趋于稳态。

以上分析表明，两类激励机制的实施都能对博弈系统产生预期的影响。为对比两者的差异化效果，考察对成本补贴系数 p 和收益奖励系数 q 取相同数值时的博弈演化过程，所得仿真结果如图 7-12 所示（以 x 为例绘图，y 与之趋势相同）。其中，双方初始概率设定为 0.7，图 7-12（a）中其他参数赋值同表 7-10，图 7-12（b）在其基础上调整 C_o 的赋值为 6.5。

结果显示，在创新成本较低时，收益奖励系数较之同值的成本补贴系数具有更显著的加速系统收敛效果；在创新成本较高时，成本补贴系数较之同值的收益奖励系数具有更显著的加速系统收敛效果。由此来看，重大工程创新生态系统的领导者可依据攻克技术难题所需创新成本的高低采取不同的激励机制，以达到更好的引导效果。对于一般性难题，参与主体所获得的创新收益能够覆盖创新成本，对此可采取有奖励的创新竞赛、适当的知识产权让渡等方式加以激励。例如，在

(a) 创新成本较低的情形

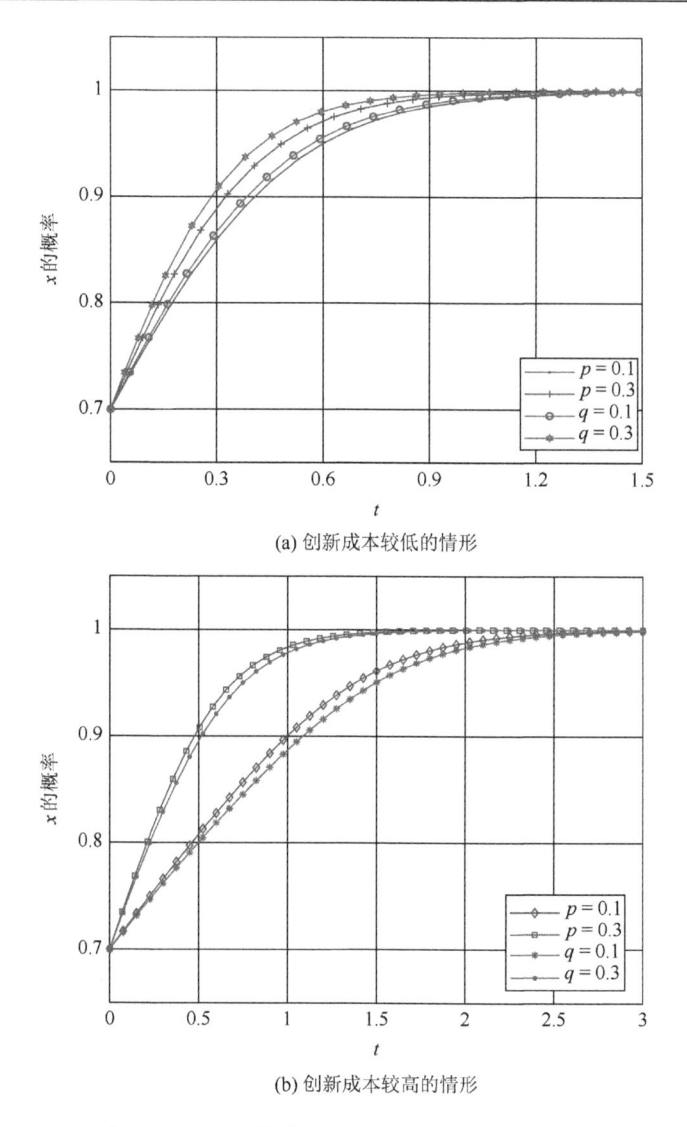

(b) 创新成本较高的情形

图 7-12 不同激励机制对博弈演化过程的影响

金沙江下游大型水电工程智能建造过程中，业主针对部分技术问题通过竞争性方式引入科研机构和专业公司，以激发创新动力、提升创新效果（樊启祥等，2021）。对于创新成本较高甚至超过创新收益的情形，生态系统领导者需采取一定措施以分担成本，如设立专项研究经费、出资引入专业顾问、提前开展预研究等。例如，深中通道管理中心提早组织科研单位对超宽钢壳混凝土沉管隧道、超大跨径全离岸海上悬索桥等主要工程单元的关键技术难题进行研究和试验，以保障后续创新的成功推进和工程建设的顺利完成。

7.6 结论与讨论

实证结果表明,价值创造中知识多样性对技术价值的正向增益并非没有上限,这与知识基规模增大带来的双重效应有关。一方面,随着知识多样性的增加,价值创造主体通过知识要素间的重新组合来进行创新创造的空间增加了,即创造潜力效应有所提升;另一方面,知识基规模的增加也使得价值创造主体难以对其彻底消化吸收并进行创造性运用,即整合难度效应也明显提升。在知识基规模进一步增大的过程中,难度效应的增幅逐渐超过潜力效应,使其总合效应呈现出消极效果。在本书研究考虑的重大工程情境下,价值创造主体受到较强约束限制,难度效应更加凸显,总合效应更早转为消极效果,使得本书在知识基规模可能的取值范围内就观察到这种转变。如同前述结果所显示的,价值创造知识基规模先是同高质量产出正相关,在其超过某个阈值后,又与高质量产出负相关,总体来说两者表现为一种倒 U 形关系。在其他情境中,曲线转折点可能处在知识基规模常见取值范围之外,因而不易观察到这种非线性关系。

价值创造过程往往是错综复杂的,周遭个体或因素可能影响着这个过程的推进并最终导致产出结果的差异。本章推测重大工程创新生态系统中价值创造主体的伙伴将在一定程度上影响前述倒 U 形关系,回归结果部分证实了这一假设。具体而言,生态系统伙伴相对搜索广度较大使得倒 U 形关系趋于平坦,特别是在较高知识基规模的情况下,负向相关性变得没有那么突出。这是因为处于相似情境、面临相近挑战的生态系统伙伴可能会搜寻、吸收、运用部分相同的知识组件,其学习吸收成果可能通过正式/非正式渠道传递至焦点价值创造主体,从而明显缓和了知识基规模增大带来的难度效应。这从互为生态系统伙伴的创新主体间交互作用的视角证实了重大工程创新生态系统中协同的存在与意义。

与此同时,本章还推断生态系统伙伴在相近知识基上的更多产出会压缩焦点主体基于这些知识进行创造的空间,或者减弱焦点主体进行创新的动机,进而缓和知识基规模增大带来的潜力效应,从而使得倒 U 形关系的转折点发生移动。但实证结果并没有支持该假设,其表明倒 U 形关系的转折点没有因生态系统伙伴相对创造深度的变化而发生明显偏移。对此,引入演化博弈论对主体在创新与模仿间的策略选择问题进行建模分析,发现焦点主体与生态系统伙伴间演化博弈的均衡策略组合为{创新,创新}或{模仿,模仿},一方创新而另一方模仿的策略组合将在演化过程中被逐渐放弃。换言之,长期来看,生态系统伙伴更大的相对创造深度削弱焦点主体创新动机的情况是偶然且低频的,博弈双方对更优策略的追求大大抑制了单方以机会主义行为谋利的倾向和可能。另外,生态系统伙伴较大的相对创造深度虽然表明他们依托这些知识组件创造了不少创新产物来应对当下的技术挑战，但也意味着他们很可能经历过不少价值创造上的失败（未被专利产物所反映），积累了许多虽然不成功但有利于后续成功的经历与经验（Danneels and Vestal，2020；Khanna et al.，2016；Morais-Storz et al.，2020）。前者或许减少了焦点主体的创造空间，后者又为他们提供了宝贵的经验和指示（如技术路径选择上更容易避开歧途）（Hora and Klassen，2013；Terlaak and Gong，2008），从而增大了他们创造高质量产物的可能性（亦可视为协同的另一种形式与价值）。这些影响交织在一起，使得倒 U 形关系并未发生显著变化。

从以上结果可以发现，重大工程创新生态系统伙伴或许并未直接参与焦点主体的价值创造过程，但他们彼此之间存在着总体意义上的协同。主体甲在价值创造过程中所消化吸收的知识经由生态系统内某些正式/非正式渠道部分传递给主体乙，而主体乙依托这些知识又去吸收新知识并加以运用，进而又传递给包括甲在内的其他主体，从而形成了一种"互为探索先锋，共享累积优势"的良性循环协同局面。当然，这种良性局面的形成离不开这一生态系统。重大工程创新生态系统内的创新氛围、资源保障和激励机制使得参与主体间的演化博弈以很大概率向着均创新的稳定状态收敛，避免了机会主义泛滥导致协同失灵，促成了同心协力的价值创造。

可以说，这是一种超越狭义范畴的"价值共创"（Alves et al.，2016）。"价值共创"这一概念近年来受到了创新管理研究文献的更多关注，但主要集中于合作中的共创（Eriksson et al.，2017；West and Bogers，2014）。项目管理领域也有许多文献关注某些强势企业如何协调价值创造（Eweje et al.，2012），但很少有研究讨论多个参与者如何在大型项目中协同并共同创造价值（Lehtinen et al.，2019）。本章所揭示的"价值共创"不再局限于合作创新等基本模式，而是依托创新生态系统内多种形式的价值流动及价值贡献去促进各项价值创造活动过程的完成和高质量产出。换言之，重大工程创新生态系统所创造的价值不仅是各主体所创造价值的加和，还是通过系统内主观与非主观上的总体协同创造了新的价值，从而超越普通加和、实现系统增益，特别是在产出质量与水平上的提升。由此，本章确认了重大工程创新生态系统中协同真实存在着，其反映在具体的价值创造活动过程中，并对该系统所创造的价值有积极贡献。

既有文献已从多个不同的角度对重大工程中的价值创造进行了讨论，包括基于结果的和基于生命周期的角度等，这扩大了价值概念的范畴（Lehtinen et al.，2019）。与一些关注无形价值的文献（如 Artto et al.，2016；Laursen，2018）类似，本章聚焦于表现为创新解决方案和成果的价值。但不同于既有文献的设计，本章从投入产出的视角审视价值创造。有趣的是，本章观察到了一般情境中未出现的结果，这些结果恰恰体现了重大工程的特性如何反映在参与主体的价值创造活动中。更为重要的是，研究结果还揭示了重大工程的价值创造过程中某些弱关联主体间的相互影响。重大工程的价值创造作为一个过程展开（Davies，2004），但对于构成该过程的具体活动和机制知之甚少（Lehtinen et al.，2019）。既有的研究普遍着眼于如何通过某种管理机制或组织设计来协调不同参与主体以共同创造价值（如 Eweje et al.，2012；Matinheikki et al.，2016）。换言之，大多数关注给到了主动行为和强关联主体，缺乏对潜在影响和弱关联主体的关注。研究表明，生态系统伙伴对价值创造活动的影响不可小觑，这为关于如何促进共同价值创造的研究发展指明了新的方向。

更具体地，本章通过以下方式推动了相关研究发展。

第一，通过厘清价值创造知识基规模同产出质量间关系的内在逻辑增进了对创新导向型价值创造过程灰箱的认识。知识管理领域研究普遍关注知识重组和产物影响力之间的关系（Kaplan and Vakili，2015；Kok et al.，2019），似乎默认了知识基和产物质量的线性关系，并未对它们二者的关联逻辑进行细致探析，也就使得创新导向型价值创造过程尚处于灰箱状态。本章通过关注一类较为特殊的创新情境，发现了价值创造知识基规模同产出质量间的倒 U 形关系，并通过解析知识基规模的创造潜力效应与整合难度效应厘清了倒 U 形关系的潜在机制。其他情境中未观察到非线性关系的可能原因是曲线转折点在知识基规模常见取值范围之外，本章研究情境的一些约束限制特性使得曲线转折点得以呈现出来（Haans et al.，2016）。由此，本章弥补了既有研究关注点上的不足，使得基于知识的价值创造过程逻辑链条变得更为清晰细腻。

第二，通过辨识生态系统伙伴对焦点主体价值创造过程的调节效应加深了对创新生态系统内部交互影响机理的理解。创新生态系统的研究日益繁荣，代表着创新研究的范式逐渐由关注系统中要素的构成向关注要素之间、要素与环境间的关联交互转变（Jacobides et al.，2018；de Vasconcelos Gomes et al.，2018），但这一视角下实证研究的设计与开展较为困难，面向内部交互影响的研究多以定性分析为主（如 Radziwon and Bogers，2019；Shaw and Allen，2018；Snihur et al.，2018；陈衍泰等，2021），因此研究的可扩展性和可参考性受到了一定限制。本章通过提炼生态系统伙伴可能对焦点主体价值创造过程施加影响的主要属性——相对搜索广度和相对创造深度，采用计量方法定量探析了这些属性对知识基规模同产出质量间关系的调节效应，确定了生态系统伙伴具体如何影响倒 U 形关系的形状或位置。定量结果的给出不仅明确了生态系统伙伴对焦点主体价值创造的影响程度，为进一步探究创新生态系统内部交互影响机理和价值创造过程创造了更多可能，也为相关管理实践提供了比较明晰的参考依据。

第三，通过揭示重大工程创新生态系统价值创造活动中的总体协同现象扩展了对"价值共创"内涵和模式的认知。一般研究中"价值共创"描述了两个或多个主体围绕共同的价值主张而协作开展活动的情形，如较为常见的合作创新

（Alves et al., 2016; Eriksson et al., 2017; Han et al., 2012）。几乎没有研究从整体或系统的视角去挖掘"价值共创"的更多内涵和其他潜在模式。重大工程的本质暗含了多主体在其中共同创造价值的必然性和重要性（Artto et al., 2016; Lehtinen et al., 2019），遗憾的是并无研究专门探讨重大项目中的"价值共创"，也缺乏对弱关联主体间协同的关注。本章生态系统伙伴的相对搜索广度削弱了知识基规模增大带来的整合难度效应，使得焦点主体能够在更大或更小知识基础规模上实现较大可能的高质量产出。这也就意味着生态系统伙伴所创造的价值通过某种渠道部分流向了焦点主体，这种溢出更多地以一种非主动的形式发生着（同类标段承担单位间开展大规模合作并不常见），并最终参与了焦点主体的创造活动，成为其最终价值的一部分。由此，重大工程创新生态系统中的"价值共创"超越了传统的界定或内涵，以一种多元、缄默的形式普遍存在着，要求我们对之进行重新认识和深入探究。这一认知的改变无疑对重大工程创新生态系统的治理具有十分重要的指导意义。

  本章还提供了一些重要的管理启示。对于在重大工程创新生态系统中开展活动的项目团队而言，要关注在每项价值创造活动中投入的知识规模。仅仅依靠少量的知识要素不足以获得高质量的产出，基于过于繁多的知识也很可能导致产出质量不高，这是因为大规模的知识基在带来更大创造潜力的同时也大大提升了吸收和运用难度。这种效果转变的节点可能因情境差异有所不同，但在与本章研究类似的、面临较强约束限制的情境下往往较早出现。项目管理者和工程师因此应避免线性思维，充分考量知识投入的相关成本和所获产出的预计收益，寻求投入产出比最高的节点。同时，考虑到生态系统伙伴的潜在作用，建议基于项目的组织与其生态系统伙伴保持直接或间接（如通过业主、设计方）的联系、了解他们的创新动态与进展。

  本章研究所揭示的总体协同现象和价值共创模式无疑给重大工程创新生态系统的治理提出了更高的要求。生态系统领导者在准确认识背后逻辑的基础上，要针对性地应用包括正式治理、非正式治理等在内的治理工具体系来构建稳态共生的关系结构、畅通各种形式的价值流动渠道、保障共创共荣局面的良性演进。其中，可借助创新奖励或成本补贴等机制加速降低参与主体出现机会主义行为的概率，以减少生态系统构建初期的波动，尽快形成正向增强的创新场域。特别地，针对总体协同过程中的相对后发优势（即面对同类技术挑战时后来者可以充分借助先发者的知识消化吸收成效，降低吸收成本和创造难度，并吸取成功经验和失败教训，从而更可能实现高质量产出），生态系统领导者要有专门的制度安排和资源保障来引导部分主体先发入局，使得他们有动力、有底气担当探索先锋，确保优势叠加、互助共赢这一良性循环的顺利起步。当然，对于特别重要或应对成本较高的技术挑战，生态系统领导者可以提前引入专门科研单位来进行相关知识基础的准备，促使协同过程中循环流动着更高质量的各类资源要素，从而确保后续价值创造的及时有序进展，推动参与主体间的演化博弈向着预期方向快速收敛。

当然，本章研究不可避免地存在一些局限性。一方面，本章对价值创造知识基和产物质量间倒 U 形关系的检验依赖于从典型重大工程获取的创新数据，这不能十分确切地保证这一结果可以推广到与重大工程创新差异较大的其他情境。期待有后续研究基于其他情境的更大样本数据来校验这一结果，并对解释机制进行补充完善。另一方面，虽然本章揭示了生态系统伙伴一些主要属性对价值创造知识基和产物质量间关系的调节效应，但仍然需要更多的工作去辨识这种效应实现的具体路径，从而将重大工程创新生态系统价值共创机理予以更加清晰的刻画。这也暗示着多角度地挖掘探析创新生态系统中生态系统伙伴同焦点主体的交互条件、过程及效应是一个有前景的研究方向。

7.7 本章小结

既有研究并未就价值创造知识基同产物质量间关系给出清晰答案和细致解释，也缺乏基于重大工程创新生态系统这一特殊情境的专门探析。通过剖析知识基规模增大带来的创造潜力效应与整合难度效应，本章提出价值创造知识基规模与高质量产出可能性间呈倒 U 形关系，并基于一个典型重大工程创新生态系统的专利产出数据实证证实了该关系。在此基础上，研究发现生态系统伙伴较大的相对搜索广度会使得该倒 U 形关系变缓，较大的相对创造深度并不会使倒 U 形关系曲线向左偏移，从而揭示了生态系统伙伴与焦点价值创造主体间的总体协同现象，革新了对重大工程创新生态系统中"价值共创"的认知。此外，本章通过博弈分析探明了焦点主体与生态系统伙伴的演化稳定策略，揭示了价值共创免于为机会主义破坏的潜在逻辑和引导机制。总体而言，本章探析了生态系统伙伴在焦点主体价值创造活动中所发挥的作用，通过揭示重大工程创新生态系统中价值共创的更深内涵和实现机理使得协同的过程逻辑更为清晰地展现出来。

第 8 章　重大工程创新生态系统协同效应

协同所致增益不仅体现在应对技术挑战的系统有效解决方案，还会使系统衍生出作用于其他方面的多种效应，如反映在参与主体的能力发展上。本章以技术能力拓展绩效为具体对象，尝试发掘重大工程创新生态系参与主体实现高拓展绩效的前因组态，考察参与主体于系统内的不同行为策略与其基础条件结合的适配效果，从而厘清系统促进参与主体能力发展的过程逻辑，增进对重大工程创新生态系统协同效应的理论认识。

8.1　概　　述

对大多数组织（特别是企业）而言，参与重大工程项目意义非凡（Flyvbjerg，2014）。这不仅是对其在业内相对优势地位的极佳证明与充分肯定，也为其创造了难得的能力提升与发展突破的机会，特别是技术能力快速拓展的机会。应当看到，重大工程已呈现向高质量、可持续发展转型的态势（Lin et al.，2017；盛昭瀚，2020），各方面利益相关者的多样化诉求（Flyvbjerg，2014；Ma et al.，2017）、新兴技术变革与融合应用趋势（Brockmann et al.，2016；Woodhead et al.，2018）更加突显，技术创新已然成为关乎重大工程成败的重要因素；重大工程技术创新活动多面临创新情境独特、目标需求刚性、约束限制多重、技术集成复杂等挑战（Brockmann et al.，2016；Chen et al.，2018；He et al.，2015；Ozorhon and Oral，2017），给参建企业提出了复杂多样的技术要求，也为其提供了技术能力拓展的潜在空间。特别地，前面所揭示的总体协同现象和价值共创机理证实了参与主体间存在着知识和价值流动的多种可能，更为企业依托该平台实现技术能力发展奠定了良好基础。

一般来说，技术能力是指一家企业应用不同技术的能力（Afuah，2002；Zhou and Wu，2010）。它通常表现为企业运用哪些不同门类的技术来生产产品或提供服务。相应地，技术能力拓展可以理解为企业涉足新的技术门类开展相关活动。技术能力拓展不仅有利于企业扩展运作范围、发掘新的利润增长点，还有可能促进不同知识间的融合创新，演化催生出 1＋1＞2 的效果（George et al.，2008；Kang et al.，2017；Kotha et al.，2011）。一些文献定性地阐述了重大工程项目对参建企业技术创新方面的益处，如技术平台效应（Eskerod and Ang，2017；Lehtinen et al.，2019），但少有研究细致地分析何种企业更有可能获得这种益处，或者如何能够更好地获益。因此，本章尝试以技术能力拓展绩效为对象，探索何种企业具备何种条件能够实现更好的绩效。

为更加系统丰富地描述重大工程项目过程中的动态细节并发掘重大工程技术创新活动的基本规律，创新生态系统（Adner，2017；de Vasconcelos Gomes et al.，2018）被引入相关研究。重大工程创新生态系统是基于技术关联的多创新主体围绕重大工程面临的挑战寻求系统有效解决方案而形成的一种社会生态系统，它尝试将创新起因与活动过程、参与主体与生境要素、资源集聚与力场涌现纳入一个统一的系统框架。从创新生态系统视角来看，每个参建企业在进入创新生态系统时具有不同的基础水平或条件，在其中又可能采取不同的行为策略，因而可能产生不同的技术能力拓展绩效。开展研究分析这种差异并解析其后的逻辑，不仅有助于丰富创新生态系统与企业技术能力相关的理论体系，也能为重大工程建设与企业发展提供有益启示。

没有证据表明哪种条件或某种行为必然带来技术能力拓展绩效的提升或降低，生态系统内的各类主体可能凭着不同的基础条件与行为策略都能实现很好的生存与发展，因此需要更加关注多个因素的联合效应而非单个因素的净效应（Khedhaouria and Thurik，2017；Ragin，2008）。基于这种组态思维（Furnari et al.，2020；Rihoux and Ragin，2009；杜运周和贾良定，2017），本章采用QCA（qualitative comparative analysis，定性比较分析）方法来探究究竟何种前因条件的组合配置能够使得参建企业实现高技术能力拓展绩效。基于实证数据，本章对两类四个主要前因要素[历史拓展水平（historical expansion level，HEL）、知识网络基础（knowledge network base，KNB）、项目研究参与（project research participation，PRP）、外部合作研究（external collaborative research，ECR）]的组态效应进行了比较分析，最终发掘了重大工程创新生态系统参与主体实现高拓展绩效的多重等效路径，揭示了各前因条件间的互补或替代关系，明晰了重大工程创新生态系统技术平台效应差异化表达的原因，弥补丰富了重大工程管理、企业能力演进、创新生态系统等方面的文献。

8.2 理 论 逻 辑

8.2.1 技术能力拓展的潜在机会

在瞬息万变的环境中，企业需要不断更新其资产和技能并做出创新性反馈以保持可持续的竞争优势（Leten et al.，2016；Teece，2007；Wang et al.，2008）。按照 Afuah（2002）的理论，每家企业都有一套特定的技术资源（如专利、知识储备、许可等），可用于提供具有特定特征的产品或服务。技术能力反映了企业使用这些技术资源的能力（Afuah，2002；Zhou and Wu，2010），尤其决定着企业的独特创新行动，在创新过程中起着核心作用（Dosi et al.，2010；Kang et al.，2017）。从知识资产的角度，技术能力也被视为吸收和利用技术知识（Lall，1992）并创造新知识（Kim，1997）的能力（Kang et al.，2017），因很难被模仿而成为企业的宝贵资源和竞争优势的来源。

技术能力为企业提供了获取、开发和更好地利用技术以实现竞争优势的能力（Acur et al.，2010），自然引发了对技术能力拓展的更多关注。有学者认为，拓展技术能力（在新技术领域中建立能力）可以使企业在破坏能力的技术变革发生时避免动态锁定（Leten et al.，2016）。特别地，在位企业可以通过进入新的领域并将新知识与旧知识重新结合来克服衰老的病态（Ahuja and Lampert，2001；Kotha et al.，2011）。广泛的技术能力有助于企业降低探索的风险和成本（Zhang，2016），减少研发投资的不确定性，拓宽研发投资的范围，有效地吸收新技术（Kang et al.，2017）。它还有望为解决问题的方法创造多样性，并增加为技术瓶颈找到解决方案的可能性（George et al.，2008）。企业凭借广泛的技术能力处于更有利的位置，可以以更复杂的方式整合相关技术，也将更灵活地适应各种不断变化的环境（Farazi et al.，2019；Srivastava and Gnyawali，2011）。

作为企业成长的一种表现，技术能力拓展在企业生产经营活动过程中随着时间的推移逐渐开展（Zhou and Wu，2010），因受到内部资源和结构的限制通常不会出现特别明显的跃升。但一些特定的外部事宜会影响这一进程，其中一类相对常见的且企业乐见的便是承接非常规的重要业务，正如本书关注的情境——参与重大工程。重大工程作为价值创造的组织平台和技术平台（Lehtinen et al.，2019），其参与者被认为能够从共同的创新与解决方案构建中获益（Eskerod and Ang，2017）。重大工程参与主体开展创新活动的过程中逐步形成有机、有序、动态平衡的"创新场"，从而共同创造价值并发展其能力。

重大工程创新生态系统内环境要素丰富完备、交织效果显著，创新主体繁多活跃、交互关联紧密，从而形成了含有大量的技术、政策和市场信息及其他有价值资源的"信息/资源池"（Foss et al.，2013；Ozgen and Baron，2007），其中存在大量有利于拓展技术能力的潜在机会。这种机会某种意义上也来源于重大工程创新生态系统内的协同。前面的研究结果表明，价值创造活动过程中互为生态系统伙伴的创新主体间存在着总体意义上的协同，经过生态系统伙伴消化吸收的知识等资源要素通过某些渠道传递至焦点主体，这为创新主体实现自身技术能力拓展创造了更好的环境。但是，这种潜在机会同期望收益间仍有较大距离，企业需要完成至少包含机会识别和机会开发等环节（Guo et al.，2018；Kohlbacher et al.，2015）的一系列过程才可能实现技术能力的显著拓展。

8.2.2 机会识别与机会开发

有效的机会识别是首要重点，它要求企业具备一定的基础条件。对技术能力拓展机会而言，尚没有充足的研究明确具体需要哪些基础条件。但这不妨碍本章研究采取一种相对简化的分析方式，即通过分析企业过去一个时期的拓展水平来判断其在技术能力拓展方面所具备的能力与资源基础。从知识要素的角度看，可以通过企业近期知识要素数量的增速来简单衡量其历史拓展水平（Argyres and Silverman，2004；Kotha et al.，2011），较快的增速基本意味着其善于识别拓展技术能力的有效机会并通过恰当方法予以开发。知识网络的相关研究提出，不应简单地从数量上看待企业所掌握的知识要素数量，这些要素的相互连接可能蕴含着新的成长机会（Carnabuci and Operti，2013；Yayavaram and Ahuja，2008；Yayavaram et al.，2018）。在知识要素数量相同的情形下，要素间连接更多的企业可能掌握了更多的发掘要素联系、组合创造价值的方法和技巧，并可能按照知识间内在联系链路扩展至新的知识要素（Guan and Liu，2016；Wang et al.，2014），由此为识别技术能力快速拓展的有效机会创造了有利条件。

如果说机会识别是找到进行技术能力拓展的有利通道和恰当时机，那么机会开发则是在这一通道和时机上以恰当方法投入合适资源来完成能力由原有水平向新水平的跃升（Foss et al.，2013；Guo et al.，2018）。对参与重大工程创新生态系统的企业而言，他们在技术能力方面的拓展程度可能存在相当差异。这不仅是因为他们在上述基础条件方面的不同，还在于他们如何针对性地采取策略、配置资源以完成机会开发。

重大工程创新生态系统参与主体可能会采用不同的行为策略来开发已识别的机会。根据创新管理领域的现有研究，这些行为策略大致可以分为两种类型：自主研发和合作研发（Hagedoorn and Wang，2012；Wang et al.，2019）。自主研发是一种由企业独立主导和控制来进行研发活动的模式。自主研发的优势在于协调成本低，可以独占知识产权，有利于建立竞争优势，但对资源保障要求较高（Lokshin et al.，2008；van Rijnsoever et al.，2017）。在目前的重大工程实践中，自主研发主要表现为承担科研项目。例如，有的企业积极融入生态系统领导者主导的科研体系，承担一项或多项专题研究（Chen et al.，2021；Sergeeva and Ali，2020），在施工开始前就扮演起研发先锋的角色。合作研发是一种与其他企业、研究机构建立合作关系、共同完成研发活动的模式。合作研发有利于优势互补、降低风险、分担成本，从而应对自身没有足够能力或资源解决的问题（Antonioli et al.，2017；Mata and Woerter，2013；原毅军和孙大明，2017）。合作研发主要表现为参建企业广泛开展外部搜寻，引入合适的外部资源来解决重大工程难题（Chen et al.，

2018；Worsnop et al.，2016），这也从结构和能力上拓展了重大工程创新生态系统的边界与范围。当然，两者都对应对重大工程技术挑战颇有裨益，构成了参与主体对技术能力拓展机会进行开发的主要途径。

8.2.3 因果复杂性与组态视角

管理学者很早就认识到，组织绩效往往取决于相互依赖的属性之间的联合或矛盾（Siggelkow，2002；Misangyi et al.，2017）。从机会视角展开的前述分析表明，技术能力拓展绩效正是如此。一方面，机会识别和机会开发都必不可少，这就要求相应条件的满足或具备。如果没有其他必要条件的配合，某一条件即使水平再高也不能促成高绩效。另一方面，识别和开发过程各自对应的条件并不唯一，而目前尚不清楚它们是否需要叠加发挥作用，抑或能否相互替代。从这个意义上讲，相关的因果关系具有连带性而非离散性。

对这类复杂因果关系的探究将受益于组态思维，其使得研究者能够更充分地理论化和实证检验因果复杂性（Douglas et al.，2020；Fainshmidt et al.，2020；Furnari et al.，2020；张明等，2020）。该视角的重点是将前因条件看成引致结果的潜在合作者，而非将其作为解释因变量差异的竞争者（Ragin，2008；杜运周和贾良定，2017）。实际上，企业是异质的，其在实践中采取与其既有基础或资源适配的策略与行为（van Rijnsoever et al.，2017；Xie et al.，2019）来实现期望结果，从而形成差异化的路径。"净效应思维"主要关注特定因素的独特贡献，其对可能存在的多重路径的探寻是乏力的。与之不同的是，组态思维认为多重影响因素之间可以通过差异化的排列组合来达到影响组织绩效的相同效果，更适于剖析多重并发因果关系（Fiss，2011；Misangyi et al.，2017）。

综上，考察某一因素或条件对技术能力拓展绩效的边际效应可能是不重要的甚至是没有意义的，探究究竟如何配置组合各类条件才能实现较高的技术能力拓展绩效更具理论价值和现实意义。图 8-1 展示了本章研究的基本理论逻辑。

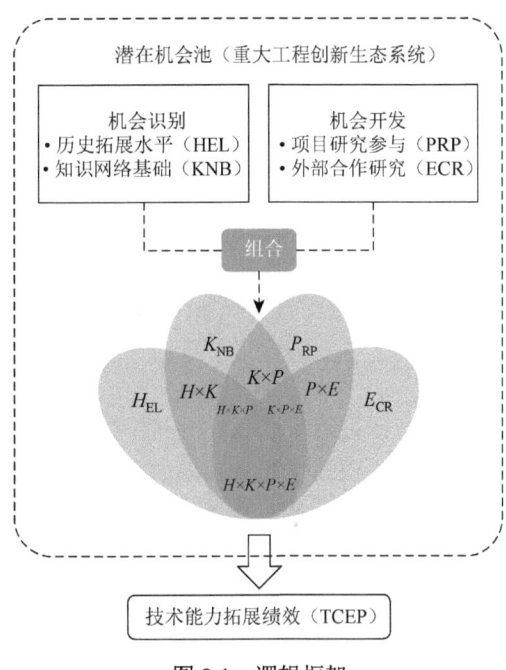

图 8-1 逻辑框架

8.3 研究设计

8.3.1 定性比较分析方法

QCA 方法的出现和成熟为分析组态问题与复杂因果性提供了有利的工具（Fiss，2007）。QCA 方法是一种以集合论和布尔运算为基础的实证方法，能够探究前因条件之间的互动（包括互补、替代和抑制）如何共同引致被解释结果出现可观测到的变化或不连续性（Fiss et al.，2013）。作为一种介于案例导向（定性方法）和变量导向（定量方法）之间、能够兼得两种方法优势的综合研究策略（Fiss et al.，2013；杜运周和贾良定，2017），QCA 方法近年来广泛应用于管理学各细分领域，如表 8-1 所示。

表 8-1　QCA 方法在管理学不同领域的应用示例

	示例文献	研究主题与结果
战略管理	Gupta 等（2020）	现有文献未能洞察企业如何跨不同情境同时解决来自员工和股东的压力及其绩效影响。该研究对利益相关者参与策略进行了分类，确定了参与策略、公司属性和情境的组合如何与高绩效相关
创新管理	Speldekamp 等（2020）	现有文献对企业如何受集群中发现的外部资源影响的认识是有限的。该研究发现创新成果由内部资产与地理、网络和制度等提供的外部资源组合来解释，资源的影响在不同路径间不对称
创业管理	Linder 等（2020）	考虑到资本禀赋的差异，是否拥有足够的启动条件使得企业能够生存下来对创业是至关重要的。该研究揭示了人力资本和社会资本的组合如何与生存相关，过度依赖金融资本则不然
国际商务	Patala 等（2021）	先前研究并未厘清企业进行可再生能源 FDI（foreign direct investment，外商直接投资）的战略选择如何受到东道国监管和经济环境的影响。该研究阐明了微观和宏观层面的条件，确定了其如何共同作用导致可再生能源 FDI
组织管理	王凤彬等（2014）	既有研究未能解释中国大型国企集团多元化发展过程中的管控架构选择差异。该研究通过分析集团战略、制度改革、历史轨迹等因素的交互作用，识别出三类本土化的管控架构配适方式

本章研究选择 QCA 方法主要出于以下几点考虑。

第一，前述理论分析表明，企业若要在重大工程机遇中实现技术能力快速拓展可能需要兼具多方面条件，需要从整体性角度出发探讨其共同作用。QCA 方法恰恰不强调单个自变量对于因变量的边际"净效应"，而是关注一组因素间的关系与被解释结果构成的潜在"因果系统"（Ragin，2000）。换言之，它并不将各影响因素视作独立发挥作用的自变量，而是将其定位为引致被解释结果的前因"配方"（组态）中与其他因素共同作用、不可割裂分析的前因条件。

第二，一些典型案例表明，导向高技术能力拓展绩效的路径可能并不唯一，企业或许可以在多条等效路径中找到更适合自身要素禀赋的。传统的定量方法通过添加交乘项来检查条件组合，但解释变量之间的竞争性本质决定了其无法检验完全等效关系是否存在。QCA 方法秉持多重并发因果关系的基本假设，认可不同前因条件组态间存在完全等效性的可能（Fiss，2007；Grandori and Furnari，2008），相比之下更适合于本章的研究问题。通过 QCA 方法可以辨识出具有等效性的因果"路径"，从而更好地理解结果产生的差异化机制以及前因条件间的互补与替代关系。

第三，本章研究可获得的样本量较小，并不符合传统定量研究的"大样本"要求，难以进行有效的回归分析。若采取普通的案例研究方法，也很难在十余个案例中发掘简明规律。QCA 方法结合了定量方法的精确分析与质性方法的深入洞察等优势，对样本数量没有严苛要求。只要样本覆盖了代表性案例，其结果稳健性就可得到保证（王凤彬等，2014）。因此，可以同时实现对小规模样本的程式化处理和系统化比较。

根据所对应的数据类型，QCA 可以进一步分为面向二分数据的清晰集 QCA（csQCA）、面向多值数据的多值集 QCA（mvQCA）和面向连续数据的模糊集 QCA（fsQCA）。考虑到 fsQCA 既可处理类别问题也可处理程度问题的优势，以及本章研究中数据类型的多样性，故而选择 fsQCA 作为主要研究方法。

8.3.2 样本和数据

港珠澳大桥工程为本书提供了理想的实证设定。作为集桥、岛、隧为一体的超大型跨海通道，港珠澳大桥工程是中国交通建设史上技术最复杂、施工难度最大、建设要求及标准最高的工程之一，体现出复杂多样的技术创新需求，在研究与建设过程中逐步形成了一个建构完善、运转良好的创新生态系统。最终，该工程涉及的诸多世界级难题得以攻克，参与主体也产出了一系列创新成果，特别是包括数量众多的专利，因此评估他们的技术能力拓展情况成为可能。

本章研究从港珠澳大桥管理局官方网站获取到其披露的中标公告和企业名录，其中包含了各企业承担的标段信息和合同金额，以及他们承担专题研究的情况。名录显示，总计有 13 家承包企业，他们负责港珠澳大桥主体工程的全部施工与制造合同段。然后，根据企业名称在国家知识产权局的专利检索及分析系统中检索其在参建时期内所申请的专利（不计外观设计专利），并借助核心人员（视为发明人）信息和所承担标段相关技术信息确定那些确系与该工程有关的专利申请，从而得到了这些企业依托港珠澳大桥申请的专利详情（包括 IPC 号、合作申请单位等信息）。其中一家企业没有专利产出（其负责房建工程施工，技术难度较小、创新需求较低），其技术能力拓展绩效无法测度，因此被排除在外。因此研究样本最终包含 12 家企业，其基本信息如表 8-2 所示。他们历史长短各异，注册在不同城市，业务分布在基础设施工程建设的不同细分行业，总体而言具有较强代表性。此外，还从 incoPat 全球专利文献数据库中提取了这些企业在参与港珠澳大桥工程前的专利申请信息，以便确定他们的知识储备情况和历史拓展水平。

表 8-2　样本企业基本信息

企业编号	成立年	注册地	主营业务	在港珠澳大桥工程中所承担标段
F001	1894	秦皇岛	钢桥制造与安装	CB01
F002	1999	武汉	钢桥制造与安装	CB02
F003	1964	西安	公路工程施工	CB03
F004	1952	广州	公路工程施工	CB04 & CB07
F005	1953	武汉	桥梁工程施工	CB05
F006	2000	重庆	道路铺装工程施工	CB06
F007	1945	天津	港口与航道工程施工	CTI1，CTI5 & CB03
F008	1950	武汉	港口与航道工程施工	CTI3
F009	1954	上海	港口与航道工程施工	CTI2
F010	1951	广州	港口与航道工程施工	CTI3
F011	1954	广州	港口与航道工程施工	CTI4
F012	2005	北京	"四电"工程施工	CA02

注：CB01 至 CB07 为桥梁工程标段，CTI1 至 CTI15 为岛隧工程标段，CA02 为交通工程标段

8.3.3　测度和校准

1. 结果变量

本章研究所关注的结果是企业在参与重大工程期间的技术能力拓展绩效（technological capability expansion performance，TCEP）。对此，首先要计算其技术能力拓展的水平。根据以往研究中的操作性定义（Argyres and Silverman，2004；Kotha et al.，2011），企业进入新技术门类的数量被用来表示技术能力拓展的幅度。它反映在专利申请数据上就是企业依托重大工程所申请专利涉及的新 IPC 小类（小类通常被认为是技术门类的良好象征；新小类是指企业过去未曾在其上申请过专利的小类）（Guan and Liu，2016；Wang et al.，2014）的数量。考虑到冗余资源

对拓展量的影响和现代合同金额所蕴含的技术成分，本章研究以上述数量除以企业承担标段的合同金额作为技术能力拓展绩效的测度。

2. 条件变量

历史拓展水平。参鉴相关研究，本章研究选定五年作为一个窗口期（Belderbos et al.，2010；Gilsing et al.，2008；Leten et al.，2016）来判断历史水平。这五年间企业所活跃的技术门类（同样以所申请专利的 IPC 小类衡量）的增加量年均值被视为其技术能力拓展的历史水平。

知识网络基础。如前所述，企业所拥有知识要素间相互连接的情况也应被视为重要的基础条件。为此，本章研究将企业过去五年所申请专利的 IPC 小类共现情况提取出来形成其知识网络（任两个 IPC 小类共同出现在一个专利中则其在网络中彼此连接），并将该网络的连通性水平作为知识网络基础的测度指标。具体而言，在确定知识网络后，找到其最大连通子图（giant component，子图的内部相互连通，但不与网络的其他节点相连）（Chandra and Dong，2022；Newman，2003；刘向等，2013），以其节点规模除以网络总节点数所反映的连通性作为观测值。以图 8-2 所示网络为例，该网络共有节点 13 个，包含三个子图，其中最大连通子图涵盖八个节点，在此情况下知识网络基础这一变量对应赋值为 0.615。

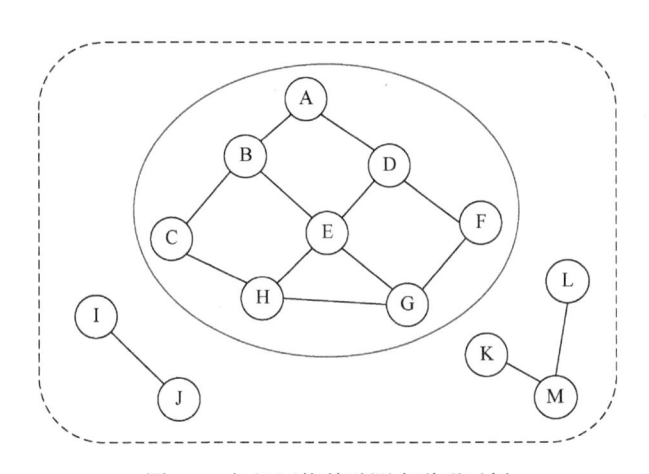

图 8-2　知识网络基础测度说明示例

项目研究参与。根据港珠澳大桥管理局披露的信息，许多单位参与了国家科技支撑计划项目"港珠澳大桥跨海集群工程建设关键技术研究与示范"及管理局委托研究课题。该变量以焦点企业参与的这类研究项目或课题的数量测度。

外部合作研究。重大工程的参建企业大都隶属于某个商业集团，其在专利申请时往往与集团中的兄弟企业或母子公司共同署名,但很难判断这是策略性的署名还是实质性的合作(当然,该情况也不应认定为外部合作)。因此本章研究仅关注与非同属单位的合作申请。该变量以焦点企业依托港珠澳大桥所申请专利中涉及的非同属单位的数量测度。

3. 变量校准

在 fsQCA 方法中,每一个条件和结果都被视为一个集合,每个案例在这些集合中均有隶属分数。将原始数据转换为集合隶属分数是模糊集分析与运算的重要前置环节,为案例评估并赋予集合隶属分数的过程称为校准(calibration)。遵循相关经典文献(Fiss, 2011; Greckhamer, 2011; Misangyi and Acharya, 2014),本章研究选择最为常用的直接校准法展开校准,即利用逻辑函数来实现数据在 0(完全不隶属)、0.5(交叉点)和 1(完全隶属)三个定性锚点间的分布(Ragin, 2008)。

由于本章研究的多数变量比较新颖,缺乏足够的细致理论和经验依据指导校准过程,因此本章研究遵循依赖样本统计数据(如百分位数)的做法(如 Delmas and Pekovic, 2018; Greckhamer, 2016; Gupta et al., 2020; Speldekamp et al., 2020; White et al., 2021)来确定定性锚点的位置。各变量校准锚点及描述性统计详见表 8-3。

表 8-3 结果与条件变量的校准及描述性统计

变量	模糊集校准			描述性统计			
	完全不隶属	交叉点	完全隶属	均值	标准差	最小值	最大值
TCEP	0.02	0.21	0.56	0.25	0.24	0	0.75
HEL	1.24	3.50	5.43	2.93	1.51	0.80	6.20
KNB	0.05	0.30	0.76	0.36	0.26	0	0.91
PRP	0	0.5	2	0.83	0.94	0	2
ECR	0	0.5	3.8	1.08	1.73	0	6

8.4 实 证 结 果

8.4.1 必要条件分析

基于集合论的 fsQCA 旨在识别不同条件、条件形成的组态与结果之间的充分或必要的子集关系(Ragin, 2000)。一般认为,QCA 分析过程应该包含相互关联、前后有序的两类分析,即条件的必要性分析和条件组态的充分性分析。两者应该单独开展,且前者要先于后者(Rihoux and Ragin,2009;Schneider and Wagemann,2012)。从集合论角度而言,单个条件的必要性分析就是检验结果集合是否为某个条件集合的子集。当结果发生时,如果某个条件总是存在,那么该条件就是结果的必要条件(Ragin,2008)。

本章研究首先分析四个条件及其"非集"状态对高技术能力拓展绩效的必要性。采用已有研究广为认可的一致性(consistency)阈值 0.9 作为判断其必要性的标准,当特定条件的一致性大于或者等于 0.9 时,可以认为该条件是结果的必要条件,否则不认为是结果的必要条件(张明和杜运周,2019)。表 8-4 为使用 fsQCA 3.0 软件分析得出的高技术能力拓展绩效的必要条件检验结果。从中可知,所有前因条件的一致性水平均低于 0.9,这表明没有条件构成高技术能力拓展绩效的必要条件。换言之,技术能力拓展绩效高低与否,需要考虑多重条件的并发协同效应。

表 8-4 单项前因条件的必要性分析

条件变量	TCEP:高	
	一致性	覆盖度
HEL	0.609	0.771
~HEL	0.618	0.448
KNB	0.714	0.642
~KNB	0.524	0.496
PRP	0.731	0.727
~PRP	0.371	0.318
ECR	0.497	0.583
~ECR	0.709	0.538

注:~表示相应条件缺失

8.4.2 条件组态分析

条件组态的充分性分析是 QCA 方法的核心,其主要是分析不同前因条件形成的组态对结果的充分性(Rihoux and Ragin,2009),即探索多个条件构成的组态所代表的集合是否为结果集合的子集。同样使用一致性来衡量组态的充分性,Schneider 和 Wagemann(2012)指出认定充分性的一致性水平不得低于 0.75。当然也有研究根据具体的研究情境采用了不同的一致性阈值,也可根据真值表中一致性分数呈现的缺口确定阈值(Schneider et al.,2010)。除了一致性阈值,特定组态覆盖的案例数量也是其进入布尔最小化过程的筛选标准。频数阈值需要视样本规模而定,通常样本规模越大,频数阈值也越大。对于中小样本(大概 10~100 个案例)而言,频数阈值取 1 即可,对于大样本,该值则可以适当提高(Schneider and Wagemann, 2012)。在本章研究中,原始一致性阈值设定为 0.75,案例频数阈值设定为 1。

fsQCA 3.0 的最小化程序基于不同的简化假设会产生三种解:复杂解(不使用逻辑余项)、中间解(仅使用符合理论与实际知识的逻辑余项)和简约解(使用所有逻辑余项)。Ragin(2008)认为,一般情况下中间解优于复杂解和简约解。因为中间解在复杂程度上实现了复杂解和简约解之间的平衡,是理论与经验相互补充的产物(Schneider and Wagemann, 2012)。同已有研究一致,本章研究在此报告中间解(Fiss, 2011),并辅之以简约解。表 8-5 呈现了实现高技术能力拓展绩效的组态分析结果,其中每一纵列代表了一种可能的条件组态。该表遵循 Ragin 和 Fiss(2008)的结果呈现形式,实心圆(●)表示条件存在,含叉圆(⊗)表示条件缺席,空格表示条件可存在也可缺席。大圆表示核心条件,即同时存在于中间解和简单解中的条件;小圆表示辅助条件,即仅存在于中间解中的条件。

表 8-5 实现高技术能力拓展绩效的组态

	解 1	解 2	解 3
HEL	●		●
KNB		●	⊗
PRP	●	●	
ECR			●
一致性	0.825	0.822	0.752
原始覆盖度	0.425	0.609	0.280
唯一覆盖度	0.092	0.278	0.156
总一致性	0.816		
总覆盖度	0.859		

注:●表示核心条件存在,⊗表示核心条件缺席,●表示辅助条件存在,⊗表示辅助条件缺席,"空格"表示该条件可存在也可缺席

解的总一致性(solution consistency)为 0.816,这意味着,在所有满足这三类条件组态的参建企业案例中,有 81.6%的企业均呈现较高的技术能力拓展绩效水平。解的总覆盖度(solution coverage)为 0.859,这意味着,三类条件组态可以解释 85.9%的高技术能力拓展绩效案例。解的一致性和解的覆盖度均高于临界值,表明实证分析有效。这三种条件组态可以视为重大工程参建企业在其中实现高技术能力拓展绩效的充分条件组合。

具体来看：组态 1（HEL×PRP）表明，对于历史拓展水平较高的参建企业，通过承担该工程相关的研究项目或专项课题可以实现高技术能力拓展绩效。其中高历史拓展水平是核心条件。该路径能够解释约 42.5%的高技术能力拓展绩效案例，约 9%的高技术能力拓展绩效案例仅能被该路径解释。组态 2（KNB×PRP）表明，对于知识网络基础较好（连通性较强）的参建企业，通过承担该工程相关的研究项目或专项课题可以实现高技术能力拓展绩效。知识网络基础较好和参与研究项目均为核心条件。该路径能够解释约 61%的高技术能力拓展绩效案例，约 28%的高技术能力拓展绩效案例仅被该路径解释。实际上，组态 1 和组态 2 共享了一个案例（它是 HEL×KNB×PRP 型，即该企业同时拥有较高的历史拓展水平和较好的知识网络基础，且承担了研究项目或专项课题）。组态 3（HEL×～KNB×ECR）表明，对于历史拓展水平较高但知识网络基础不佳的参建企业，可通过与其他单位合作创新实现高技术能力拓展绩效。该组态与组态 1 具有相同的核心条件，知识网络基础不佳与合作创新构成了辅助条件。该路径能够解释约 28%的高技术能力拓展绩效案例，约 16%的高技术能力拓展绩效案例仅被该路径解释。综合而言，本章研究没有发现某一条件能够单独构成高技术能力拓展绩效的充分条件，三条不同的实现路径在分析中浮现出来。为更好地理解这些路径，下一部分尝试通过结合理论和案例做进一步诠释。

8.5 结论与讨论

在本章所研究的港珠澳大桥工程参建企业中，技术能力拓展绩效呈现出了较大的差异，其中既有零拓展的，也有以相对较少的合同金额拓展进入近十个新技术门类的。尽管他们的具体施工任务有所差异，但总体上处于一个比较接近的工程环境与氛围中，却最终收获了完全不同的技术能力拓展绩效。这充分说明并非每家企业都能轻松抓住重大工程的机遇实现自身成长，重大工程创新生态系统的平台效应（至少在技术发展方面）在各企业实践中呈现了差异化的表达。与此同时，分析结果显示并没有某个条件在高技术能力拓展绩效实现时总是出现，企业的历史拓展水平也不例外。换言之，没有证据表明某一因素或条件构成重大工程参建企业实现高技术能力拓展绩效的必要条件。因此给出以下命题。

命题 8-1：重大工程这一平台并不必然带来参建企业技术能力的快速拓展，但高技术能力拓展绩效的实现并不绝对依赖某种要素或条件。

前述分析结果显示，不论历史拓展水平、知识网络基础等基础性条件，还是项目研究参与、外部合作研究等行为性条件，都不能单独使得重大工程企业实现高技术能力拓展绩效。这意味着各种前因条件需要相互依赖、共同作用，才可能引致高技术能力拓展绩效；高拓展绩效的实现前因具有复杂性、并发性。具体来看，组态 1 要求高历史拓展水平和项目研究参与，组态 2 要求好的知识网络基础和项目研究参与，组态 3 在高历史拓展水平和欠佳知识网络基础的情况下要求外部合作研究。不难发现，这些前因组态都同时包括至少一个基础性条件（历史拓展水平高或知识网络基础好）和至少一个行为性条件（项目研究参与或外部合作研究），缺少其中任一类条件都无法构成引致高技术能力拓展绩效的有效组态。换言之，基础性条件和行为性条件具有互补性，它们共同存在、协同作用才能带来高绩效的收益。因此给出以下命题。

命题 8-2：不存在能够单独引致高技术能力拓展绩效的前因条件，高拓展绩效的实现需要基础性条件与行为性条件的同时存在。

fsQCA 程序进行逻辑余项分析和布尔运算最小化后给出的三个组态均能使得重大工程参建企业实现高技术能力拓展绩效，这种"殊途同归"（或者等效性）表明企业实现高拓展绩效的路径并非只有一条，企业可以选择更适合自身情况的路径并采取适应性策略。具体来看，历史拓展水平和知识网络基础在充当高拓展绩效的实现条件时具有可替代性。较高的历史拓展水平表明企业大概率在技术能力拓展方面具备较好的能力与资源基础，从而能够更好地抓住重大工程这个机会快速拓展技术能力。否则，企业若已经建立起较好的知识网络基础（本章研究重点强调知识网络连通性），也能够以此为支撑快速拓展技术能力。因为探明知识要素间的隐含联系规律并加以运用，也在无形中为自己向未知要素扩展并与之建立联系创造了良好条件。从行为性条件上看，深度参与项目研究实质上是在重大工程科研体系框架中深度探索并创建针对性解决方案的过程，本身隐含了突破传统、探索新方法、发掘新要素的要求，无形之中引导着企业向新技术门类拓展；寻求外部合作是以开放视角搜索外部有效资源并将其融入重大工程创新生态系统的过程，其间对新资源的识别、引进、吸收也给企业创造了相当的拓展空间（特别是在其具有较高历史拓展水平情况下）。这两项前因条件并不矛盾，但可能受限于一些固有约束而未必同时存在，它们的可替代性给企业拓展技术能力提供了更多选择。这里给出以下命题。

命题 8-3：重大工程参建企业实现高技术能力拓展绩效的前因组态并不唯一，同类（基础类或行为类）条件间存在一定的可替代性。

实证结果的涌现引发了对相关理论的思考和再认识。

从机会视角展开的前述分析表明，机会识别和机会开发对于实现高技术能力拓展绩效均必不可少。机会识别的特点是对潜在机会保持警惕，积极寻找和感知它们，并搜集、解释和应用各种有用的信息（Kuckertz et al.，2017；Ozgen and Baron，2007），这要求企业具备特定的基础条件。机会开发的特点是通过有焦点地部署和整合资源的过程来开发已识别的机会（Foss et al.，2013；Guo et al.，2018），这表明行为条件的不可或缺性。在本章研究的样本中，企业 F005 只满足基础条件，企业 F002 只满足行为条件，两者都未能实现高拓展绩效。

同类条件之间的替代关系也证实了一些理论推断。知识网络领域的研究强调，企业应该重视所掌握的知识要素间的相互连接，这也可以转化为一种竞争优势（Guan and Liu，2016；Yayavaram and Ahuja，2008）。在本章研究中，高度连通的知识网络的优势展现出来，其被证实可以代替历史拓展水平，为企业识别潜在机会提供基础条件。例如，在全部样本中企业 F006 的历史拓展水平最低，但其拥有较好的知识网络基础，再加上其有效行动，最终实现了技术能力的显著拓展。此外，内部与外部研发均是机会开发的有效行为策略。企业可以单独选择其中一者，也可以两者都选择，这在本章研究的样本中均有实例。正如一些经典研究所建议的，重要的还是选择与自身情况相符的策略（Acur et al.，2010；Wilden et al.，2013）。

管理研究中的理论严谨性和实践相关性之间一直存在紧张关系（Butler et al.，2015）。传统的管理学研究遵循牛顿物理学假定和还原论思想，所采用的主要分析范式是理性范式（Meyer et al.，1993）。其假设存在一个单一、有形的实在（reality），可以分解为独立的变量和过程，其中任一都可独立于其他变量和过程进行研究（Guba and Lincoln，1982）。这类研究具有很高的严谨性，但研究结果难以应用、偏离实践。管理实践发生的条件间相互依赖而非独立是普遍现象（Furnari et al.，2020）。对此，源于系统思想的组态理论为我们提供了新的视角和工具。组态研究一定程度上遵循自然范式的整体实在观（Misangyi et al.，2017）。它通过整体分析和案例间比较，揭示影响结果的重要条件间的组态效应，发现产生合意结果的多重路径，从而为实践者采取措施提供更多选择（Ragin，2008）。研究结果表明组态视角确实有助于缓解上述紧张关系。

基于上述发现，本章从以下几个方面推动了相关研究发展。

第一，通过对比分析重大工程参建企业技术能力方面的拓展绩效，揭示了重大工程平台效应在不同企业上的差异化效果，增进了对重大工程促进企业成长过程逻辑的理论认识。既有研究大多只是粗略讨论了重大工程项目对参建企业能力演进（如技术创新方面）的益处而未加以详细论证（Eskerod and Ang，2017；Lehtinen et al.，2019），更未考究这类效应差异化表达的可能及原因。本章从机会视角（Alvarez et al.，2013）切入，指出企业参与重大工程近似于进入潜在机会池，其需要通过机会识别、机会开发等必要环节实现技术能力的有效拓展，同时发掘其中的关键条件并进行了实证分析，从而达到了差异溯因和过程建构的初步效果。

第二，通过将组态视角和 QCA 方法引入企业技术能力拓展前因研究中，丰富了该领域的研究视域和方法工具，革新了对企业能力演进绩效差异现象的认知基础。如果仅仅采用传统定量方法孤立地考察各前因变量对技术能力拓展绩效的影响，可能只能得出正向相关或积极影响的一般性结论，不能发掘各前因变量彼此之间的互补/替代关系，更无法验明实现高拓展绩效的多种有效组态。组态思维及 QCA 方法是对传统定量研究中净效应思维的一种挑战和补充（Ragin，2008），为认识和解释企业能力演进绩效差异现象的因果复杂性提供了一种整体的视角（Rihoux and Ragin，2009）。

第三，通过将组织知识库属性纳入技术能力发展的研究框架，证实了其结构特性的重要价值，发掘了将其潜力转化为竞争优势的方法路径。知识被视为组织获得竞争优势的重要来源（Moorthy and Polley，2010），但以往的多数研究主要关注组织知识库的数量特征（Guan and Liu，2016）。近年来，将知识库视为知识要素耦合而成的网络的理念（Yayavaram and Ahuja，2008；Wang et al.，2014）获得了更多认可。但考察知识库结构方面特征的实证研究依然有限，其可能的影响和作用的路径仍待更多探索，特别是缺乏将其与组织的能力发展结合起来的整合研究。本章将企业知识网络连通性作为一个可能的前因条件纳入技术能力拓展绩效的组态分析，证实了其可替代历史拓展水平充当基础条件；同时发现其潜能可在项目研究参与的过程中得到释放，这为如何充分利用知识要素间的相互关联关系以获得竞争优势指明了方向。

第四，通过将重大工程创新生态系统作为企业能力拓展的具体情境，部分解释了创新生态系统参与主体行为策略的前因后效，扩展了该研究框架的覆盖广度和架构深度。重大工程创新生态系统的提出为刻画解析重大工程技术创新活动提供了一个有益的崭新视角，而其框架之内仍有诸多关键细节尚待探讨或补充。特别是已有研究主要围绕系统的总体特性、宏观架构、类群角色等方面（Chen et al.，2021；曾赛星等，2019）展开，本章瞄准了参与主体机会开发中的具体行为策略，考察了其与不同基础条件结合的适配效果，从而得出了企业为系统创造价值的同时实现自身成长的有效路径。这为在该框架内开展复杂跨层分析和多目标决策问题研究提供了基础准备。

实践中，重大工程参建企业应该意识到：①参与重大工程并不必然带来技术能力的显著拓展，若要将这一机会转化为收益应至少从两个方面着手，即事前打好基础、事中积极作为。事前打好基础强调企业知识储备方面的超前性和长期性，事中积极作为强调企业应对机会时的灵活性和主动性。②就基础性条件而言，高历史拓展水平固然带来优势，但并非必不可少。即使历史拓展水平不高，如果能够建立起高度连通的知识网络，同样具备了实现技术能力快速拓展的良好基础。这就要求企业灵活运用自己所掌握的知识要素，积极发掘它们之间的潜在关联，适时适事进行组合运用、重组复用，合理减少知识网络中的孤岛，建立起良好的知识网络基础。这不仅可以为技术能力有效拓展提供支撑，也可能为企业创造新的价值增长点，实现 1+1>2 的良好效果。③就行为性条件而言，承担专题研究更侧重深入探索，寻求外部合作更侧重广泛搜索，企业可以根据自身特点和工程任务的技术需要在创新生态系统中采取适应性的行为策略，在深度融入该系统、贡献自己特有价值的过程中实现技术能力的快速拓展。

重大工程创新生态系统领导者也要在条件允许的情况下为参与企业创造拓展技术能力的机会，从而进一步激发创新生态系统的活力，更好地保障重大工程的顺利实施。具体而言，生态系统领导者需要在早期识别主要的技术挑战、建立起研究体系框架，有序组织参与企业承担相关专题进行有益探索；与此同时也要合理安排相关的制度、规则与程序，保证创新生态系统的适当开放性，使得参与企业能够将外部有效资源引入其中发挥作用。

当然，本章研究也存在一定的局限性。一方面，受制于样本案例数量的限制，本章只能讨论最关键的几个前因条件，以寻求条件数量与案例数量之间的平衡来避免发生严重的有限多样性问题（观测到的数据远远小于条件组合的潜在范围）（Rihoux and Ragin，2009）。未来的研究可以在案例数量充裕的情况下结合更多理论视角探寻潜在前因条件，进一步丰富当前的分析框架。另一方面，本章研究采取的方法虽然较之回归分析提供了深入个案对比分析的可能，但对于这一探索性研究问题仍不足以充分地回答"为什么""怎么样"等细节问题。未来的研究可以结合深度访谈、行动研究等方法深入发掘前因条件间的组合效应发生机制，考察多主体间行为策略的相互影响，进一步丰富理论细节并给出更加具体的实践指导。

8.6 本章小结

重大工程创新生态系统为参与企业提供了快速拓展技术能力的良好机遇，但尚无研究深入探析何种企业采取何种行为才能实现高的拓展绩效。本章采用组态视角和 QCA 方法，以港珠澳大桥工程主要参建企业为样本探究了重大工程创新生态系统中企业技术能力拓展的前因组态。结果表明，高技术能力拓展绩效的实现具有"多重并发"和"殊途同归"的特点，任何单一因素既不能构成其必要条件，也不能成为引发它的充分条件。构成组态的前因间存在互补与互替的关系，基础条件与行为条件的并存催生高的拓展绩效，同类条件间可以彼此替代发挥作用。总的来看，本章研究揭示了重大工程创新生态系统促进参与主体能力发展的基本过程逻辑，增进了对重大工程创新生态系统协同效应更多角度、更多层次的认识，扩展了创新生态系统研究框架的覆盖广度和架构深度，革新了对企业能力演进绩效差异现象的认知基础。

第 9 章 重大工程创新生态系统协同组织

重大工程创新生态系统作为一种特定的社会生态系统，经由生态系统领导者的顶层设计和参与主体的自组织、自适应而来。前面从参与主体的视角切入，依次探究协同基础、协同过程、协同效应，形成了一条"主体共生—价值共创—能力共演"的逻辑链路。本章聚焦于生态系统领导者，尝试剖析其在重大工程创新生态系统不同阶段的多重作用，以期加深对重大工程创新生态系统形成与演进过程的理解，增进对重大工程创新生态系统协同机理的全方位认识。

9.1 概　　述

从重大工程的立项阶段到运营阶段，多元化的主体开展离散或互依的创新活动，以确保项目的成功交付。由于重大工程的技术复杂性、项目独特性和三重约束，传统的创新范式不再适合重大工程相关的技术创新活动和任务；越来越需要多个创新主体形成紧密联系，依靠协同完成创新活动。在某种意义上，重大工程可以作为一个生态系统（或平台），各主体可以通过该系统或平台开展创新活动，以共同创造价值并发展其能力（Lehtinen et al.，2019；Whyte，2019）。此外，重大工程中的不可预见和突发事件增加了不确定性，给创新主体带来了更大的挑战。特别地，各参与主体都有自己的目标、期望、利益和计划，这些可能与重大工程的整体目标不一致（Davies et al.，2014；Lehtinen et al.，2019）。因此，重大工程创新生态系统领导者需要付出努力来避免冲突、促进协同。

现有文献已经分析了重大工程创新的不同驱动和阻制因素，也重点关注了项目层面的组织学习和创新扩散（Brady and Davies，2014；Brockmann et al.，2016；Eriksson et al.，2017），较少研究多边情境下的治理问题。重大工程创新生态系统描述了多个主体基于焦点工程在创新方面的协同努力，通过有效地治理重大工程创新生态系统可以增强协同效应、提高创新效率。不少研究讨论了项目治理问题，但并未从创新生态系统的角度深入探析。例如，对项目治理的研究侧重于业主、设计方、施工方和运营商之间的关系治理，以及在施工阶段活跃的设计方和施工方之间的缓冲机制（Ahola et al.，2014；Derakhshan et al.，2019）。重大工程创新生态系统的构建和发展很可能受到组织冲突与资源约束的影响，这需要生态系统领导者开展生态系统治理来协调解决（Teece，2016）。遵循面向参与者的架构方案（Fjeldstad et al.，2012），本章强调生态系统领导者的关键角色，其有动机和能力来选择必须纳入的参与主体，并提供协调机制、标准、规则、关键技术指导和金融资本，为寻求价值获取的行为者创造推力、关联和情境（Adner，2017；Teece，2016）。考虑到重大工程创新生态系统是动态演化的，系统协同的实现也非一蹴而就的，因此本章研究希望探察生态系统领导者在这一动态过程中先后发挥了哪些作用、如何推动系统内协同的良性循环的建立。这对于完善重大工程创新生态系统理论体系至关重要，也有助于为相关管理实践提供更为细致的参鉴。

9.2 研究方法

9.2.1 数据搜集

港珠澳大桥工程为本章研究提供了较为合适的实证环境（Zhao et al.，2018）。首先，该项目持续时间长，为研究者提供了更好的了解创新活动在项目生命周期中演变规律的机会。其次，项目团队遇到的技术难题具有挑战性，需要来自不同组织、不同地区、不同行业的多个主体协作配合，共同实现技术要求和项目目标。对其进行深入的归纳分析能够识别生态系统的演变，并解析生态系统领导者所发挥的作用；多样的创新活动和丰富的创新成果也可帮助深入了解生态系统领导者的角色在系统演变过程中是如何变化的。

本章研究主要依赖以下数据来源：①对港珠澳大桥管理局高层管理人员的正式半结构化访谈；②与受访者的后续非正式对话；③档案资料。具体而言，首先使用"（技术）创新"和"港珠澳大桥"等关键词在中国知网数据库检索，得到87篇学术论文和157篇报刊报道；删除不相关的资料后，最终使用了45篇学术论文和50篇报刊报道。同时从港珠澳大桥管理局获得了46份内部资料和23项建设标准。有关数据的汇总信息如表9-1所示。

表9-1 数据来源

数据来源	数量/篇	时间跨度
访谈	14	2015~2019 年
报刊报道	50	2010~2019 年
学术论文	45	2010~2018 年
内部资料	46	2010~2019 年
建设标准	23	2010~2019 年

基于归纳理论构建思路（Charmaz，2006），本章在搜集和分析数据过程中采取了一种迭代式的方法，不断将现有的结果主题和可能涌现出新维度的新数据进行对比。随着新主题的出现，我们改进了数据搜集，以确保能够高效准确地记录生态系统如何随着时间的推移而演变。如此重复，直到达到理论饱和点，即搜集的新数据适合所构建的框架，且没有提供任何新的主题或新的相关信息。

9.2.2 数据分析

本章研究分四步对实证数据进行分析。

首先，通过阅读档案资料和观看纪录片来熟悉该案例。这有助于深入了解该工程中实施的创新技术，从而能够确定关键主题；它们还提供了这些技术的使用背景和组织结构的发展情况。与此同时，建立了一个按时间顺序排列的在港珠澳大桥工程期间发生的事件列表，该事件库包含了2003~2018年共计1082个事件。这一详细的事件库可以帮助更细致地了解重大工程创新生态系统的演变以及生态系统领导者在其中所扮演的角色。

其次，基于实证数据和事件库识别了生态系统领导者并对各个阶段进行分类。重大工程创新生态系统的演进大致会经历四个阶段（表9-2）：初现阶段、发展阶段、成熟阶段、更新（或消逝）阶段。初现阶段是业主为获得项目批准而进行预创新的一个阶段性状态。进入发展阶段后，重大工程创新生态系统会不断扩展以吸收或吸引更多实体，包括咨询机构、设计方和承包商。在成熟阶段，重大工程创新生态系统进一步发展壮大并演进成为一个有序组织的平衡结构。更新阶段发生于现有参与主体共同进入另一个重大工程的情境下；当重大工程已经完成交付、正式的组织结构随之解体时，重大工程创新生态系统便进入消逝阶段。当然，不同阶段创新活动的主体、内容及模式等也存在一定差异。但要说明的是，不同阶段之间的界限是模糊的，一个阶段出现的管理挑战往往会与另一个阶段联系在一起。

表9-2 重大工程创新生态系统的阶段演进

阶段	结构特征	系统活跃度	最活跃主体
初现阶段	零星散落	低	业主
发展阶段	孤岛/片状网络	中	业主、设计方
成熟阶段	开放融合、彼此互联	高	承包商、设计方
更新（或消逝）阶段	跨项目迁移	渐低	—

然后，遵循归纳理论构建方法的原则（Charmaz，2006；Gioia et al.，2013）重新检查数据以识别初始主题，并使用Atlas.ti软件开放编码过程将它们分类为一

阶组。在导入所有的实证数据后，通过逐句和逐阶段编码过程进行初始编码。在这一过程中使用动名词（如构建、交流、协作、引导）以"获得强烈的动作和顺序感"（Charmaz，2006），从而更加接近研究问题的答案。同时，通过跨数据源工作来进行聚焦编码，识别一阶代码的异同。在该阶段，开放代码的数量被减少到一组核心主题，这些主题对研究问题具有足够的理论意义。在这个过程中，不断进行比较以生成和细化主题。这是一个迭代过程，从数据、初始代码和新兴模式到二阶主题，直到数据被提炼成足够的概念。开放编码和聚焦编码的结合使得能够选择最重要的编码进行后续的理论分析。对后续访谈的分析没有产生新的理论见解，这表明达到了理论饱和。

最后，进行理论编码。这是一个重新审视和使用编码作为分析工具以建立一个连贯和扎根的理论的过程（Charmaz，2006）。在数据分析过程中可以清楚地看出，生态系统领导者所做的工作发生在两个不同的层面：初现阶段和发展阶段的问题识别、创新规划、规则制定、主体筛选，成熟阶段的资源编排、冲突缓解、网络整合、文化培育。由此看来，生态系统领导者所扮演的角色与特定结果相关：生态系统构建和生态系统协调。图9-1展示了数据结构，典型数据报告在表9-3中。

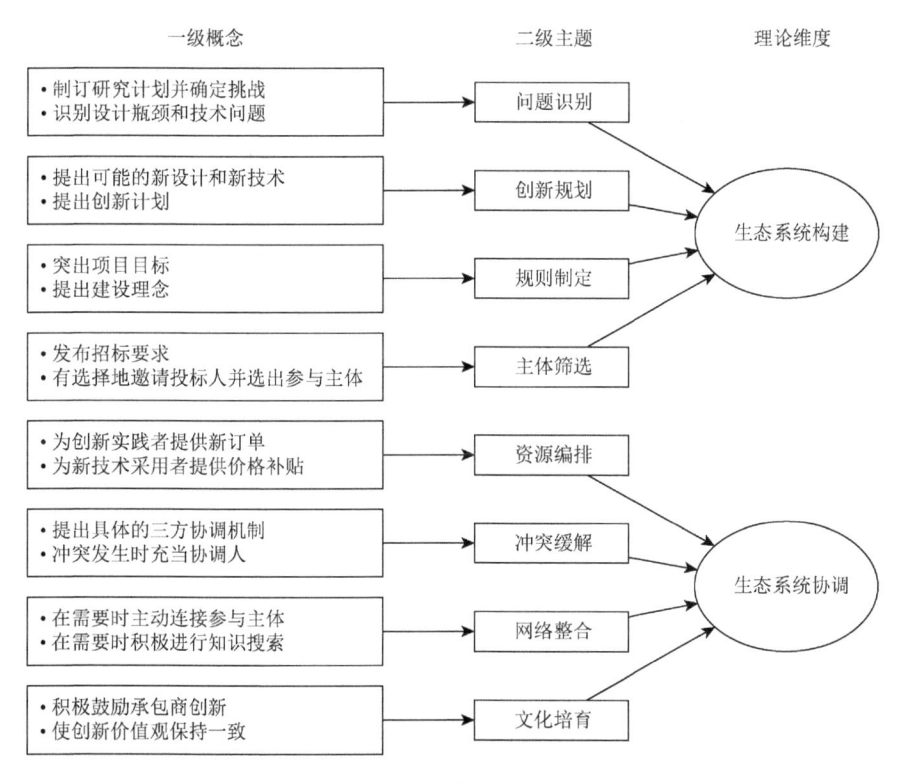

图9-1 数据结构

表 9-3　典型数据

一级编码	二级编码	典型数据
1. 问题识别	A. 制订研究计划并确定挑战	A1. 在可行性方案阶段，前期小组开展了各项研究工作。 A2. 我们设定了项目目标，并确定了整个建设过程中可能出现的潜在挑战。
	B. 识别设计瓶颈和技术问题	B1. 我们提出了在项目可行性阶段可能遇到的设计瓶颈。 B2. 我们预测了国内承包商无法解决的潜在问题和技术障碍。
2. 创新规划	C. 提出可能的新设计和新技术	C1. 在项目开始时，我们办公室（前期小组）预计了可能需要的各种形式的创新。 C2. 在这个项目开始之前，前期小组做了大量的研究工作，并组成了一个团队就技术可行性进行讨论。
	D. 提出创新计划	D1. 前期小组针对不同的技术问题提出了不同的创新计划。 D2. 我们组织了一批来自大学和科研机构的研究人员来帮助检验我们提出的计划。
3. 规则制定	E. 突出项目目标	E1. 我们一开始就设定了项目目标，即建设世界级的跨海通道、为用户提供优质服务、成为地标性建筑。 E2. 管理局负责人在参加技术会议或承包商沟通会议时强调了项目目标。
	F. 提出建设理念	F1. 前期小组还提出了控制项目质量和增强组织能力的建筑理念——大型化、工厂化、标准化、装配化。 F2. "四化"指导所有参与主体实施先进的可靠新技术以达成项目目标。
4. 主体筛选	G. 发布招标要求	G1. 在评标方法中，设置专门的自动化水平得分，技术得分在总分中占较大比重，从而约束和鼓励投标人在投标阶段增加资源。 G2. 我们邀请具有很好能力和声誉的主体参与咨询过程，让他们了解我们的需求和要求，并激励他们开发和采用新的实践。
	H. 有选择地邀请投标人并选出参与主体	H1. 根据技术能力和投标价格，我们系统地确定了具有一定技术支持的承包商。 H2. 我们决定只允许具有特定工程经验的承包商投标我们的项目。
5. 资源编排	I. 为创新实践者提供新订单	I1. 重庆市智翔铺道技术工程有限公司先承接了 CB06 标段的桥面铺装，后又承接了岛隧工程的路面铺装。
	J. 为新技术采用者提供价格补贴	J1. 在钢箱梁制造设计和技术规范方面，我们主动进行了大量的服务工作，包括安排国际钢结构专家进行指导和监督。 J2. 我们实施了价格补贴策略，以支持承包商投资世界上第一条板单元自动化生产线。补贴主要用于自动化设备采购和工厂建设成本的摊销。
6. 冲突缓解	K. 提出具体的三方协调机制	K1. 三地政府达成了协议，创造性地建立了非诉讼争议解决机制。 K2. 形成了三方协调机制，包括专责小组层、联合委员会层和管理局层。
	L. 冲突发生时充当协调人	L1. 港珠澳大桥管理局的一些高层管理人员在尝试调整他们的传统实践时参与了协调工作。 L2. 冲突发生时，所有协商均在三地协议框架中进行。
7. 网络整合	M. 在需要时主动连接参与主体	M1. 主动帮助需要创新的企业与其他创新资源建立联系。 M2. 我们积极为遇到新问题的承包商搜寻知识。

续表

一级编码	二级编码	典型数据
7. 网络整合	N. 在需要时积极进行知识搜索	N1. 港珠澳大桥管理局的技术管理人员为技术问题提出了新的解决方法，并与一些承包商共同申请专利。 N2. 我们与一个承包商合作促成了分离式胶囊柔性止水工法的创新应用。
8. 文化培育	O. 积极鼓励承包商创新	O1. 我们积极鼓励承包商创新，营造创新氛围。 O2. 我们在钢箱梁制造过程中为新技术采用提供价格奖励。
	P. 使创新价值观保持一致	P1. 我们对遵循"四化"并积极调整其传统实践以实现项目目标者高度赞扬。 P2. 我们通过文化实践与所有参与主体建立良好关系，形成一个有凝聚力的整体。

9.3 实证结果

生态系统领导者是在重大工程创新生态系统生命周期中承担领导角色的核心参与者（Jacobides et al., 2018）。其可以是某个个人、组织或一个集体，也可以在生态系统的生命周期中不断变化。在港珠澳大桥工程中，生态系统领导者自身也在演进。港珠澳大桥工程创新生态系统领导者在初现阶段是港珠澳大桥前期工作协调小组，后来演变为发展阶段的港珠澳大桥前期工作协调小组和港珠澳大桥专责小组，到成熟阶段则是港珠澳大桥专责小组、港珠澳大桥三地联合工作委员会和港珠澳大桥管理局。初期，港珠澳大桥前期工作协调小组在广州成立，标志着该项目正式进入实施阶段。其主要围绕港珠澳大桥工程可行性报告和专项技术研究工作开展各项前期工作，主要目标是促进协调和管理、完成可行性报告、确保项目进度。在这一阶段，港珠澳大桥前期工作协调小组办公室承担了主要的创新活动，包括拟定设计方案和提出建设理念（可称为预创新）。2006 年 12 月，国务院批准成立由国家发展和改革委员会牵头的港珠澳大桥专责小组。港珠澳大桥专责小组负责协调项目前期工作中的重大问题，包括技术和社会问题以及设计决策。经过大约五年的前期工作，工程于 2009 年 12 月正式开始。2010 年 5 月，港珠澳大桥三地联合工作委员会成立并接手港珠澳大桥前期工作协调小组的工作。与此同时，港珠澳大桥管理局成立，作为项目法人承担大桥主体部分的建设、运营、维护和管理的组织实施等工作。在这一阶段，港珠澳大桥工程的管理组织结构由专责小组、三地联合工作委员会和管理局组成，它们分别负责不同层次的事务。总体而言，生态系统领导者由深度嵌入这一系统的业主组织担当。

实证数据表明，生态系统领导者尝试召集一批参与主体来构建创新生态系统，然后通过不同的活动来管理生态系统。生态系统领导者首先根据其早期调研来确

定关键挑战,识别设计瓶颈和技术问题。港珠澳大桥前期工作协调小组的一位工程师记录如下:

我们首先调查了桥梁钢结构制造行业的情况,希望确认国内承包商是否能够实现项目目标。根据初步调查,我们发现,这些承包商如果采用常规方法,就不可能达到质量和时间要求。在招标过程之前,我们进行了各种研究项目,以确定挑战,并提出可能的计划,以避免项目失败。

此外,业主在初现阶段梳理了当前的问题并计划了必要的创新,以对潜在创新提供一个总的图景和方向,从而控制项目可靠性和技术稳健性。创新规划过程包括提出可能的新设计和新技术,并制订创新计划,以确定工程技术的哪些部分需要采用创新,避免过度创新的情况。

在初现和发展阶段,业主还制定规则并筛选参与主体,为项目提供令人信服的愿景,并建立生态系统的正式结构,包括提出项目目标和建设理念,并根据筛选机制发布招标规则和选择性邀请投标人。此外,业主通过邀请创新者参加技术专题会和项目推广会来吸引创新者,帮助他们更好地了解港珠澳大桥工程。具体而言,港珠澳大桥管理局通过发展参与主体之间的关系、制定项目标准和提出项目需求,促成了创新生态系统的早期版本。

在成熟阶段,承包商作为主要参与主体开展创新活动,包括开发新的施工方法、在新设施中引入新材料、申请新技术专利。然而,港珠澳大桥管理局仍然是创新生态系统中的核心角色,协调不同参与主体之间的资源,缓解其间的冲突。此外,港珠澳大桥管理局将新的创新主体纳入生态系统,以帮助承包商解决其问题。创新网络建设对生态系统健康至关重要,因为资源流动和知识扩散对参与主体至关重要。例如,港珠澳大桥管理局的一名工程师帮助钢箱梁制造承包商实现了技术革新。

在港珠澳大桥工程开始之前,管理局要求所有承包商采用自动化方法生产钢箱梁结构。然而,作为中国国内市场最大的生产商之一,武船重工没有自己的自动化生产线。中铁山桥也承担了类似的任务,成功建成了业内首条板单元自动化示范生产线。武船重工在建立新生产线方面遇到了很大困难,发现了问题,并提出了可能的解决方案。

业主所培育的创新文化对于承建商在建设港珠澳大桥工程时开发许多新的施工方法至关重要。在成熟阶段,港珠澳大桥管理局鼓励承包商进行创新,并监督这些创新活动以避免过度创新。

9.4 结论与讨论

本章探究了生态系统领导者如何嵌入管理重大工程创新生态系统。此前有文献推断,重大工程可以充当新技术采纳和创新孕育的技术平台(Davies et al.,

2014；Lehtinen et al.，2019）。本章从创新生态系统的视角明确了业主组织在建立重大工程创新生态系统和协调其中创新主体上的突出作用，指出其担当生态系统领导者并随着工程进展而演进。

现有文献阐述了重大工程何以是创新的，以及工程复杂性为创新提供的充足机会（Brockmann et al.，2016；Dahlander and Gann，2010；Gil et al.，2012）。此外，本章指出业主组织在塑造重大工程创新生态系统和引导这一系统运转中扮演了生态系统领导者的角色。尽管重大工程创新生态系统随时间发展演化，但生态系统领导者发挥的核心作用并不消失，亦随生态系统发展而演进。通过区分生态系统领导者在不同阶段扮演的不同角色，本章还为重大工程创新生态系统治理研究提供了见解。此前的研究表明了生态系统领导者在高科技产业中的作用，但未考虑其基于大型项目平台发挥的动态作用（Dedehayir et al.，2018；Nambisan and Baron，2013）。本章研究发现，这种情况下由生态系统领导者开展的生态系统治理主要集中在两个方面：构建和协调。具体而言，在系统的萌芽和发展期，生态系统领导者通过识别重点难点，计划创新活动，制定规则制度，筛选参与主体来建立创新生态系统并纳入合适的创新主体；在系统的成熟期，生态系统领导者积极管理这些创新主体之间的协作，包括编排资源、管控冲突、培养创新氛围，以及在需要时纳入新主体并整合创新网络。

认识重大工程中的创新活动对于项目管理者和政策制定者都很重要。本章研究表明重大工程是创新的重要刺激因素；为高层管理人员提供了通过构建内部生态系统来推动创新的空间。生态系统建设对于不同参与者之间的知识共享和信息流动至关重要。此外，业主组织所发挥的作用对生态系统运作尤为关键，包括制定规则、筛选主体、编排资源和缓解冲突等。

虽然本章研究基于一个特定的重大工程案例，但相关的概念和发现也适用于其他大型项目情境。例如，在航空航天项目创新生态系统中，生态系统领导者可以将其作用分别部署到构建和协调中，以成功确保他们的日常工作得到有效开展。更重要的是，本章研究突出了治理在重大工程创新活动中的重要性，并表明管理者应该充分沟通和关注承包商的创新进程以避免过度创新的情况。

未来的研究需要继续聚焦并且阐明重大工程创新生态系统参与主体之间的动态关系及其发生互动的条件，并分析采取何种策略以避免或缓和这些参与主体间的可能冲突。此外，考虑到重大工程是一个知识和信息交换频繁的平台（Lehtinen et al.，2019；Whyte，2019），未来研究可以围绕重大工程创新生态系统中的知识转移和信息流动展开，深入了解系统协同运转过程中知识流和信息流的潜在阻制与促进机制。

9.5 本章小结

本章通过一项深入的案例研究来识别生态系统领导者在重大工程创新生态系统生命周期中所扮演的角色及其为推动系统协同所付出的努力。研究发现，重大工程创新生态系统领导者是深度嵌入该系统各个演进阶段的业主组织，其典型活动包括生态系统构建和生态系统协调。生态系统领导者首先要识别重点难点，计划创新活动，制定规则制度，筛选参与主体来建立创新生态系统，然后通过编排资源、管控冲突、整合创新网络并培养创新氛围以协调这一系统。这一系列努力为参与主体的自组织与自适应准备了良好条件，推动系统内各主体及组分相互作用、协作配合，从而涌现出个体层次所不具有的结构和功能，实现协同增效。总体而言，这项研究为明晰生态系统领导者如何嵌入重大工程创新生态系统来管理不同阶段的创新活动提供了一个理论框架，突出了重大工程业主作为协同推手所发挥作用的重要性，与前面发现相呼应共同促进了对重大工程创新生态系统协同机理的全面认识。

参 考 文 献

陈宏权，曾赛星，苏权科，2020. 重大工程全景式创新管理：以港珠澳大桥工程为例. 管理世界，36（12）：212-227.

陈劲，2017. 企业创新生态系统论. 北京：科学出版社.

陈培祯，曾德明，2019. 网络位置、知识基础对企业新产品开发绩效的影响. 管理评论，31（11）：128-138.

陈衍泰，厉婧，程聪，等，2021. 海外创新生态系统的组织合法性动态获取研究：以"一带一路"海外园区领军企业为例. 管理世界，37（8）：161-180.

丁荣余，2018. 创新力场：江苏创新生态系统的提升之道. 南京：江苏人民出版社.

杜运周，贾良定，2017. 组态视角与定性比较分析（QCA）：管理学研究的一条新道路. 管理世界，33（6）：155-167.

樊启祥，陆佑楣，李果，等，2021. 金沙江下游大型水电工程智能建造管理创新与实践. 管理世界，37（11）：206-226，13.

哈肯 H，2013. 协同学：大自然构成的奥秘. 凌复华，译. 上海：上海译文出版社.

黄少安，韦倩，2011. 合作与经济增长. 经济研究，46（8）：51-64.

金治州，陈宏权，曾赛星，2022. 重大工程创新生态系统共生逻辑及治理. 管理科学学报，25（5）：29-45.

李迁，朱永灵，刘慧敏，等，2019. 港珠澳大桥决策治理体系：原理与实务. 管理世界，35（4）：52-60，159.

李万，常静，王敏杰，等，2014. 创新 3.0 与创新生态系统. 科学学研究，32（12）：1761-1770.

李子彪，孙可远，赵菁菁，2021. 企业知识基础如何调节多源知识获取绩效？：基于知识深度和广度的门槛效应. 科学学研究，39（2）：303-312.

林鸣，2020. 建造世界一流超大型跨海通道工程：港珠澳大桥岛隧工程管理创新. 管理世界，36（12）：202-212.

刘劲杨，2014. 论整体论与还原论之争. 中国人民大学学报，28（3）：63-71.

刘向，马费成，王晓光，2013. 知识网络的结构及过程模型. 系统工程理论与实践，33（7）：1836-1844.

柳卸林，王倩，2021. 面向核心价值主张的创新生态系统演化. 科学学研究，39（6）：962-964，969.

吕一博，蓝清，韩少杰，2015. 开放式创新生态系统的成长基因：基于 iOS、Android 和 Symbian 的多案例研究. 中国工业经济，（5）：148-160.

麦强，安实，林翰，等，2018. 重大工程复杂性与适应性组织：港珠澳大桥的案例. 管理科学，31（3）：86-99.

麦强，陈学钏，安实，2019a. 重大航天工程整体性、复杂性及系统融合：北斗卫星工程的实践. 管理世界，(12)：190-198.

麦强，盛昭瀚，安实，等，2019b. 重大工程管理决策复杂性及复杂性降解原理. 管理科学学报，22（8）：17-32.

毛基业，苏芳，2016. 案例研究的理论贡献：中国企业管理案例与质性研究论坛（2015）综述. 管理世界，32（2）：128-132.

梅亮，陈劲，刘洋，2014. 创新生态系统：源起、知识演进和理论框架. 科学学研究，32（12）：1771-1780.

盛昭瀚，2019a. 管理：从系统性到复杂性. 管理科学学报，22（3）：2-14.

盛昭瀚，2019b. 管理理论：品格的时代性与时代化. 管理科学学报，22（4）：1-10.

盛昭瀚，2020. 重大工程管理基础理论：源于中国重大工程管理实践的理论思考. 南京：南京大学出版社.

盛昭瀚，程书萍，李迁，等，2020. 重大工程决策治理的"中国之治". 管理世界，36（6）：202-212，254.

盛昭瀚，梁茹，2022. 基于复杂系统管理的重大工程核心决策范式研究：以我国典型长大桥梁工程决策为例. 管理世界，38（3）：200-212.

盛昭瀚，薛小龙，安实，2019. 构建中国特色重大工程管理理论体系与话语体系. 管理世界，35（4）：2-16，51，195.

盛昭瀚，游庆仲，陈国华，等，2009. 大型工程综合集成管理：苏通大桥工程管理理论探索与思考. 北京：科学出版社.

盛昭瀚，于景元，2021. 复杂系统管理：一个具有中国特色的管理学新领域. 管理世界，37（6）：36-50，2.

寿柯炎，魏江，2018. 后发企业如何构建创新网络：基于知识架构的视角. 管理科学学报，21（9）：23-37.

宋娟，张莹莹，谭劲松，2019. 创新生态系统下核心企业创新"盲点"识别及突破的案例分析. 研究与发展管理，31（4）：76-90.

宋艳，常菊，陈琳，2021. 专利质量对企业绩效的影响研究：技术创新类型的调节作用. 科学学研究，39（8）：1459-1466.

汪寿阳，胡毅，熊熊，等，2021. 复杂系统管理理论与方法研究. 管理科学学报，24（8）：1-9.

王凤彬，江鸿，王璁，2014. 央企集团管控架构的演进：战略决定、制度引致还是路径依赖？——一项定性比较分析（QCA）尝试. 管理世界，30（12）：92-114，187.

魏宏森，等，1991. 开创复杂性研究的新学科：系统科学纵览. 成都：四川教育出版社.

徐欣，郑国坚，张腾涛，2019. 研发联盟与中国企业创新. 管理科学学报，22（11）：33-53，81.

解学梅，王宏伟，2020. 开放式创新生态系统价值共创模式与机制研究. 科学学研究，38（5）：912-924.

殷杰，王亚男，2016. 社会科学中复杂系统范式的适用性问题. 中国社会科学，(3)：62-79，205.

于景元，2011. 创建系统学：开创复杂巨系统的科学与技术. 上海理工大学学报，33（6）：548-561，508.

于景元，2016. 从系统思想到系统实践的创新：钱学森系统研究的成就和贡献. 系统工程理论与实践, 36 (12): 2993-3002.

原毅军, 孙大明, 2017. FDI 技术溢出、自主研发与合作研发的比较: 基于制造业技术升级的视角. 科学学研究, 35 (9): 1334-1347.

乐云, 胡毅, 陈建国, 等, 2022. 从复杂项目管理到复杂系统管理: 北京大兴国际机场工程进度管理实践. 管理世界, 38 (3): 212-228.

乐云, 李永奎, 胡毅, 等, 2019. "政府—市场"二元作用下我国重大工程组织模式及基本演进规律. 管理世界, 35 (4): 17-27.

张光曦, 2013. 如何在联盟组合中管理地位与结构洞?: MOA 模型的视角. 管理世界, 29 (11): 89-100, 129.

张劲文, 朱永灵, 2012. 港珠澳大桥主体工程建设项目管理规划. 公路, 57 (3): 143-147.

张明, 杜运周, 2019. 组织与管理研究中 QCA 方法的应用: 定位、策略和方向. 管理学报, 16 (9): 1312-1323.

张明, 蓝海林, 陈伟宏, 等, 2020. 殊途同归不同效: 战略变革前因组态及其绩效研究. 管理世界, 36 (9): 168-186.

赵光武, 2002. 还原论与整体论相结合探索复杂性. 北京大学学报 (哲学社会科学版), 39 (6): 14-19.

曾国屏, 苟尤钊, 刘磊, 2013. 从"创新系统"到"创新生态系统". 科学学研究, 31 (1): 4-12.

曾赛星, 陈宏权, 金治州, 等, 2019. 重大工程创新生态系统演化及创新力提升. 管理世界, 35 (4): 28-38.

Acur N, Kandemir D, Boer H, 2012. Strategic alignment and new product development: Drivers and performance effects. Journal of Product Innovation Management, 29 (2): 304-318.

Acur N, Kandemir D, De Weerd-Nederhof P C, et al., 2010. Exploring the impact of technological competence development on speed and NPD program performance. Journal of Product Innovation Management, 27 (6): 915-929.

Adner R, 2006. Match your innovation strategy to your innovation ecosystem. Harvard Business Review, 84 (4): 98-107, 148.

Adner R, 2017. Ecosystem as structure: An actionable construct for strategy. Journal of Management, 43 (1): 39-58.

Adner R, Kapoor R, 2010. Value creation in innovation ecosystems: How the structure of technological interdependence affects firm performance in new technology generations. Strategic Management Journal, 31 (3): 306-333.

Adner R, Kapoor R, 2016. Innovation ecosystems and the pace of substitution: Re-examining technology S-curves. Strategic Management Journal, 37 (4): 625-648.

Afuah A, 2002. Mapping technological capabilities into product markets and competitive advantage: The case of cholesterol drugs. Strategic Management Journal, 23 (2): 171-179.

Ahola T, Ruuska I, Artto K, et al., 2014. What is project governance and what are its origins? International Journal of Project Management, 32 (8): 1321-1332.

Ahuja G, Lampert C M, 2001. Entrepreneurship in the large corporation: A longitudinal study of how established firms create breakthrough inventions. Strategic Management Journal, 22 (6 7): 521-543.

Aiken L S, West S G, 1991. Multiple regression: Testing and interpreting interactions. London: Sage.

Alexy O, George G, Salter A J, 2013. Cui bono? The selective revealing of knowledge and its implications for innovative activity. Academy of Management Review, 38 (2): 270-291.

Alvarez S A, Barney J B, Anderson P, 2013. Forming and exploiting opportunities: The implications of discovery and creation processes for entrepreneurial and organizational research. Organization Science, 24 (1): 301-317.

Alves H, Fernandes C, Raposo M, 2016. Value co-creation: Concept and contexts of application and study. Journal of Business Research, 69 (5): 1626-1633.

Amaral L A N, Uzzi B, 2007. Complex systems—a new paradigm for the integrative study of management, physical, and technological systems. Management Science, 53 (7): 1033-1035.

Anderson E G, Parker G G, 2013. Integration of global knowledge networks. Production and Operations Management, 22 (6): 1446-1463.

Antonioli D, Marzucchi A, Savona M, 2017. Pain shared, pain halved? Cooperation as a coping strategy for innovation barriers. The Journal of Technology Transfer, 42 (4): 841-864.

Anvuur A M, Kumaraswamy M M, 2007. Conceptual model of partnering and alliancing. Journal of Construction Engineering and Management, 133 (3): 225-234.

Argyres N S, Silverman B S, 2004. R&D, organization structure, and the development of corporate technological knowledge. Strategic Management Journal, 25 (89): 929-958.

Aritua B, Smith N J, Bower D, 2009. Construction client multi-projects - A complex adaptive systems perspective. International Journal of Project Management, 27 (1): 72-79.

Artto K, Ahola T, Vartiainen V, 2016. From the front end of projects to the back end of operations: Managing projects for value creation throughout the system lifecycle. International Journal of Project Management, 34 (2): 258-270.

Autio E, Thomas L D W, 2014. Innovation ecosystems: Implications for innovation management? In Dodgson M, Gann D M, Phillips N. (Eds.), The Oxford Handbook of Innovation Management: 204-228. Oxford University Press.

Baccarini D, 1996. The concept of project complexity—A review. International Journal of Project Management, 14 (4): 201-204.

Badi S, Rocher W, Ochieng E, 2020. The impact of social power and influence on the implementation of innovation strategies: A case study of a UK mega infrastructure construction project. European Management Journal, 38 (5): 736-749.

Bakhshi J, Ireland V, Gorod A, 2016. Clarifying the project complexity construct: Past, present and future. International Journal of Project Management, 34 (7): 1199-1213.

Barirani A, Beaudry C, Agard B, 2015. Distant recombination and the creation of basic inventions: An analysis of the diffusion of public and private sector nanotechnology patents in Canada. Technovation: 36-37, 39-52.

Barlow J, 2000. Innovation and learning in complex offshore construction projects. Research Policy, 29 (7-8): 973-989.

Barlow J, Köberle-Gaiser M, 2008. The private finance initiative, project form and design innovation. Research Policy, 37 (8): 1392-1402.

Barlow J, Köberle-Gaiser M, 2009. Delivering innovation in hospital construction: Contracts and collaboration in the UK's private finance initiative hospitals program. California Management Review, 51 (2): 126-143.

Barrett P, Sexton M, 2006. Innovation in small, project-based construction firms. British Journal of Management, 17 (4): 331-346.

Baum J A C, Singh J V, 1994. Organizational Niches and the Dynamics of Organizational Founding. Organization Science, 5 (4): 483-501.

Belderbos R, Faems D, Leten B, et al., 2010. Technological activities and their impact on the financial performance of the firm: Exploitation and exploration within and between firms. Journal of Product Innovation Management, 27 (6): 869-882.

Bell G G, 2005. Clusters, networks, and firm innovativeness. Strategic Management Journal, 26 (3): 287-295.

Biesenthal C, Wilden R, 2014. Multi-level project governance: Trends and opportunities. International Journal of Project Management, 32 (8): 1291-1308.

Biygautane M, Neesham C, Al-Yahya K O, 2019. Institutional entrepreneurship and infrastructure public-private partnership (PPP): Unpacking the role of social actors in implementing PPP projects. International Journal of Project Management, 37 (1): 192-219.

Blindenbach-Driessen F, van den Ende J, 2006. Innovation in project-based firms: The context dependency of success factors. Research Policy, 35 (4): 545-561.

Blumberg M, Pringle C D, 1982. The missing opportunity in organizational research: Some implications for a theory of work performance. Academy of Management Review, 7 (4): 560-569.

Boland R J, Lyytinen K, Yoo Y, 2007. Wakes of innovation in project networks: The case of digital 3-D representations in architecture, engineering, and construction. Organization Science, 18 (4): 631-647.

Bosch-Rekveldt M, Jongkind Y, Mooi H, et al., 2011. Grasping project complexity in large engineering projects: The TOE (Technical, Organizational and Environmental) framework. International Journal of Project Management, 29 (6): 728-739.

Bossink B A G, 2004. Managing drivers of innovation in construction networks. Journal of Construction Engineering and Management, 130 (3): 337-345.

Boyack K W, Klavans R, 2010. Co-citation analysis, bibliographic coupling, and direct citation: Which citation approach represents the research front most accurately? Journal of the American Society for Information Science and Technology, 61 (12): 2389-2404.

Brady T, Davies A, 2004. Building project capabilities: From exploratory to exploitative learning. Organization Studies, 25 (9): 1601-1621.

Brady T, Davies A, 2014. Managing structural and dynamic complexity: A tale of two projects. Project Management Journal, 45 (4): 21-38.

Brockmann C, Brezinski H, Erbe A, 2016. Innovation in construction megaprojects. Journal of Construction Engineering and Management, 142 (11): 04016059.

Brunet M, Forgues D, 2019. Investigating collective sensemaking of a major project success. International Journal of Managing Projects in Business, 12 (3): 644-665.

Brusoni S, Prencipe A, 2013. The organization of innovation in ecosystems: Problem framing, problem solving, and patterns of coupling. In Adner R, Oxley J E, Silverman B S. (Eds.), Collaboration and Competition in Business Ecosystems (Advances in Strategic Management, 30: 167-194). Emerald Group Publishing Limited.

Burke C M, Morley M J, 2016. On temporary organizations: A review, synthesis and research agenda. Human Relations, 69 (6): 1235-1258.

Burt R S, 2004. Structural holes and good ideas. American Journal of Sociology, 110 (2): 349-399.

Buswell R A, Soar R C, Gibb A G F, et al., 2007. Free form construction: Mega-scale rapid manufacturing for construction. Automation in Construction, 16 (2): 224-231.

Butler N, Delaney H, Spoelstra S, 2015. Problematizing 'relevance' in the business school: The case of leadership studies. British Journal of Management, 26 (4): 731-744.

Calamel L, Defélix C, Picq T, et al., 2012. Inter-organisational projects in French innovation clusters: The construction of collaboration. International Journal of Project Management, 30 (1): 48-59.

Caldas C, Gupta A, 2017. Critical factors impacting the performance of mega-projects. Engineering, Construction and Architectural Management, 24 (6): 920-934.

Callon M, Courtial J P, Laville F, 1991. Co-word analysis as a tool for describing the network of interactions between basic and technological research: The case of polymer chemsitry. Scientometrics, 22 (1): 155-205.

Caner T, Tyler B B, 2015. The effects of knowledge depth and scope on the relationship between R&D alliances and new product development. Journal of Product Innovation Management, 32 (5): 808-824.

Cantarelli C C, 2022. Innovation in megaprojects and the role of project complexity. Production Planning Control, 33 (9-10): 943-956.

Cantarelli C C, Genovese A, 2021. Innovation potential of megaprojects: A systematic literature review. Production Planning & Control: 1-21.

Cao D, Li H, Wang G, et al., 2017. Identifying and contextualising the motivations for BIM implementation in construction projects: An empirical study in China. International Journal of Project Management, 35 (4): 658-669.

Cao J, Liang H, Zhan X, 2019. Peer effects of corporate social responsibility. Management Science, 65 (12): 5487-5503.

Cao Z, Lumineau F, 2015. Revisiting the interplay between contractual and relational governance: A qualitative and meta-analytic investigation. Journal of Operations Management, 33-34: 15-42.

Cappelli R, Czarnitzki D, Kraft K, 2014. Sources of spillovers for imitation and innovation. Research

Policy, 43 (1): 115-120.

Carayannis E G, Grigoroudis E, Campbell D F J, et al., 2018. The ecosystem as helix: An exploratory theory-building study of regional co-opetitive entrepreneurial ecosystems as Quadruple/Quintuple Helix Innovation Models. R&D Management, 48 (1): 148-162.

Carlile P R, 2004. Transferring, translating, and transforming: An integrative framework for managing knowledge across boundaries. Organization Science, 15 (5): 555-568.

Carnabuci G, Operti E, 2013. Where do firms' recombinant capabilities come from? Intraorganizational networks, knowledge, and firms' ability to innovate through technological recombination. Strategic Management Journal, 34 (13): 1591-1613.

Catalini C, 2018. Microgeography and the direction of inventive activity. Management Science, 64 (9): 4348-4364.

Ceccagnoli M, Forman C, Huang P, et al., 2012. Cocreation of value in a platform ecosystem: The case of enterprise software. MIS Quarterly, 36 (1): 263-290.

Chandra P, Dong A, 2022. Knowledge network robustness: A new perspective on the appropriation of knowledge from patents. IEEE Transactions on Engineering Management, 69 (6): 2806-2816.

Chapin F S, Matson P A, Vitousek, P. M, 2011. Principles of Terrestrial Ecosystem Ecology (2nd ed.). New York: Springer.

Chapman R J, 2016. A framework for examining the dimensions and characteristics of complexity inherent within rail megaprojects. International Journal of Project Management, 34(6): 937-956.

Charmaz K, 2006. Constructing Grounded Theory: A Practical Guide through Qualitative Analysis. SAGE Publications.

Chen H, Jin Z, Su Q, et al., 2021. The roles of captains in megaproject innovation ecosystems: the case of the Hong Kong-Zhuhai-Macau Bridge. Engineering, Construction and Architectural Management, 28 (3): 662-680.

Chen H, Su Q, Zeng S, et al., 2018. Avoiding the innovation island in infrastructure mega-project. Frontiers of Engineering Management, 5 (1): 109-124.

Chesbrough H W, 2003. Open Innovation: The New Imperative for Creating and Profiting from Technology. Boston, Mass: Harvard Business School Press.

Chung J K H, Kumaraswamy M M, Palaneeswaran E, 2009. Improving megaproject briefing through enhanced collaboration with ICT. Automation in Construction, 18 (7): 966-974.

Cooke P, Gomez Uranga M, Etxebarria G, 1997. Regional innovation systems: Institutional and organisational dimensions. Research Policy, 26 (4-5): 475-491.

Cooke-Davies T, Cicmil S, Crawford L, et al., 2007. Mapping the strange landscape of complexity theory, and its relationship to project management. Project Management Journal, 38 (2): 50-61.

Corbin J M, Strauss A, 1990. Grounded theory research: Procedures, canons, and evaluative criteria. Qualitative Sociology, 13 (1): 3-21.

Crossan M M, Apaydin M, 2010. A multi-dimensional framework of organizational innovation: A systematic review of the literature. Journal of Management Studies, 47 (6): 1154-1191.

Dahlander L, Gann D M, 2010. How open is innovation? Research Policy, 39 (6): 699-709.

Daniel E, Daniel P A, 2019. Megaprojects as complex adaptive systems: The Hinkley point C case. International Journal of Project Management, 37 (8): 1017-1033.

Danneels E, Vestal A, 2020. Normalizing vs. analyzing: Drawing the lessons from failure to enhance firm innovativeness. Journal of Business Venturing, 35 (1): 105903.

Davies A, 2004. Moving base into high-value integrated solutions: A value stream approach. Industrial and Corporate Change, 13 (5): 727-756.

Davies A, Brady T, 2000. Organisational capabilities and learning in complex product systems: Towards repeatable solutions. Research Policy, 29 (7-8): 931-953.

Davies A, Brady T, 2016. Explicating the dynamics of project capabilities. International Journal of Project Management, 34 (2): 314-327.

Davies A, Dodgson M, Gann D, 2016. Dynamic capabilities in complex projects: The case of London Heathrow Terminal 5. Project Management Journal, 47 (2): 26-46.

Davies A, Dodgson M, Gann D, et al., 2017. Five rules for managing large, complex projects. MIT Sloan Management Review, 59 (1): 72-78.

Davies A, Gann D, Douglas T, 2009. Innovation in megaprojects: Systems integration at London Heathrow Terminal 5. California Management Review, 51 (2): 101-125.

Davies A, MacAulay S C, Brady T, 2019. Delivery Model Innovation: Insights from infrastructure projects. Project Management Journal, 50 (2): 119-127.

Davies A, MacAulay S, DeBarro T, et al., 2014. Making innovation happen in a megaproject: London's crossrail suburban railway system. Project Management Journal, 45 (6): 25-37.

Davies A, Mackenzie I, 2014. Project complexity and systems integration: Constructing the London 2012 Olympics and Paralympics Games. International Journal of Project Management, 32 (5): 773-790.

de Faria P, Lima F, Santos R, 2010. Cooperation in innovation activities: The importance of partners. Research Policy, 39 (8): 1082-1092.

de Vasconcelos Gomes L A, Facin A L F, Salerno M S, et al., 2018. Unpacking the innovation ecosystem construct: Evolution, gaps and trends. Technological Forecasting and Social Change, 136: 30-48.

Dedehayir O, Mäkinen S J, Roland Ortt J, 2018. Roles during innovation ecosystem genesis: A literature review. Technological Forecasting and Social Change, 136: 18-29.

DeFillippi R, Sydow J, 2016. Project networks: Governance choices and paradoxical tensions. Project Management Journal, 47 (5): 6-17.

Delmas M A, Pekovic S, 2018. Organizational configurations for sustainability and employee productivity: A qualitative comparative analysis approach. Business & Society, 57 (1): 216-251.

Derakhshan R, Turner R, Mancini M, 2019. Project governance and stakeholders: A literature review. International Journal of Project Management, 37 (1): 98-116.

Dikmen I, Birgonul M T, Artuk S U, 2005. Integrated Framework to Investigate Value Innovations. Journal of Management in Engineering, 21 (2): 81-90.

Dodgson M, 2014. Collaboration and innovation management. In M. Dodgson, D. M. Gann, N. Phillips (Eds.), The Oxford Handbook of Innovation Management (pp. 462-481). Oxford: Oxford University Press.

Dodgson M, 2017. Innovation Management: A Research Overview. Routledge.

Dodgson M, Gann D M, Salter A, 2007. "In case of fire, please use the elevator": Simulation technology and organization in fire engineering. Organization Science, 18 (5): 849-864.

Dodgson M, Gann D, 2011. Technological innovation and complex systems in cities. Journal of Urban Technology, 18 (3): 99-111.

Dodgson M, Gann D, MacAulay S, et al., 2015. Innovation strategy in new transportation systems: The case of Crossrail. Transportation Research Part A: Policy and Practice, 77: 261-275.

Dodgson M, Gann D, Salter A, 2008. The Management of Technological Innovation Strategy and Practice (Vol. 31, Issue 4).

Donate M J, Canales J I, 2012. A new approach to the concept of knowledge strategy. Journal of Knowledge Management, 16 (1): 22-44.

Dong J Q, McCarthy K J, Schoenmakers W W M E, 2017. How central is too central? Organizing interorganizational collaboration networks for breakthrough innovation. Journal of Product Innovation Management, 34 (4): 526-542.

Dosi G, Grazzi M, 2006. Technologies as problem-solving procedures and technologies as input-output relations: Some perspectives on the theory of production. Industrial and Corporate Change, 15 (1): 173-202.

Dosi G, Lechevalier S, Secchi A, 2010. Introduction: Interfirm heterogeneity—nature, sources and consequences for industrial dynamics. Industrial and Corporate Change, 19 (6): 1867-1890.

Dosi G, Nelson R R, 1994. An introduction to evolutionary theories in economics. Journal of Evolutionary Economics, 4 (3): 153-172.

Douglas E J, Shepherd D A, Prentice C, 2020. Using fuzzy-set qualitative comparative analysis for a finer-grained understanding of entrepreneurship. Journal of Business Venturing, 35 (1): 105970.

Dulaimi M F, Nepal M P, Park M, 2005. A hierarchical structural model of assessing innovation and project performance. Construction Management and Economics, 23 (6): 565-577.

Dyer J H, Singh H, 1998. The relational view: Cooperative strategy and sources of interorganizational competitive advantage. Academy of Management Review, 23 (4): 660-679.

Eisenhardt K M, Graebner M E, 2007. Theory building from cases: Opportunities and challenges. Academy of Management Journal, 50 (1): 25-32.

Engwall M, 2003. No project is an island: Linking projects to history and context. Research Policy, 32 (5): 789-808.

Eriksson P E, 2013. Exploration and exploitation in project-based organizations: Development and diffusion of knowledge at different organizational levels in construction companies. International Journal of Project Management, 31 (3): 333-341.

Eriksson P E, 2017. Procurement strategies for enhancing exploration and exploitation in construction projects. Journal of Financial Management of Property and Construction, 22 (2): 211-230.

Eriksson P E, Leiringer R, Szentes H, 2017. The role of co-creation in enhancing explorative and exploitative learning in project-based settings. Project Management Journal, 48 (4): 22-38.

Eriksson P E, Szentes H, 2017. Managing the tensions between exploration and exploitation in large construction projects. Construction Innovation, 17 (4): 492-510.

Eskerod P, Ang K, 2017. Stakeholder value constructs in megaprojects: A long-term assessment case study. Project Management Journal, 48 (6): 60-75.

Eweje J, Turner R, Müller R, 2012. Maximizing strategic value from megaprojects: The influence of information-feed on decision-making by the project manager. International Journal of Project Management, 30 (6): 639-651.

Fainshmidt S, Witt M A, Aguilera R V, et al., 2020. The contributions of qualitative comparative analysis (QCA) to international business research. Journal of International Business Studies, 51 (4): 455-466.

Fallatah M I, 2018. Does value matter? An examination of the impact of knowledge value on firm performance and the moderating role of knowledge breadth. Journal of Knowledge Management, 22 (3): 678-695.

Farazi M S, Gopalakrishnan S, Perez-Luño A, 2019. Depth and breadth of knowledge and the governance of technology alliances. Journal of Engineering and Technology Management, 54: 28-40.

Fischer T, Leidinger J, 2014. Testing patent value indicators on directly observed patent value—An empirical analysis of Ocean Tomo patent auctions. Research Policy, 43 (3): 519-529.

Fiss P C, 2007. A set-theoretic approach to organizational configurations. Academy of Management Review, 32 (4): 1180-1198.

Fiss P C, 2011. Building better causal theories: A fuzzy set approach to typologies in organization research. Academy of Management Journal, 54 (2): 393-420.

Fiss P C, Marx A, Cambre B, 2013. Configurational theory and methods in organizational research: Introduction. In Research in the Sociology of Organizations, 38: 1-22. Emerald Group Publishing Ltd.

Fjeldstad Ø D, Snow C C, Miles R E, et al., 2012. The architecture of collaboration. Strategic Management Journal, 33 (6): 734-750.

Fleming L, 2001. Recombinant uncertainty in technological search. Management Science, 47 (1): 117-132.

Floricel S, Michela J L, Piperca S, 2016. Complexity, uncertainty-reduction strategies, and project performance. International Journal of Project Management, 34 (7): 1360-1383.

Flyvbjerg B, 2014. What you should know about megaprojects and why: An overview. Project Management Journal, 45 (2): 6-19.

Foss N J, Lyngsie J, Zahra S A, 2013. The role of external knowledge sources and organizational design in the process of opportunity exploitation. Strategic Management Journal, 34 (12): 1453-1471.

Freeman C, 1991. Networks of innovators: A synthesis of research issues. Research Policy, 20 (5):

499-514.

Frenkel A, Maital S, 2014. Mapping national innovation ecosystems: Foundations for policy consensus. Edward Elgar Publishing.

Funk R J, 2014. Making the most of where you are: Geography, networks, and innovation in organizations. Academy of Management Journal, 57 (1): 193-222.

Furnari S, Crilly D, Misangyi V F, et al., 2020. Capturing causal complexity: Heuristics for configurational theorizing. Academy of Management Review, 46 (4): 778-799.

Gann D M, Davies A, Dodgson M, 2017. Innovation and flexibility in megaprojects. In B. Flyvbjerg (Ed.), The Oxford Handbook of Megaproject Management: 313-338. Oxford University Press.

Gann D M, Salter A J, 2000. Innovation in project-based, service-enhanced firms: The construction of complex products and systems. Research Policy, 29 (7-8): 955-972.

Gawer A, 2014. Bridging differing perspectives on technological platforms: Toward an integrative framework. Research Policy, 43 (7): 1239-1249.

Gawer A, Cusumano M A, 2002. Platform leadership: How Intel, Microsoft, and Cisco drive industry innovation. Boston, Mass: Harvard Business School Press.

Gawer A, Cusumano M A, 2014. Industry platforms and ecosystem innovation: Platforms and innovation. Journal of Product Innovation Management, 31 (3): 417-433.

George G, Kotha R, Zheng Y, 2008. Entry into insular domains: A longitudinal study of knowledge structuration and innovation in biotechnology firms. Journal of Management Studies, 45 (8): 1448-1474.

Ghosh D, Vogt A, 2012. Outliers: An evaluation of methodologies. In Joint Statistical Meetings Proceedings, Survey Research Methods Section (pp. 3455-3460). American Statistical Association.

Gil N, Miozzo M, Massini S, 2012. The innovation potential of new infrastructure development: An empirical study of Heathrow airport's T5 project. Research Policy, 41 (2): 452-466.

Gilsing V, Nooteboom B, Vanhaverbeke W, 2008. Network embeddedness and the exploration of novel technologies: Technological distance, betweenness centrality and density. Research Policy, 37 (10): 1717-1731.

Gioia D A, Corley K G, Hamilton A L, 2013. Seeking Qualitative Rigor in Inductive Research. Organizational Research Methods, 16 (1): 15-31.

Gittelman M, Kogut B, 2003. Does Good Science Lead to Valuable Knowledge? Biotechnology Firms and the Evolutionary Logic of Citation Patterns. Management Science, 49 (4): 366-382.

Glaser B G, Strauss A L, 1967. The Discovery of Grounded Theory: Strategies for Qualitative Research. Routledge.

Gledson B J, Greenwood D, 2017. The adoption of 4D BIM in the UK construction industry: An innovation diffusion approach. Engineering, Construction and Architectural Management, 24 (6): 950-967.

Gloor P A, 2006. Swarm Creativity: Competitive Advantage through Collaborative Innovation

Networks. Oxford: Oxford University Press.

Gobble M M, 2014. Charting the innovation ecosystem. Research-Technology Management, 57 (4): 55-59.

Goo J, Kishore R, Rao H R, et al., 2009. The role of service level agreements in relational management of information technology outsourcing: An empirical study. MIS Quarterly, 33 (1): 119-146.

Grandori A, Furnari S, 2008. A chemistry of organization: Combinatory analysis and design. Organization Studies, 29 (3): 459-485.

Grant R M, 1996. Toward a knowledge-based theory of the firm. Strategic Management Journal, 17 (S2): 109-122.

Greckhamer T, 2011. Cross-cultural differences in compensation level and inequality across occupations: A set-theoretic analysis. Organization Studies, 32 (1): 85-115.

Greckhamer T, 2016. CEO compensation in relation to worker compensation across countries: The configurational impact of country-level institutions. Strategic Management Journal, 37 (4): 793-815.

Guan J, Liu N, 2016. Exploitative and exploratory innovations in knowledge network and collaboration network: A patent analysis in the technological field of nano-energy. Research Policy, 45 (1): 97-112.

Guba E G, Lincoln Y S, 1982. Epistemological and methodological bases of naturalistic inquiry. Educational Communication and Technology Journal, 30 (4): 233-252.

Guellec D, van de la Potterie B, 2000. Applications, grants and the value of patent. Economics Letters, 69 (1): 109-114.

Gui B, Liu Y, Ju Y, et al., 2018. Disruptive Innovation Patterns Driven by Mega-Projects: A Sustainable Development Pattern Case of China's High-Speed Rail. Sustainability, 10(4): 1154.

Gulati R, Puranam P, Tushman M, 2012. Meta-organization design: Rethinking design in interorganizational and community contexts. Strategic Management Journal, 33 (6): 571-586.

Guo Z, Zhang J, Gao L, 2018. It is not a panacea! The conditional effect of bricolage in SME opportunity exploitation. R&D Management, 48 (5): 603-614.

Gupta K, Crilly D, Greckhamer T, 2020. Stakeholder engagement strategies, national institutions, and firm performance: A configurational perspective. Strategic Management Journal, 41 (10): 1869-1900.

Haans R F J, Pieters C, He Z L, 2016. Thinking about U: Theorizing and testing U- and inverted U-shaped relationships in strategy research. Strategic Management Journal, 37 (7): 1177-1195.

Hagedoorn J, Wang N, 2012. Is there complementarity or substitutability between internal and external R&D strategies? Research Policy, 41 (6): 1072-1083.

Han K, Oh W, Im K, 2012. Value cocreation and wealth spillover in open innovation alliances. MIS Quarterly, 36 (1): 291-315.

Hannan M T, Freeman J, 1977. The Population Ecology of Organizations. American Journal of Sociology, 82 (5): 929-964.

Hargadon A, 2003. How Breakthroughs Happen: The Surprising Truth about How Companies Innovate. Boston, Mass: Harvard Business School Press.

Harhoff D, Scherer F M, Vopel K, 2003. Citations, family size, opposition and the value of patent rights. Research Policy, 32 (8): 1343-1363.

Harty C, 2005. Innovation in construction: A sociology of technology approach. Building Research Information, 33 (6): 512-522.

Hasan S, Koning R, 2019. Prior ties and the limits of peer effects on startup team performance. Strategic Management Journal, 40 (9): 1394-1416.

Hauschildt J, Kirchmann E, 2001. Teamwork for innovation - the 'troika' of promotors. R&D Management, 31 (1): 41-49.

He Q, Chen X, Wang G, et al., 2019. Managing social responsibility for sustainability in megaprojects: An innovation transitions perspective on success. Journal of Cleaner Production, 241: 118395.

He Q, Luo L, Hu Y, et al., 2015. Measuring the complexity of mega construction projects in China—A fuzzy analytic network process analysis. International Journal of Project Management, 33 (3): 549-563.

Heide J B, John G, 1992. Do norms matter in marketing relationships? Journal of Marketing, 56 (2): 32-44.

Helfat C E, Raubitschek R S, 2018. Dynamic and integrative capabilities for profiting from innovation in digital platform-based ecosystems. Research Policy, 47 (8): 1391-1399.

Himmel M, Siemiatycki M, 2017. Infrastructure public-private partnerships as drivers of innovation? Lessons from Ontario, Canada. Environment and Planning C: Politics and Space, 35 (5): 746-764.

Hobday M, 1998. Product complexity, innovation and industrial organisation. Research Policy, 26 (6): 689-710.

Hora M, Klassen R D, 2013. Learning from others' misfortune: Factors influencing knowledge acquisition to reduce operational risk. Journal of Operations Management, 31 (1-2): 52-61.

Hung K P, Chou C, 2013. The impact of open innovation on firm performance: The moderating effects of internal R&D and environmental turbulence. Technovation, 33 (10-11): 368-380.

Iansiti M, Levien R, 2004. Strategy as ecology. Harvard Business Review, 82 (3): 68-81.

Jacobides M G, Cennamo C, Gawer A, 2018. Towards a theory of ecosystems. Strategic Management Journal, 39 (8): 2255-2276.

Jin R, Zhong B, Ma L, et al., 2019. Integrating BIM with building performance analysis in project life-cycle. Automation in Construction, 106: 102861.

Jin Z, Zeng S, Chen H, et al., 2022. Explaining the expansion performance in technological capability of participants in megaprojects: A configurational approach. Technological Forecasting and Social Change, 181: 121747.

Kale S, Arditi D, 2010. Innovation diffusion modeling in the construction industry. Journal of Construction Engineering Management, 136 (3): 329-340.

Kang T, Baek C, Lee J D, 2017. The persistency and volatility of the firm R&D investment: Revisited from the perspective of technological capability. Research Policy, 46 (9): 1570-1579.

Kaplan S, Vakili K, 2015. The double-edged sword of recombination in breakthrough innovation. Strategic Management Journal, 36 (10): 1435-1457.

Kapoor R, Karvonen M, Mohan A, et al., 2016. Patent citations as determinants of grant and opposition: Case of European wind power industry. Technology Analysis&Strategic Management, 28 (8): 950-964.

Kapoor R, Lee J M, 2013. Coordinating and competing in ecosystems: How organizational forms shape new technology investments. Strategic Management Journal, 34 (3): 274-296.

Karra N, Phillips N, 2008. Researching "Back Home": International management research as autoethnography. Organizational Research Methods, 11 (3): 541-561.

Keast R, Hampson K, 2007. Building constructive innovation networks: Role of relationship management. Journal of Construction Engineering and Management, 133 (5): 364-373.

Keegan A, Turner J R, 2002. The management of innovation in project-based firms. Long Range Planning, 35 (4): 367-388.

Keijl S, Gilsing V A, Knoben J, et al., 2016. The two faces of inventions: The relationship between recombination and impact in pharmaceutical biotechnology. Research Policy, 45 (5): 1061-1074.

Kelchtermans S, Neicu D, Teirlinck P, 2020. The role of peer effects in firms' usage of R&D tax exemptions. Journal of Business Research, 108: 74-91.

Kelley D J, Ali A, Zahra S A, 2013. Where do breakthroughs come from? Characteristics of high-potential inventions. Journal of Product Innovation Management, 30 (6): 1212-1226.

Kessler M M, 1963. Bibliographic coupling between scientific papers. American Documentation, 14 (1): 10-25.

Khanna R, Guler I, Nerkar A, 2016. Fail often, fail big, and fail fast? Learning from small failures and R&D performance in the pharmaceutical industry. Academy of Management Journal, 59 (2): 436-459.

Khedhaouria A, Jamal A, 2015. Sourcing knowledge for innovation: Knowledge reuse and creation in project teams. Journal of Knowledge Management, 19 (5): 932-948.

Khedhaouria A, Thurik R, 2017. Configurational conditions of national innovation capability: A fuzzy set analysis approach. Technological Forecasting and Social Change, 120: 48-58.

Kim L, 1997. The dynamics of Samsung's technological learning in semiconductors. California Management Review, 39 (3): 86-100.

Kiridena S, Sense A, 2016. Profiling project complexity: Insights from complexity science and project management literature. Project Management Journal, 47 (6): 56-74.

Kohlbacher F, Herstatt C, Levsen N, 2015. Golden opportunities for silver innovation: How demographic changes give rise to entrepreneurial opportunities to meet the needs of older people. Technovation, 39-40: 73-82.

Kok H, Faems D, de Faria P, 2019. Dusting off the knowledge shelves: Recombinant lag and the technological value of inventions. Journal of Management, 45 (7): 2807-2836.

Koseoglu O, Keskin B, Ozorhon B, 2019. Challenges and Enablers in BIM-Enabled Digital Transformation in Mega Projects: The Istanbul New Airport Project Case Study. Buildings, 9 (5): 115.

Kotha R, Zheng Y, George G, 2011. Entry into new niches: The effects of firm age and the expansion of technological capabilities on innovative output and impact. Strategic Management Journal, 32 (9): 1011-1024.

Kovács B, Carnabuci G, Wezel F C, 2021. Categories, attention, and the impact of inventions. Strategic Management Journal, 42 (5): 992-1023.

Kuckertz A, Kollmann T, Krell P, et al., 2017. Understanding, differentiating, and measuring opportunity recognition and opportunity exploitation. International Journal of Entrepreneurial Behavior Research, 23 (1): 78-97.

Kwak Y H, Walewski J, Sleeper D, et al., 2014. What can we learn from the Hoover Dam project that influenced modern project management? International Journal of Project Management, 32 (2): 256-264.

Lall S, 1992. Technological capabilities and industrialization. World Development, 20 (2), 165-186.

Larsson J, Eriksson P E, Olofsson T, et al., 2014. Industrialized construction in the Swedish infrastructure sector: Core elements and barriers. Construction Management and Economics, 32 (1-2): 83-96.

Laursen K, Salter A, 2006. Open for innovation: The role of openness in explaining innovation performance among U.K. manufacturing firms. Strategic Management Journal, 27(2): 131-150.

Laursen M, 2018. Project networks as constellations for value creation. Project Management Journal, 49 (2): 56-70.

Lehtinen J, Peltokorpi A, Artto K, 2019. Megaprojects as organizational platforms and technology platforms for value creation. International Journal of Project Management, 37 (1): 43-58.

Leiponen A, Helfat C E, 2010. Innovation objectives, knowledge sources, and the benefits of breadth. Strategic Management Journal, 31 (2): 224-236.

Lenderink B, Halman J I M, Boes H, et al., 2020. A method to encourage and assess innovations in public tenders for infrastructure and construction projects. Construction Innovation, 20 (2): 171-189.

Lerner J, 1994. The importance of patent scope: An empirical analysis. The RAND Journal of Economics, 25 (2): 319-333.

Leten B, Belderbos R, Looy B V, 2016. Entry and technological performance in new technology domains: Technological opportunities, technology competition and technological relatedness. Journal of Management Studies, 53 (8): 1257-1291.

Leten B, Vanhaverbeke W, Roijakkers N, et al., 2013. IP models to orchestrate innovation ecosystems: IMEC, a public research institute in nano-electronics. California Management Review, 55 (4): 51-64.

Li Y R, 2009. The technological roadmap of Cisco's business ecosystem. Technovation, 29 (5): 379-386.

Liegsalz J, Wagner S, 2013. Patent examination at the state intellectual property office in China. Research Policy, 42 (2): 552-563.

Lin H, Zeng S, Ma H, 2016. Water scheme acts as ecological buffer. Nature, 529 (7586): 283.

Lin H, Zeng S, Ma H, et al., 2017. An indicator system for evaluating megaproject social responsibility. International Journal of Project Management, 35 (7): 1415-1426.

Lind J T, Mehlum H, 2010. With or without U? The appropriate test for a U-shaped relationship. Oxford Bulletin of Economics and Statistics, 72 (1): 109-118.

Linder C, Lechner C, Pelzel F, 2020. Many roads lead to Rome: How human, social, and financial capital are related to new venture survival. Entrepreneurship Theory and Practice, 44 (5): 909-932.

Liu D, Wang H W, Zhong B T, et al., 2022. Servitization in Construction and its Transformation Pathway: A Value-Adding Perspective. Engineering, 19: 166-179.

Liu H, Yu Y, Sun Y, et al., 2020. A system dynamic approach for simulation of a knowledge transfer model of heterogeneous senders in mega project innovation. Engineering, Construction and Architectural Management, 28 (3): 681-705.

Locatelli G, Greco M, Invernizzi D C, et al., 2021. What about the people? Micro-foundations of open innovation in megaprojects. International Journal of Project Management, 39 (2): 115-127.

Lokshin B, Belderbos R, Carree M, 2008. The productivity effects of internal and external R&D: Evidence from a dynamic panel data model. Oxford Bulletin of Economics and Statistics, 70 (3): 399-413.

Loosemore M, 2015. Construction innovation: Fifth generation perspective. Journal of Management in Engineering, 31 (6): 04015012.

Lu P, Guo S, Qian L, et al., 2015. The effectiveness of contractual and relational governances in construction projects in China. International Journal of Project Management, 33 (1): 212-222.

Ma H, Zeng S, Lin H, et al., 2017. The societal governance of megaproject social responsibility. International Journal of Project Management, 35 (7): 1365-1377.

Manley K, 2008. Against the odds: Small firms in Australia successfully introducing new technology on construction projects. Research Policy, 37 (10): 1751-1764.

Manley K, McFallan S, Kajewski S, 2009. Relationship between construction firm strategies and innovation outcomes. Journal of Construction Engineering and Management, 135 (8): 764-771.

Martini A, Neirotti P, Appio F P, 2017. Knowledge searching, integrating and performing: Always a tuned trio for innovation? Long Range Planning, 50 (2): 200-220.

Mata J, Woerter M, 2013. Risky innovation: The impact of internal and external R&D strategies upon the distribution of returns. Research Policy, 42 (2): 495-501.

Matinheikki J, Aaltonen K, Walker D, 2019. Politics, public servants, and profits: Institutional complexity and temporary hybridization in a public infrastructure alliance project. International Journal of Project Management, 37 (2): 298-317.

Matinheikki J, Artto K, Peltokorpi A, et al., 2016. Managing inter-organizational networks for value creation in the front-end of projects. International Journal of Project Management, 34 (7): 1226-1241.

Maurer I, 2010. How to build trust in inter-organizational projects: The impact of project staffing and project rewards on the formation of trust, knowledge acquisition and product innovation. International Journal of Project Management, 28 (7): 629-637.

Merrow E W, 2011. Industrial Megaprojects: Concepts, Strategies, and Practices for Success. Wiley.

Merschbrock C, Munkvold B E, 2015. Effective digital collaboration in the construction industry—A case study of BIM deployment in a hospital construction project. Computers in Industry, 73: 1-7.

Meyer A D, Tsui A S, Hinings C R, 1993. Configurational approaches to organizational analysis. Academy of Management Journal, 36 (6): 1175-1195.

Meyer J W, Rowan B, 1977. Institutionalized Organizations: Formal Structure as Myth and Ceremony. American Journal of Sociology, 83 (2): 340-363.

Miao Y, Salomon R M, Song J, 2021. Learning from technologically successful peers: The convergence of Asian laggards to the technology frontier. Organization Science, 32 (1): 210-232.

Miller R, Lessard D, Sakhrani V, 2017. Megaprojects as games of innovation. In B. Flyvbjerg (Ed.), The Oxford Handbook of Megaproject Management: 217-237. Oxford: Oxford University Press.

Miozzo M, Dewick P, 2002. Building competitive advantage: Innovation and corporate governance in European construction. Research Policy, 31 (6): 989-1008.

Misangyi V F, Acharya A G, 2014. Substitutes or complements? A configurational examination of corporate governance mechanisms. Academy of Management Journal, 57 (6): 1681-1705.

Misangyi V F, Greckhamer T, Furnari S, et al., 2017. Embracing causal complexity: The emergence of a neo-configurational perspective. Journal of Management, 43 (1): 255-282.

Molles M, 2015. Ecology: Concepts and Applications (Seventh edition). McGraw-Hill Education.

Montealegre R, Keil M, 2000. De-escalating information technology projects: Lessons from the Denver International Airport. MIS Quarterly, 24 (3): 417-447.

Moore J F, 1993. Predators and prey: A new ecology of competition. Harvard Business Review, 71 (3): 75-86.

Moorthy S, Polley D E, 2010. Technological knowledge breadth and depth: Performance impacts. Journal of Knowledge Management, 14 (3): 359-377.

Morais-Storz M, Nguyen N, Sætre A S, 2020. Post-failure success: Sensemaking in problem representation reformulation. Journal of Product Innovation Management, 37 (6): 483-505.

Nam C H, Tatum C B, 1997. Leaders and champions for construction innovation. Construction Management and Economics, 15 (3): 259-270.

Nambisan S, Baron R A, 2013. Entrepreneurship in innovation ecosystems: Entrepreneurs' self-regulatory processes and their implications for new venture success. Entrepreneurship Theory and Practice, 37 (5): 1071-1097.

Nelson R R, 1993. National innovation systems: A comparative analysis. New York: Oxford

University Press.

Nemet G F, Johnson E, 2012. Do important inventions benefit from knowledge originating in other technological domains? Research Policy, 41 (1): 190-200.

Newman M E J, 2003. The structure and function of complex networks. SIAM Review, 45 (2): 167-256.

O'Connor J E, Duda J J, Grant G E, 2015. 1000 dams down and counting. Science, 348 (6234): 496-497.

OECD, 2005. Oslo Manual: Guidelines for collecting and interpreting technological innovation data. In Organization for Economic Co-operation and Development (3rd ed.). OECD Publishing.

Oh D S, Phillips F, Park S, et al., 2016. Innovation ecosystems: A critical examination. Technovation, 54: 1-6.

Onnela J P, 2014. Flow of Control in Networks. Science, 343 (6177): 1325-1326.

Ozer M, Zhang W, 2015. The effects of geographic and network ties on exploitative and exploratory product innovation. Strategic Management Journal, 36 (7): 1105-1114.

Ozgen E, Baron R A, 2007. Social sources of information in opportunity recognition: Effects of mentors, industry networks, and professional forums. Journal of Business Venturing, 22 (2): 174-192.

Ozorhon B, 2013. Analysis of construction innovation process at project level. Journal of Management in Engineering, 29 (4): 455-463.

Ozorhon B, Abbott C, Aouad G, 2014. Integration and leadership as enablers of innovation in construction: Case study. Journal of Management in Engineering, 30 (2): 256-263.

Ozorhon B, Oral K, 2017. Drivers of innovation in construction projects. Journal of Construction Engineering and Management, 143 (4): 04016118.

Ozorhon B, Oral K, Demirkesen S, 2016. Investigating the components of innovation in construction projects. Journal of Management in Engineering, 32 (3): 04015052.

Papadonikolaki E, 2018. Loosely Coupled Systems of Innovation: Aligning BIM Adoption with Implementation in Dutch Construction. Journal of Management in Engineering, 34 (6): 05018009.

Papazoglou M E, Spanos Y E, 2018. Bridging distant technological domains: A longitudinal study of the determinants of breadth of innovation diffusion. Research Policy, 47 (9): 1713-1728.

Parida V, Burström T, Visnjic I, et al., 2019. Orchestrating industrial ecosystem in circular economy: A two-stage transformation model for large manufacturing companies. Journal of Business Research, 101: 715-725.

Park M, Nepal M P, Dulaimi M F, 2004. Dynamic modeling for construction innovation. Journal of Management in Engineering, 20 (4): 170-177.

Patala S, Juntunen J K, Lundan S, et al., 2021. Multinational energy utilities in the energy transition: A configurational study of the drivers of FDI in renewables. Journal of International Business Studies, 52 (5): 930-950.

Perkmann M, McKelvey M, Phillips N, 2019. Protecting scientists from Gordon Gekko: How organizations use hybrid spaces to engage with multiple institutional logics. Organization Science, 30 (2): 298-318.

Ployhart R E, Bartunek J M, 2019. Editors' comments: There is nothing so theoretical as good practice—A call for phenomenal theory. Academy of Management Review, 44 (3): 493-497.

Podolny J M, Stuart T E, Hannan M T, 1996. Networks, Knowledge, and Niches: Competition in the Worldwide Semiconductor Industry, 1984-1991. American Journal of Sociology, 102 (3): 659-689.

Pohlner H, 2016. Institutional change and the political economy of water megaprojects: China's south-north water transfer. Global Environmental Change, 38: 205-216.

Priem R L, Butler J E, Li S, 2013. Toward reimagining strategy research: Retrospection and prospection on the 2011 AMR decade award article. Academy of Management Review, 38 (4): 471-489.

Priemus H, Flyvbjerg B, van Wee B, 2008. Decision-Making on Mega-Projects. Edward Elgar Publishing.

Pries F, Janszen F, 1995. Innovation in the construction industry: The dominant role of the environment. Construction Management and Economics, 13 (1): 43-51.

Qi G Y, Shen L Y, Zeng S X, et al., 2010. The drivers for contractors' green innovation: An industry perspective. Journal of Cleaner Production, 18 (14): 1358-1365.

Qiu J, 2007. Environment: Riding on the roof of the world. Nature, 449 (7161): 398-402.

Qiu Y, Chen H, Sheng Z, et al., 2019. Governance of institutional complexity in megaproject organizations. International Journal of Project Management, 37 (3): 425-443.

Radziwon A, Bogers M, 2019. Open innovation in SMEs: Exploring inter-organizational relationships in an ecosystem. Technological Forecasting and Social Change, 146: 573-587.

Ragin C C, 2000. Fuzzy-set Social Science. Chicago: University of Chicago Press.

Ragin C C, 2008. Redisigning Social Inquiry: Fuzzy Sets and Beyond. Chicago: University of Chicago Press.

Ragin C C, Fiss P C, 2008. Net effects analysis versus configurational analysis: An empirical demonstration. Redesigning Social Inquiry: Fuzzy Sets and Beyond, 240: 190-212.

Ramos-Rodrígue A R, Ruíz-Navarro J, 2004. Changes in the intellectual structure of strategic management research: A bibliometric study of the Strategic Management Journal, 1980-2000. Strategic Management Journal, 25 (10): 981-1004.

Reichstein T, Salter A J, Gann D M, 2005. Last among equals: A comparison of innovation in construction, services and manufacturing in the UK. Construction Management and Economics, 23 (6): 631-644.

Riemer J W, 1977. Varieties of Opportunistic Research. Urban Life, 5 (4): 467-477.

Rihoux B, Ragin C C, 2009. Configurational Comparative Methods: Qualitative Comparative Analysis (QCA) and Related Techniques. SAGE Publications.

Roehrich J K, Caldwell N D, 2012. Delivering integrated solutions in the public sector: The unbundling paradox. Industrial Marketing Management, 41 (6): 995-1007.

Roehrich J K, Davies A, Frederiksen L, et al., 2019. Management innovation in complex products and systems: The case of integrated project teams. Industrial Marketing Management, 79: 84-93.

Rolstadås A, Schiefloe P M, 2017. Modelling project complexity. International Journal of Managing Projects in Business, 10 (2): 295-314.

Rose T M, Manley K, 2012. Adoption of innovative products on Australian road infrastructure projects. Construction Management and Economics, 30 (4): 277-298.

Rosenkopf L, Nerkar A, 2001. Beyond local search: Boundary-spanning, exploration, and impact in the optical disk industry. Strategic Management Journal, 22 (4): 287-306.

Rosiello A, Maleki A, 2021. A dynamic multi-sector analysis of technological catch-up: The impact of technology cycle times, knowledge base complexity and variety. Research Policy, 50 (3): 104194.

Rothwell R, 1994. Towards the Fifth-generation Innovation Process. International Marketing Review, 11 (1): 7-31.

Roumboutsos A, Saussier S, 2014. Public-private partnerships and investments in innovation: The influence of the contractual arrangement. Construction Management and Economics, 32 (4): 349-361.

Russo A, Vurro C, Nag R, 2019. To have or to be? The interplay between knowledge structure and market identity in knowledge-based alliance formation. Research Policy, 48 (3): 571-583.

Ryall M D, Sampson R C, 2009. Formal contracts in the presence of relational enforcement mechanisms: Evidence from technology development projects. Management Science, 55 (6): 906-925.

Salter A, Alexy O, 2014. The nature of innovation. In M. Dodgson, D. M. Gann, and N. Phillips (Eds.), The Oxford Handbook of Innovation Management (pp. 26-52). Oxford: Oxford University Press.

Salter A, Gann D, 2003. Sources of ideas for innovation in engineering design. Research Policy, 32 (8): 1309-1324.

Sankaran S, Jacobsson M, Blomquist T, 2021. The history and future of projects as a transition innovation: Towards a sustainable project management framework. Systems Research and Behavioral Science, 38 (5): 696-714.

Savage J P, Li M, Turner S F, et al., 2020. Mapping patent usage in management research: The state of prior art. Journal of Management, 46 (6): 1121-1155.

Schepker D J, Oh W Y, Martynov A, et al., 2014. The many futures of contracts: Moving beyond structure and safeguarding to coordination and adaptation. Journal of Management, 40 (1): 193-225.

Schneider C Q, Wagemann C, 2012. Set-Theoretic Methods for the Social Sciences: A Guide to Qualitative Comparative Analysis. Cambridge University Press.

Schneider M R, Schulze-Bentrop C, Paunescu M, 2010. Mapping the institutional capital of high-tech firms: A fuzzy-set analysis of capitalist variety and export performance. Journal of International Business Studies, 41 (2): 246-266.

Schoenmakers W, Duysters G, 2010. The technological origins of radical inventions. Research Policy, 39 (8): 1051-1059.

Schumpeter J A, 1912. The Theory of Economic Development. Boston: Harvard University Press.

Seaden G, Manseau A, 2001. Public policy and construction innovation. Building Research Information, 29 (3): 182-196.

Seo E, Kang H, Song J, 2020. Blending talents for innovation: Team composition for cross-border R&D collaboration within multinational corporations. Journal of International Business Studies, 51 (5): 851-885.

Seo H, Chung Y, Yoon H, 2017. R&D cooperation and unintended innovation performance: Role of appropriability regimes and sectoral characteristics. Technovation, 66-67: 28-42.

Sepasgozar S M E, Davis S R, Li H, 2018. Modeling the Implementation Process for New Construction Technologies: Thematic Analysis Based on Australian and U.S. Practices. Journal of Management in Engineering, 34 (3): 05018005.

Sergeeva N, Ali S, 2020. The role of the project management office (PMO) in stimulating innovation in projects initiated by owner and operator organizations. Project Management Journal, 51 (4): 440-451.

Sergeeva N, Zanello C, 2018. Championing and promoting innovation in UK megaprojects. International Journal of Project Management, 36 (8): 1068-1081.

Shafique M, 2013. Thinking inside the box? Intellectual structure of the knowledge base of innovation research (1988-2008). Strategic Management Journal, 34 (1): 62-93.

Shaw D R, Allen T, 2018. Studying innovation ecosystems using ecology theory. Technological Forecasting and Social Change, 136: 88-102.

Sheffer D A, Levitt R E, 2012. Fragmentation inhibits innovation: Overcoming professional and trade lock-in. Collaboratory for Reserach on Global Projects Working Papers.

Shenhar A J, 2001. One Size Does Not Fit All Projects: Exploring Classical Contingency Domains. Management Science, 47 (3): 394-414.

Shenkar O, 2010. Imitation is more valuable than innovation. Harvard Business Review, 88 (4): 28-29.

Siggelkow N, 2002. Evolution toward fit. Administrative Science Quarterly, 47 (1): 125-159.

Simmons G, Palmer M, Truong Y, 2013. Inscribing value on business model innovations: Insights from industrial projects commercializing disruptive digital innovations. Industrial Marketing Management, 42 (5): 744-754.

Singh H, Kryscynski D, Li X, et al., 2016. Pipes, pools, and filters: How collaboration networks affect innovative performance. Strategic Management Journal, 37 (8): 1649-1666.

Singh J, Fleming L, 2010. Lone inventors as sources of breakthroughs: Myth or reality? Management Science, 56 (1): 41-56.

Sirower M L, 1997. The Synergy Trap: How Companies Lose the Acquisition Game. New York: The Free Press.

Slaughter E S, 1998. Models of construction innovation. Journal of Construction Engineering and

Management, 124 (3): 226-231.

Slaughter E S, 2000. Implementation of construction innovations. Building Research & Information, 28 (1): 2-17.

Small H, 1973. Co-citation in the scientific literature: A new measure of the relationship between two documents. Journal of the American Society for Information Science, 24 (4): 265-269.

Snihur Y, Thomas L D W, Burgelman R A, 2018. An ecosystem-level process model of business model disruption: The disruptor's gambit. Journal of Management Studies, 55 (7): 1278-1316.

Speldekamp D, Knoben J, Saka-Helmhout A, 2020. Clusters and firm-level innovation: A configurational analysis of agglomeration, network and institutional advantages in European aerospace. Research Policy, 49 (3): 103921.

Srivastava M K, Gnyawali D R, 2011. When do relational resources matter? Leveraging portfolio technological resources for breakthrough innovation. Academy of Management Journal, 54 (4): 797-810.

Sterzi V, 2013. Patent quality and ownership: An analysis of UK faculty patenting. Research Policy, 42 (2): 564-576.

Stuart T E, Podolny J M, 2007. Local search and the evolution of technological capabilities. Strategic Management Journal, 17 (S1): 21-38.

Su H N, Lee P C, 2010. Mapping knowledge structure by keyword co-occurrence: A first look at journal papers in Technology Foresight. Scientometrics, 85 (1): 65-79.

Suh N P, 2005. Complexity: Theory and applications. New York: Oxford University Press.

Sydow J, Braun T, 2018. Projects as temporary organizations: An agenda for further theorizing the interorganizational dimension. International Journal of Project Management, 36 (1): 4-11.

Tatum C B, 1986. Potential Mechanisms for Construction Innovation. Journal of Construction Engineering and Management, 112 (2): 178-191.

Tatum C B, 1987. Process of innovation in construction firm. Journal of Construction Engineering and Management, 113 (4): 648-663.

Tee R, Davies A, Whyte J, 2019. Modular designs and integrating practices: Managing collaboration through coordination and cooperation. Research Policy, 48 (1): 51-61.

Teece D J, 2007. Explicating dynamic capabilities: The nature and microfoundations of (sustainable) enterprise performance. Strategic Management Journal, 28 (13): 1319-1350.

Teece D J, 2016. Business ecosystem. In Augier M, Teece D J. (Eds.), The Palgrave Encyclopedia of Strategic Management (pp. 1-4). Palgrave Macmillan.

Teodoridis F, 2018. Understanding team knowledge production: The interrelated roles of technology and expertise. Management Science, 64 (8): 3625-3648.

Terlaak A, Gong Y, 2008. Vicarious learning and inferential accuracy in adoption processes. Academy of Management Review, 33 (4): 846-868.

Tzabbar D, Aharonson B S, Amburgey T L, 2013. When does tapping external sources of knowledge result in knowledge integration? Research Policy, 42 (2): 481-494.

Ungureanu P, Bertolotti F, Mattarelli E, et al., 2019. Making matters worse by trying to make them better? Exploring vicious circles of decision in hybrid partnerships. Organization Studies, 40 (9): 1331-1359.

Usher A P, 1954. A History of Mechanical Inventions: Revised Edition. Boston: Harvard University Press.

Uyarra E, Edler J, Garcia-Estevez J, et al., 2014. Barriers to innovation through public procurement: A supplier perspective. Technovation, 34 (10): 631-645.

Vaaland T I, Håkansson H, 2003. Exploring interorganizational conflict in complex projects. Industrial Marketing Management, 32 (2): 127-138.

Vakili K, Zhang L, 2018. High on creativity: The impact of social liberalization policies on innovation. Strategic Management Journal, 39 (7): 1860-1886.

van Eck N J, Waltman L, 2010. Software survey: VOSviewer, a computer program for bibliometric mapping. Scientometrics, 84 (2): 523-538.

van Marrewijk A, Clegg S R, Pitsis T S, et al., 2008. Managing public-private megaprojects: Paradoxes, complexity, and project design. International Journal of Project Management, 26 (6): 591-600.

van Rijnsoever F J, Kempkes S N, Chappin M M H, 2017. Seduced into collaboration: A resource-based choice experiment to explain make, buy or ally strategies of SMEs. Technological Forecasting and Social Change, 120: 284-297.

Veshosky D, 1998. Managing Innovation Information in Engineering and Construction Firms. Journal of Management in Engineering, 14 (1): 58-66.

Vincenti W G, 1990. What engineers know and how they know it. The Johns Hopkins University Press, Baltimore, MD.

von Bertalanffy L, 1972. The history and status of general systems theory. Academy of Management Journal, 15 (4): 407-426.

von Hippel E, 1994. "Sticky information" and the locus of problem solving: Implications for innovation. Management Science, 40 (4): 429-439.

Wang B, Hsieh C H, 2015. Measuring the value of patents with fuzzy multiple criteria decision making: Insight into the practices of the Industrial Technology Research Institute. Technological Forecasting and Social Change, 92: 263-275.

Wang C, Lu I, Chen C, 2008. Evaluating firm technological innovation capability under uncertainty. Technovation, 28 (6): 349-363.

Wang C, Rodan S, Fruin M, et al., 2014. Knowledge networks, collaboration networks, and exploratory innovation. Academy of Management Journal, 57 (2): 484-514.

Wang H, Su Z, Zhang W, 2019. Synergizing independent and cooperative R&D activities: The effects of organisational slack and absorptive capacity. Technology Analysis & Strategic Management, 31 (6): 680-691.

West J, Bogers M, 2014. Leveraging external sources of innovation: A review of research on open innovation. Journal of Product Innovation Management, 31 (4): 814-831.

West J, Salter A, Vanhaverbeke W, et al., 2014. Open innovation: The next decade. Research Policy,

43 (5): 805-811.

West J, Wood D, 2014. Evolving an open ecosystem: The rise and fall of the Symbian platform. In Adner R, Oxley J E, Silverman B S. (Eds.), Collaboration and Competition in Business Ecosystems (Advances in Strategic Management, 30: 27-67). Emerald Group Publishing Limited.

White L, Lockett A, Currie G, et al., 2021. Hybrid context, management practices and organizational performance: A configurational approach. Journal of Management Studies, 58 (3): 718-748.

Whyte J, 2003. Innovation and users: Virtual reality in the construction sector. Construction Management and Economics, 21 (6): 565-572.

Whyte J, 2019. How digital information transforms project delivery models. Project Management Journal, 50 (2): 177-194.

Wilden R, Gudergan S P, Nielsen B B, et al., 2013. Dynamic capabilities and performance: Strategy, structure and environment. Long Range Planning, 46 (1-2): 72-96.

Williamson P J, de Meyer A, 2012. Ecosystem advantage: How to successfully harness the power of partners. California Management Review, 55 (1): 24-46.

Winch G M, 2000. Innovativeness in British and French construction: The evidence from Transmanche-Link. Construction Management and Economics, 18 (7): 807-817.

Winch G M, 2003. How innovative is construction? Comparing aggregated data on construction innovation and other sectors—a case of apples and pears. Construction Management and Economics, 21 (6): 651-654.

Woodhead R, Stephenson P, Morrey D, 2018. Digital construction: From point solutions to IoT ecosystem. Automation in Construction, 93: 35-46.

Worsnop T, Miraglia S, Davies A, 2016. Balancing Open and Closed Innovation in Megaprojects: Insights from Crossrail. Project Management Journal, 47 (4): 79-94.

Xie X, Wang H, Jiao H, 2019. Non-R&D innovation and firms' new product performance: The joint moderating effect of R&D intensity and network embeddedness. R&D Management, 49 (5): 748-761.

Xu S, 2015. Balancing the two knowledge dimensions in innovation efforts: An empirical examination among pharmaceutical firms. Journal of Product Innovation Management, 32 (4): 610-621.

Yap J B H, Abdul-Rahman H, Chen W, 2017. Collaborative model: Managing design changes with reusable project experiences through project learning and effective communication. International Journal of Project Management, 35 (7): 1253-1271.

Yayavaram S, Ahuja G, 2008. Decomposability in knowledge structures and its impact on the usefulness of inventions and knowledge-base malleability. Administrative Science Quarterly, 53 (2): 333-362.

Yayavaram S, Srivastava M K, Sarkar M, 2018. Role of search for domain knowledge and architectural knowledge in alliance partner selection. Strategic Management Journal, 39 (8): 2277-2302.

Yin R K, 2009. Case study research: Design and methods. Sage Inc.

Yin R K, 2014. Case study research: Design and methods (Fifth edition). SAGE.

Zeng S X, Ma H Y, Lin H, et al., 2015. Social responsibility of major infrastructure projects in

China. International Journal of Project Management, 33 (3): 537-548.

Zhai L, Xin Y, Cheng C, 2009. Understanding the value of project management from a stakeholder's perspective: Case study of mega-project management. Project Management Journal, 40 (1): 99-109.

Zhang J, 2016. Facilitating exploration alliances in multiple dimensions: The influences of firm technological knowledge breadth. R&D Management, 46 (S1): 159-173.

Zhang J, Baden-Fuller C, 2010. The influence of technological knowledge base and organizational structure on technology collaboration. Journal of Management Studies, 47 (4): 679-704.

Zhang J, Baden-Fuller C, Mangematin V, 2007. Technological knowledge base, R&D organization structure and alliance formation: Evidence from the biopharmaceutical industry. Research Policy, 36 (4): 515-528.

Zhang J, Zheng H, He W, et al., 2020. West-East Gas Pipeline Project. Frontiers of Engineering Management, 7 (1): 163-167.

Zhang Y, Tong T W, 2021. How vertical integration affects firm innovation: Quasi-experimental evidence. Organization Science, 32 (2), 455-479.

Zhang Y, Wei H H, Zhao D, et al., 2021. Understanding innovation diffusion and adoption strategies in megaproject networks through a fuzzy system dynamic model. Frontiers of Engineering Management, 8 (1): 32-47.

Zhao Z, Xue X, Gao X, et al., 2018. Coupling and evolution mechanism of infrastructure mega-projects complex ecosystem: Case study on Hong Kong-Zhuhai-Macao Bridge. Frontiers of Engineering Management, 5 (1): 17-29.

Zhou K Z, Wu F, 2010. Technological capability, strategic flexibility, and product innovation. Strategic Management Journal, 31 (5): 547-561.

Zhu Y, Zhang J, Gao X, 2018. Construction management and technical innovation of the main project of Hong Kong-Zhuhai-Macao Bridge. Frontiers of Engineering Management, 5 (1): 128-132.

Zupic I, Čater T, 2015. Bibliometric methods in management and organization. Organizational Research Methods, 18 (3): 429-472.

彩　　图

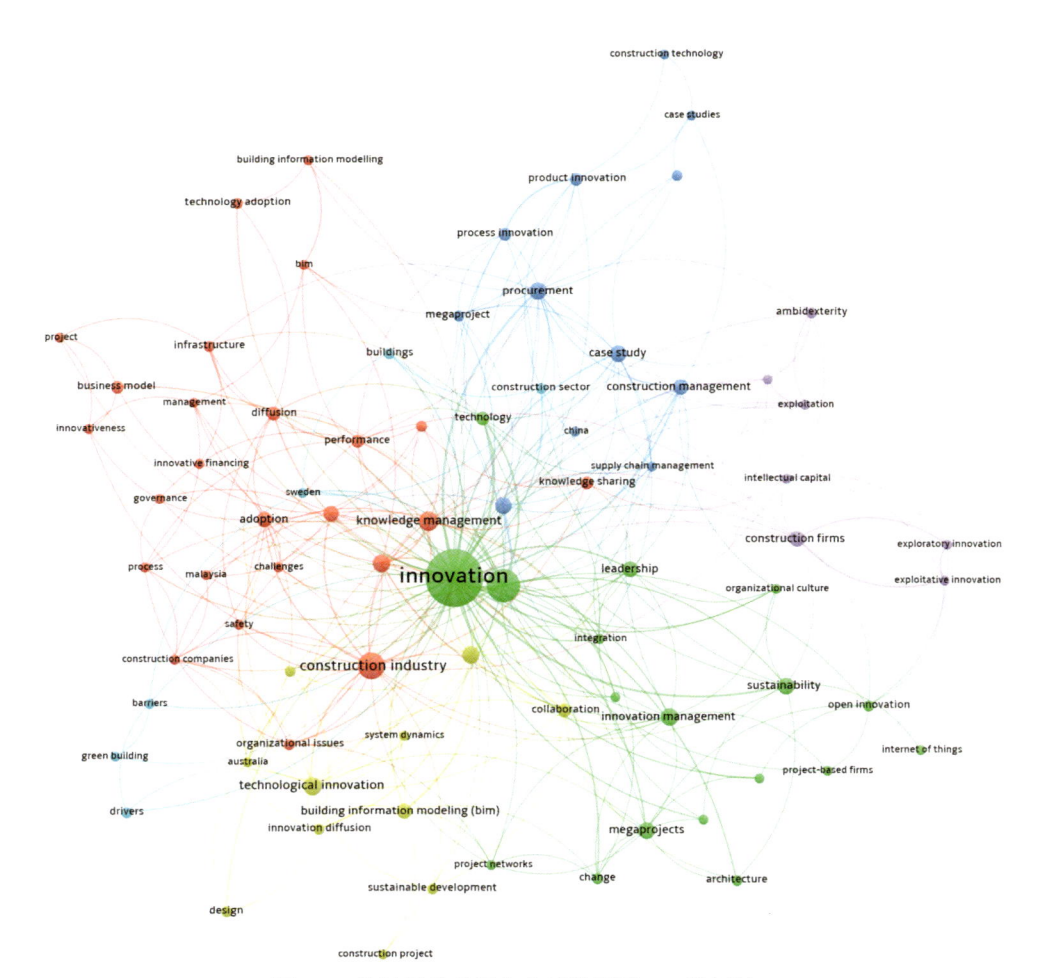

图 1-2　关键词共现网络分析结果图（工程创新）

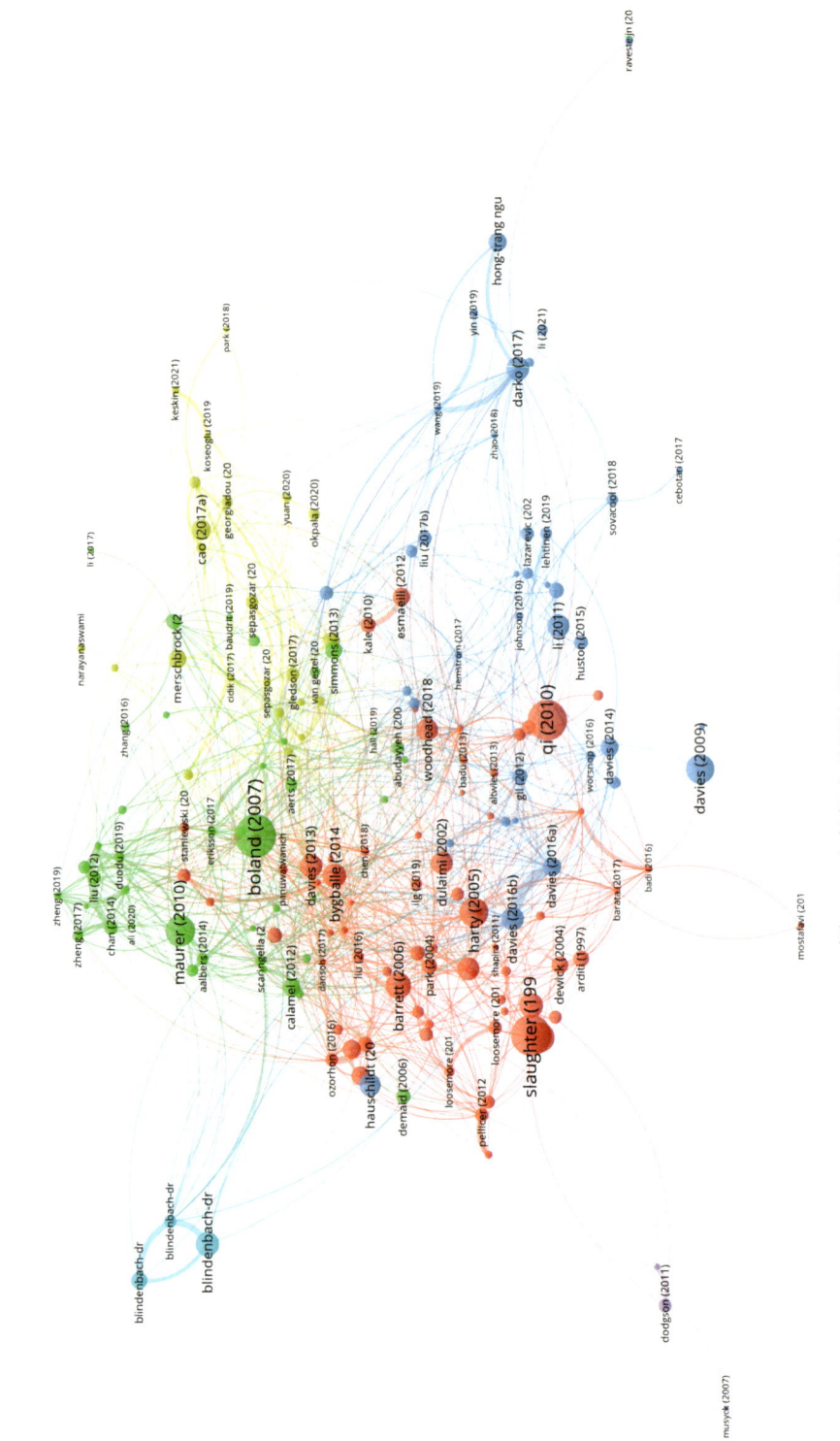

图 1-3 文献耦合分析结果图（工程创新）

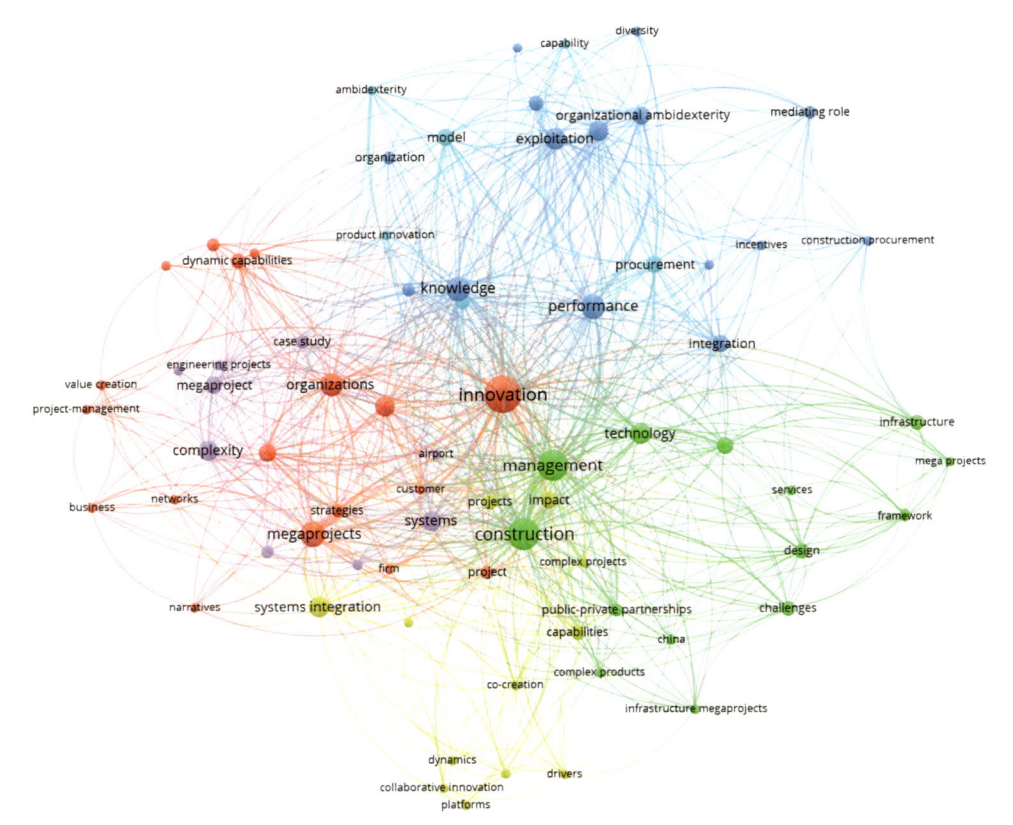

图 1-4 关键词共现网络分析结果图（重大工程创新）

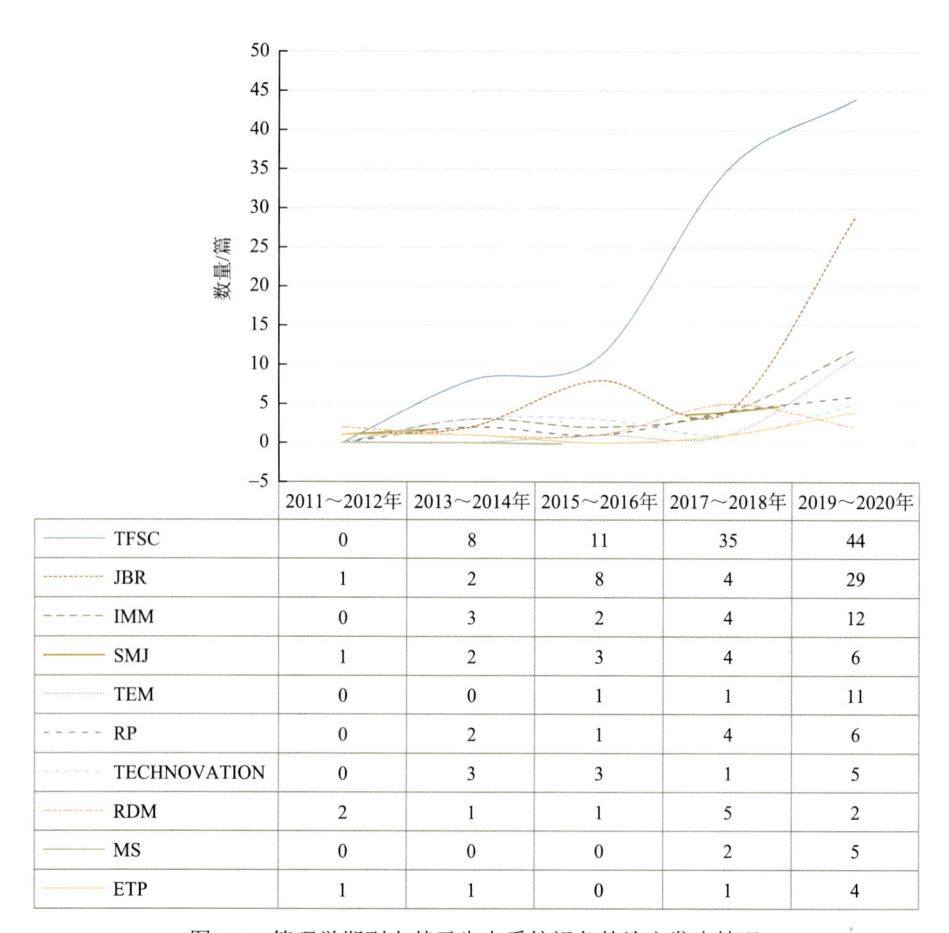

	2011～2012年	2013～2014年	2015～2016年	2017～2018年	2019～2020年
TFSC	0	8	11	35	44
JBR	1	2	8	4	29
IMM	0	3	2	4	12
SMJ	1	2	3	4	6
TEM	0	0	1	1	11
RP	0	2	1	4	6
TECHNOVATION	0	3	3	1	5
RDM	2	1	1	5	2
MS	0	0	0	2	5
ETP	1	1	0	1	4

图 1-6 管理学期刊上基于生态系统视角的论文发表情况

数据来源于 Web of Science。TFSC = Technological Forecasting and Social Change；JBR = Journal of Business Research；IMM = Industrial Marketing Management；SMJ = Strategic Management Journal；TEM = IEEE Transactions on Engineering Management；RP = Research Policy；RDM = R&D Management；MS = Management Science；ETP = Entrepreneurship Theory and Practice